中央民族大学"985工程"
中国当代民族问题战略研究基地
民族发展与民族关系问题研究中心
"民族发展与民族关系问题"实证研究高级讲习班
田野调查报告选

主编 白振声

王 静◎著　白振声◎指导教授

消弥与重构中的"查玛"
——一项宗教仪式的人类学研究

XIAOMI YU CHONGGOU ZHONG DE CHAMA

YIXIANG ZONGJIAO YISHI DE RENLEIXUE YANJIU

中央民族大学出版社
China Minzu University Press

图书在版编目(CIP)数据

消弥与重构中的"查玛":一项宗教仪式的人类学研究/王静著.
—北京:中央民族大学出版社,2011.7
ISBN 978-7-81108-998-1

Ⅰ.①消… Ⅱ.①王… Ⅲ.①喇嘛教—宗教文化—研究—辽宁省 Ⅳ.①B946.6

中国版本图书馆 CIP 数据核字(2011)第 082480 号

消弥与重构中的"查玛"——一项宗教仪式的人类学研究

作　　者	王　静
责任编辑	白立元
封面设计	汤建军
出 版 者	中央民族大学出版社
	北京市海淀区中关村南大街27号　邮编:100081
	电话:68472815(发行部)　传真:68932751(发行部)
	68932218(总编室)　　68932447(办公室)
发 行 者	全国各地新华书店
印 刷 者	北京宏伟双华印刷有限公司
开　　本	880×1230(毫米)　1/32　印张:8.625
字　　数	220千字
印　　数	1000册
版　　次	2011年7月第1版　2011年7月第1次印刷
书　　号	ISBN 978-7-81108-998-1
定　　价	22.00元

版权所有　翻印必究

"民族发展与民族关系问题"实证研究高级讲习班民族学田野调查报告选

编者的话

为拓展和深化"民族发展与民族关系问题"研究，继承和弘扬民族学应用研究、实证研究的学术传统，加大培养优秀民族学与人类学学科人才的力度，中央民族大学"985工程"民族发展与民族问题研究中心以本校民族学与社会学学院民族学、人类学、民族社会学三个专业的在读博士研究生为对象，于2009年4—6月间开办了首届"民族发展与民族问题"实证研究高级讲习班。讲习班聘请了包括台湾地区在内的全国民族学、人类学界在本学科应用研究领域有着丰富田野调查经验和取得重要学术成果的9位专家（他们来自6所高校和科研单位）担任学术指导，并围绕各自的田野经历与学术专长进行授课。参加讲习班的成员根据自己的听课感受、研究兴趣与特长，并结合学术指导专家的研究方向，向他们申报课题。每位专家根据对选题申报书的审议，从中遴选1—2名博士生进行指导。2009年7月，由本研究中心资助入选的19名博士生根据各自的课题，先后奔赴沿海、边疆、城市、农村、牧区、林区乃至台湾省的少数民族地区，从事为期三个月左右的民族学、人类学田野调查，并在此基础上完成了一系列的田野调查报告。

严格地说，仅靠短短三个月左右的田野调查，想要完成一篇深刻而有学术见地的民族学田野报告是困难的，它也与民族学一贯倡导的长期观察、居住体验的规范性田野调查要求存在差距。然而，通览上述19篇成果，其中90%以上都是作者先前已经从事或正在进行的研究内容，而且在调查点都有过不止一次或长或短的田野调查经历，有的还就相关内容发表过文章，有相当的前期田野工作经验与成果积累。而本期田野调查高级研讨班的举办，则为他们已有研究的深入、深化提供了难得的平台、条件。

有鉴于此，我们通过指导专家的推荐和研究中心评审组的评审，从中筛选出部分学术研究价值和现实应用价值相对突出的调查报告结集出版。

毋庸置疑，以严格的学术水准要求，这些作品还多显稚嫩。不过，从选题内容到调研的视角，仍能看到其中包含着的强烈时代气息、学术使命感和探索精神。拔苗助长绝不可取，但搭建学术平台，培养学科新秀，鼓励调研实践，激励成果创新，则是我们的目标和责任。现尝试性地推出这批调研成果，以期接受同行和社会的检验与指正。

白振声

2010年11月6日

目 录

绪论 …………………………………………………… (1)
  一、选题目的及意义 ………………………………… (1)
  二、理论探讨 ………………………………………… (2)
    （一）全球化背景下的传统文化复兴 ……………… (3)
    （二）现代性图景中的宗教"祛魅化" …………… (14)
    （三）"仪式"与"文化展演"的相关理论探讨
      ………………………………………………… (24)
  三、研究对象的界定及相关研究动态 ……………… (37)
    （一）"仪式"还是"艺术"——不同主体者
          眼中的"查玛" ………………………… (37)
    （二）本选题相关研究动态 ………………………… (42)
  四、本书基本结构及研究方法 ……………………… (56)

第一章 我的田野地点——辽宁蒙古贞 …………… (60)
  第一节 一个"农耕蒙古族"的诞生 ……………… (60)
    一、历史沿革及主体构成 ………………………… (61)
      （一）历史沿革 …………………………………… (61)
      （二）主体构成 …………………………………… (62)
    二、生计方式及变迁：从"逐水草而居"到
       "日出而作，日入而息" ……………………… (64)
  第二节 从笃信苯教到大兴藏传佛教 ……………… (67)
    一、蒙古贞藏传佛教文化三源头 ………………… (68)
    二、苯、佛之争 …………………………………… (69)

三、蒙古贞藏传佛教文化的繁荣 …………………………（71）
第二章 从繁荣走向失落的"查玛仪式" ………………（75）
　第一节　尘封中的"神圣"：繁荣发展的查玛 …………（75）
　　一、"庙宇林立"中的查玛 ………………………………（75）
　　　（一）"却尔吉乐"查玛 …………………………………（79）
　　　（二）"丁科尔"查玛 ……………………………………（85）
　　　（三）"米拉"查玛 ………………………………………（86）
　　二、"民众记忆"中的查玛 ………………………………（88）
　　　（一）"人山人海"赶庙会 ………………………………（89）
　　　（二）听老人讲"那过去的故事" ………………………（92）
　第二节　查玛兼容性蕴涵阐发 …………………………（100）
　　一、传说故事中的"起源色彩"与"本土再造" ………（101）
　　　（一）青牛（大象）转世说 ……………………………（102）
　　　（二）阎王托梦说 ………………………………………（104）
　　　（三）杀妖祛魔说 ………………………………………（105）
　　二、神祇角色中的"文化杂糅"性 ……………………（105）
　　三、面具形象的"善相化"、"写实化" ………………（109）
　　四、舞蹈动作中的交融性意蕴 ………………………（110）
　　五、功能意义的多元化趋向 …………………………（114）
　　六、文化整合中的"选择性"与"重新解释" ………（115）
　第三节　从衰落到失落："命运多劫"的查玛 …………（118）
　　一、接踵而至的历史性"重创" ………………………（119）
　　二、痛楚的"民间记忆" ………………………………（121）
第三章 复兴中的"查玛"艺术 …………………………（125）
　第一节　复兴伊始：全国第一次民族民间
　　　　　舞蹈艺术普查 …………………………………（125）
　　一、点燃"复兴之火"
　　　　——《延安文艺座谈会上的讲话》 ………………（125）

二、重拾"濒危"的查玛舞步 …………………………（128）
　（一）寻找老艺人 …………………………………（128）
　（二）印象中的高喇嘛 ……………………………（130）
三、查玛道具的重新制作 ……………………………（132）
四、复兴——以"艺术"之名 ………………………（133）
第二节　恢复工作在"分道扬镳"中步履维艰 ………（136）
一、市里恢复工作——创新不断 ……………………（137）
　（一）第一次创作：参加第一届"沈阳文化艺术节"
　　　　………………………………………………（142）
　（二）第二次创作：参加第三届"龙潭杯"
　　　　全国优秀花会大赛 …………………………（145）
　（三）第三次创作：参加第四届"龙潭杯"
　　　　全国优秀花会大赛 …………………………（146）
　（四）第四次创作：参加第二届"中国沈阳
　　　　国际民间舞蹈（秧歌）节" …………………（147）
二、县里恢复工作——以"秉承传统"为主旨 ……（154）
三、走向广场的查玛艺术 ……………………………（157）
第三节　"非遗"中的复兴——华丽变"身" ………（159）
一、市里恢复工作——弘扬地域、民族文化 ………（160）
二、县里恢复工作——与时代气息相结合 …………（163）
三、走进剧场的查玛艺术 ……………………………（165）
四、查玛发展前景展望 ………………………………（166）
第四节　从"无意识"变迁到"目的性"变迁 ………（167）
一、本土化过程中的"无意识变迁" ………………（168）
二、地方化过程中的"目的性变迁" ………………（168）
**第四章　从传统宗教仪式到现代文化展演：作为
　　　　"社会戏剧"的历史** ………………………（170）
第一节　作为"宗教仪式"的衰落 …………………（171）

一、政治意义上的"断裂" ……………………………… (171)
　　二、情感意义上的"瓦解" ……………………………… (172)
　第二节　作为"文化展演"的复兴 ……………………… (173)
　　一、表演道具的艺术化、符号化 ………………………… (174)
　　二、表演形态的不断创新化 ……………………………… (178)
　　　（一）若隐若现的"芭蕾"情结 ……………………… (178)
　　　（二）红火热闹的"秧歌"情怀 ……………………… (179)
　　　（三）意象写实的"舞剧"风格 ……………………… (180)
　　　（四）"回归"中的"民俗舞"气息 ………………… (181)
　　三、表演情节的故事化 …………………………………… (184)
　　四、表演者角色的转换 …………………………………… (185)
　　五、"形式"大于"内容" ……………………………… (186)
　第三节　从仪式到展演：纠结与对峙 …………………… (188)
　　一、一个"神圣空间"的分崩离析到重构 ……………… (189)
　　二、"秩序"的颠覆与重建 ……………………………… (194)
　　三、超逻辑的"转化"到"展现" ……………………… (196)
　　四、结构与能动性的不同彰显 …………………………… (198)

第五章　从查玛"兴衰演变"看"社会戏剧"的生产 …… (204)
　第一节　兴衰演变："众"望使然 ……………………… (204)
　　一、"权力"由幕后走向台前 …………………………… (205)
　　二、文化的交流与融合 …………………………………… (206)
　　三、蒙古族身份认同的日趋强化 ………………………… (208)
　　四、现代性场景中的"传媒"与"消费" ……………… (211)
　第二节　文化再生产：以"传统"之名 ………………… (214)
　　一、"文化再生产"何以成为可能？ …………………… (214)
　　二、"传统"的文化再生产 ……………………………… (218)
　　　（一）传统是必须面对和利用的 ……………………… (218)
　　　（二）传统是经过选择和过滤的 ……………………… (220)

（三）传统正遭遇着创新 …………………………（222）
　　（四）传统作为"象征资本"的争夺 ……………（224）
三、反思："非遗"＝文化再生产？ ………………………（227）
　　（一）从"声名日下"到"珍贵遗产" …………（227）
　　（二）"非遗"中的生产品——以"宗教"
　　　　　之名的艺术 ……………………………………（230）
结语：消失·弥留·重构 ……………………………………（233）
　一、远去的"神圣" ……………………………………（234）
　二、记忆之"镜"：穿梭与透视 ………………………（235）
　三、"意义"的重塑 ……………………………………（241）
参考文献 ……………………………………………………（245）
附录 …………………………………………………………（258）

绪　　论

一、选题目的及意义

　　查玛，是广泛流传于蒙古族地区藏传佛教寺院的一项宗教法事活动，民间又多有"跳鬼"、"打鬼"、"跳布扎"等不同称谓。该活动形式的最初产生应追溯到公元 8 世纪，西藏第一座佛教寺院桑耶寺的落成典礼仪式上，印度佛教密宗大师莲花生以苯教仪轨为基础，将西藏拟兽面具舞、鼓舞与大承密宗内容相结合，开创了以"宣扬佛法、调伏恶鬼"为主旨的宗教法舞——羌姆。[①]13 世纪，该法事活动随藏传佛教传入蒙古社会而开始在很多寺庙中落地生根，"查玛"一词，正是蒙古民族承袭藏语"羌姆"的发音，意为"跳着、舞着"。

　　在目前学术界的研究中，查玛的田野调查地点大多选取、集中在内蒙古、青海、黑龙江省等地，蒙古贞地区的查玛文化长期以来几乎无人问津，当地的一些有限研究又多囿于介绍及描述。由此，本书以辽宁省蒙古贞——历史上藏传佛教颇为盛行的地区为个案，力图探讨自查玛传入至今的整个历史发展过程里，在传承中的变异，在时代中的变迁，以期揭示查玛在历史上的消弥与重构中，其背后更为深层次的东西，具有积极的现实意义。

[①] 关于"羌姆"起源问题的探讨，学术界一直以来都莫衷一是，该观点是目前大多数学者较为认可的一种。

此外，作为藏传佛教一项重要的法事活动，查玛在蒙古社会的长期发展中，经历了一个不断嬗变的历史过程。而在以往的查玛研究中，研究者大多以一种较为"静态化"的研究视角，从艺术学、宗教学角度侧重对查玛的渊源、流派及其本体的艺术形态进行阐析。本书试图以艺术人类学的理论方法及研究视角，探讨查玛在历史与现代性的场景中从失落到复兴的动态性变迁现象，具有方法论上的创新意义。

二、理论探讨

就本选题——查玛的人类学研究而言，其自身具有的三大主要特性是本书进行理论探讨的关键。首先，作为一项"传统文化"，查玛在现代中的星火复兴实际上与宏大的全球化时代背景密不可分。我们知道，全球化的实质是一种"霸权文化"，是一种商业战略和殖民手段，它通过许多新的娱乐形式，温情脉脉地由"中心"渗入"边陲"，在带来新颖的消费品和消费方式的同时，解构、碎化着某个民族的历史和文化，使之成为不知从何而来、没有故乡、在文化上"流离失所"的人群。① 于是，这样一种"同质化"的情形或趋向，便引发了一场"传统"在现代的大规模复兴运动。换言之，传统在当下的复兴浪潮正是全球化背景中催生出来的一个产物。本书仅截取其中一个甚或微不足道的片断——查玛作为研究个案，试图探讨该运动背后的消失、弥留与重构。其二，作为一项宗教法事活动，查玛在现代性图景中的复兴，实质上也是一种"祛魅化"的进程。在这一进程中，许多宗教活动纷纷褪去其巫魅的外衣，摇身为民族—国家话语中一种纯粹的艺术表演。于是，这其间纠结着的宗教与艺术的关系便

---

① 傅华：《全球认同与民族国家文化认同》，见《光明日报》，2006年。

成为本书思考、探讨的一个重点。此外，基于查玛是一项兼具仪式与展演双重特质的文化事象，仪式与文化展演二者的关联性与转换问题就成为本书讨论中暗含的一个理论主线。

因此，在切入正题之前，本书首先就"全球化背景与传统文化复兴之间的关系"、"宗教的'祛魅化'与现代性的关系"以及"仪式与文化展演二者间的关联性问题"作出理论上的探讨和阐析。

（一）全球化背景下的传统文化复兴

> 一个分子、一个细胞、一个有机体、一种生态、一只昆虫或者一个动物群体——或者一个人类社会——从来不是由相同成分组成的不变的聚合体；它常常是一个由不同部分构成有序的组合，一个经过整合加以平衡的多样化的产物。没有多样性，各个部分便不能形成一个能够生长、发展、繁衍和创造的实体。
>
> ——多种文化的星球：联合国教科文组织国际专家小组的报告

> 随着今天全球化的世界以我已经谈及的某些令人沮丧的方式变得日益紧密，我们或许正在走向被歌德的理念所明确防止的标准化和同质化，想到这里，令人感到极大讽刺。
>
> ——爱德华·W·萨义德

1. 世界正走向"趋同"吗？

自15世纪末哥伦布发现美洲新大陆起，人类便突破了以往地理空间的局限和束缚，而开始了彼此间较为频繁地交往互动，世界范围内的跨文化传播与互渗愈发变得可能，这甚至被一些学者视为"全球化"时代的肇始阶段①。第二次世界大战以后，随着科技的巨大进步，"特别是交通和电子工业的发展已经将整个人类抛到'地球村'之中：传统的距离被更为深刻地改变了，本土与世界的关系变得含混了"②。文化传播的速度与向度愈发变得加剧和多维。

20世纪60年代末，美国著名战略家布热津斯基首次提出了"全球化"（globalization）的概念，80年代后，这一术语迅速流行，全世界开始一同深刻感受这一现象所带来的震颤及冲撞。尽管"世界进入大规模的互动状态已达数世纪之久，然而，就秩序和强度而言，当今世界所卷入的互动达到了一种前所未有的新境界"③。世界五大洲之间、近两百个国家之间的交融和交往都发生了巨大的量的飞跃，同时也发生了巨大的质的飞跃④。全球化给人类社会造成的"标准化"和"同质化"程度达到了一个"空前"的绝对状态，在它的驱使下，人类的行为模式和习惯走

---

① 关于"全球化"的起始时间问题，目前在学术界莫衷一是，但大致存有三种意见：一种认为全球化起始于15世纪，标志是1492年哥伦布发现新大陆。如美国匹兹堡大学社会学教授罗伯逊就把全球化基本历程从15世纪初叶到20世纪90年代分别划分为萌芽阶段、起始阶段、起飞阶段、争霸阶段和不确定阶段。一种意见认为全球化描述的是20世纪70年代后期第三次科技革命以来，当代资本主义发展的一个重要新趋势。这一时期出现了"全球的"、"全球性"等用语，而加拿大传播学家M·麦克卢汉于1967年提出的"地球村"概念更是被视为全球化理论的萌芽。还有一些学者认为全球化起始于冷战结束以后，标志是20世纪80年代末90年代初的东欧剧变和苏联解体以及中国宣布实行市场经济，自此，市场经济体制在全球范围取得绝对优势，全球一体的市场经济得以形成。

② 汪晖：《全球化与差异政治》，见汪晖、陈燕谷主编：《文化与公共性》，生活·读书·新知三联书店，2005年，第5页。

③ 阿尔君·阿帕杜莱：《全球文化经济中的断裂与差异》，见汪晖、陈燕谷主编：《文化与公共性》，生活·读书·新知三联书店，2005年，第521页。

④ 赫尔穆特·施密特著，柴方国译：《全球化与道德重建》，社会科学文献出版社，2001年，第5页。

向同一，社会逻辑秩序发生同构，社会文化日益地"麦当劳化"。德国社会学家乌尔里希·贝克将这一概念定义为"在经济、信息、生态、技术、跨国文化冲突与市民社会的各种不同范畴内可以感觉到的……归根结底，无论人们是否相信，是否理解，这些都与可以感受到的日常暴力一起从根本上发生变化。一切都被迫适应这种变化，并作出回答"[①]。可以说贝克的定义道出了全球化"霸权主义"的实质。

这种"霸权主义"首先表现在全球化所负载的多重含义中，它关涉政治、经济、文化及生态等各个方面，这种无孔不入的顽强渗透性不断引起了世界对于"被吞噬掉"的惶恐。其次，全球化超越时空的"压缩性"特点造成了社会的"位移"，即"过去一直给人们的生活赋予意义的传统和价值失去了延续性，许多人产生了一种错位和异化的感觉"[②]。它如吉登斯所说，通过时间的"虚化"以及空间维度从"在场"的抽离，人类社会关系的"脱域"[③]成为可能，而这种将人从"地方文化情境"中提取出来的做法就催生出了所谓的"文化乡愁"。再次，全球化使得文化传播的向度趋向单一，总体而言，这是一种以"西方文化"为中心向全世界辐射的复杂现象，它以牺牲文化传播的多维度为代价，将一种单一的具有政治、经济色调的地缘文化施加于全球，并企图以此为参照完成一种权力体系的建构。

[①] 乌尔里希·贝克著，常和芳译：《什么是全球化？全球主义的曲解——应对全球化》，华东师范大学出版社，2008年，第45页。

[②] 王玲：《西方学者如何看待文化全球化》，见方铁、何星亮主编：《民族文化与全球化》，民族出版社，2005年，第489页。

[③] 脱域（disembeding），是英国社会学家吉登斯提出的概念，指的是社会关系从彼此互动的地域关联中，从通过对不确定的时间的无限穿越而被重构的关联中"脱离出来"。参见安东尼·吉登斯著，田禾译：《现代性的后果》，译林出版社，2000年，第18页。

我们正生活在吉登斯所说的一个令人迷茫、变化无常、非理性而且远离了历史的世界，一个越来越难以理解的世纪，一个个人身份认同出现危机的时代……我们的未来变得更加不确定，人类本身的命运也变得更加不确定。① 作为现代性的根本性后果之一，全球化"不仅仅只是西方制度向全世界的蔓延，在这种蔓延过程中其他的文化遭到了毁灭性的破坏；全球化是一个发展不平衡的过程，它既在碎化也在整合，它引入了世界相互依赖的新形式，在这些新形式中，'他人'又一次不存在了"②。如果说在全球化伊始，我们还可以嗅到人类为"文化糅合"所带来的超越时空的丰富与便捷而感到新奇愉悦，那么随着这一潮流的日益挺进，人们已越来越不再津津乐道于"你中有我，我中有你"的浑融状态，而开始为全球化所带来的文化同质与文化消解忧心忡忡。于是，面对这样一种不可阻挡的趋势，一种进程，或者一种情形，人类开始了深刻的警醒和反思。哈贝马斯说："缓慢走过'泪水之谷'到底要持续多长时间？它需要多少牺牲品？为达此目的会有多少边缘化的命运停留在这条道路的路边并得不到注意？有多少不能再被创造的文明成就会因此而陷于创造性的摧毁？"③ 法国年鉴学派代表人物费尔南德·布罗代尔呼吁道："兴奋也罢，伤心也罢，观察家和旅行家们众口一词地说，世界正变得千篇一律。在地球上到处都以相同的形象出现以前，让我们赶

---

① 安东尼·吉登斯著，郭忠华、何莉君译：《全球时代的民族国家》，载《中山大学学报》，2008 年第 1 期。
② 安东尼·吉登斯著，田禾译：《现代性的后果》，译林出版社，2000 年，第 152 页。
③ J·哈贝马斯著，张庆熊译：《在全球化压力下的欧洲民族国家》，载《复旦学报》，2001 年第 3 期。

紧从事环球旅行！"① 而那些被全球政治边缘化的拉丁美洲人民则发出这样的抱怨："最让我们愤怒的是，我们不知道我们是谁，我们用西班牙语说话，用英语做事，我们的口味是法国的，而我们在思想上……我们真的还会思想吗？"② 由此可见，在一个全球化的时代里，无论从集体层面还是个人层面上，身份认同都已成为特别关注的事情，"我是谁"或者"我们是谁"的问题已经不是你"想要"问的问题，而是你"必须"要问的问题。③

作为一种独特的文明模式，全球化将自己与传统相对立，也就是说，与其他一切先前的或传统的文化相对应，它反对传统文化在地域上或符号上的差异，它从西方蔓延开来，将自己作为一个同质化的统一体强加给全世界。④ 于是，在这样一个巨大熔炉的炙烤中，文化的边界日益模糊化，文化的差异之美被日益抹杀。一时间，整个世界似乎如布罗代尔所言，正"猛烈地趋向统一"。

2. 文化差异性可能消弭吗？

美国人类学家马歇尔·萨林斯认为："在某种程度上，全球化的同质性与地方差异性是同步发展的……这种新的星球性组织被我们描述为'一个由不同文化组成的文化'（a culture of cultures），这是一种由不同的地方性生活方式组成的世界文化体

---

① F·布罗代尔著，顾良、张慧君译：《资本主义论丛》，中央编译出版社，1997年，第164页。

② Shafer, Boyd C, *Nationalism and Internationalism: Belonging in Human Experience*. Malabar, FL.: Robert E. Krieger Publishing Company, 1982. 88.

③ 参见安东尼·吉登斯著，郭忠华、何莉君译：《全球时代的民族国家》，载《中山大学学报》，2008年第1期。

④ 参见斯蒂文·贝斯特、道格拉斯·凯尔纳著，张志斌译：《后现代理论》，中央编译局，1999年，第145页。

系。"① 这一文化体系所呈现出来的丰富多样性正是由各个不同的文化传统组构而成,人类是趋同求异的动物,特性是个体存在的重要前提,而传统是一个民族文化的立命之本。

从广义的文化概念来看,一个国家或民族的文化可分为两部分:民族性文化和世界性文化,或者说,民族性较强的文化或世界性较强的文化。价值、信仰、伦理道德、理想、艺术、制度、礼俗等是民族性较强的文化。我们所说的"传统文化"主要是指这部分文化。② 它凝聚着一个民族在其历史的自我生存发展中不断形成的智慧、理性、创造力和自我约束力,在适应本民族特殊的自然环境和社会环境方面具有独特的价值和功能,具有自己的独创性。③ 它积淀着一个民族文化成长过程中的精华,负载着一个民族区别于其他民族的最本质特征,诸如民族心理、民族性格、思维模式及行为习惯等。对于一个民族而言,传统的重要意义体现在对内及对外两个方面。

首先,就文化内部来讲,传统是"由以往社会验证了的人们适应行为的合理性,每个合理的活动都预设了某种参照系,这个参照系以一种可预言的或部分可预言的方式作出反应。传统便是把相当程度的秩序和可预言性带入我们的生活,为我们确立起大量赖以自我调整的规则"④。有了这一"参照系"或"规则",人类社会内部一种有序的生活就成为可能。换言之,它如保罗·康

---

① 马歇尔·萨林斯著,王铭铭、胡宗泽译:《甜蜜的悲哀》,生活·读书·新知三联书店,2000年,第123页。

② 参见何星亮:《文化多样化与全球化》,参见方铁、何星亮主编:《民族文化与全球化》,民族出版社,2005年,第37页。

③ 杨福泉:《再论中国少数民族文化的危机》,参见方铁、何星亮主编:《民族文化与全球化》,民族出版社,2005年,第47页。

④ 陈庆德:《人类学的理论预设与建构》,社会科学文献出版社,2006年,第186页。

纳顿所说,是一个群体内化了的"文学语法"或"服饰语法",掌握了这套"操演代码",人们便可以在"一个新的例案被完全熟悉前",就对其予以很好地解读和归纳,由此确保生活的合理性延存。当代西方新社会史学家埃里克·霍布斯鲍姆将"传统"的功能归为三类:一是使各个真实的或虚假的共同体的社会凝聚力或成员资格得到确立或象征化;二是使制度、身份或是权利关系得以确立或合法化;三是使信仰、价值体系或行为准则得到灌输和社会化。[①] 人类正是在由传统所形塑的这一系列象征化、合法化的实践活动中完成了社会化过程的转变,并从中汲取了一种对于共同体的归属感和认同感。因此,"就其维系了过去、现在与将来的连续性并连接了信任与惯例性的社会实践而言,传统提供了本体性安全的基本方式"[②]。

对于文化外部来说,传统是一种自我防卫与抵抗的机制。尤其在针对殖民主义和外来的强迫改变而展开的文化运动中,文化主体往往利用本土的原有文化符号体系,构造出本土的民族一体性和象征力量,从而排斥外来的文化因素,[③] 以确保自身的主体性不被撼动。然而,传统也不是坚不可摧的,作为一种有着长期历史积淀的社会文化事象,传统固然有一套自在的维系自身稳定性的新陈代谢机制,但当巨大而持续性的外部冲击到来时,它往往面临着变异或消弭的危机与挑战。尤其在今天,一个全球化席卷的时代,"全球化过程本身所具有的规律性在很大程度上限制了不同传统文化的自我防卫机制的发挥,使民族传统文化丧失自

---

① 参见埃里克·霍布斯鲍姆著,顾杭等译:《传统的发明》,译林出版社,2004年,第11页—12页。
② 安东尼·吉登斯著,田禾译:《现代性的后果》,译林出版社,2000年,第92页。
③ 参见王铭铭:《文化变迁与现代性思考》,载《民俗研究》,1998年第1期。

我保护的机会陡然增多，极易沦为被动的弱势一方"[1]。而这就必然牵涉到传统的保护问题。尽管一切社会都寻求永久保持其自身的文化，但这通常是无意识的，并且这是作为个体训练和社会化的正常过程的一部分。唯有当一个社会意识到除了它自身的文化外还有其他文化，而且其自身文化的生存受到威胁之际，永久保持文化的有意识有组织的努力才会产生。这样的意识必然是同其他社会密切不断地接触而带来的附属物。[2] 在面对外来文化冲击的危急时刻，传统十分需要文化主体"有意识有组织"地予以珍视和保护，尤其是那些易于遭受冲击的传统。美国人类学家罗伯特·雷德菲尔德认为：一个社会中实际存在着两种不同文化层次的传统，即"大传统"与"小传统"。大传统是社会中少数上层人士、知识分子所代表的精英文化；小传统则是位于社会基层的民间文化。[3] 其中，小传统是"本源"，它在很大程度上滋养和哺育了大传统，并且大传统在历史中消逝的许多东西往往会在小传统中淤积沉淀下来，因此小传统对于一个民族的文化传统具有重要的价值及意义。然而相对大传统来说，小传统的发展特点往往是顺其自然，放任自流，民间的保护意识往往相对薄弱。因而，在全球一体化的强势冲撞下，它显得更为脆弱和易妥协，往往更容易被同化和湮没，由此小传统亦即民间文化对于保护的欲望诉求也就更为强烈。

今天，一个全球化浪潮迅猛来袭的时代，难以置身于事外的

---

[1] 苏国勋、张旅平、夏光著：《全球化：文化冲突与共生》，社会科学文献出版社，2006年，第29页。

[2] 拉尔夫·林顿，陈志平译：《本土主义运动》，见史宗主编，金泽、宋立道、徐大建等译：《20世纪西方宗教人类学文选》，上海三联书店出版社，1995年，第902页。

[3] Robert Redfield, *Peasant Society and Culture: An Anthropological Approach to Civilization.* Chicago: University of Chicago Press, 1956. 352.

任何文明体和民族国家都在这一过程中比以往任何时候更加自觉地伸张自己的民族文化,提升各自文明的文化地位,要求在这个有趋同倾向的世界上享有自己的文化权力和权利,希望给全球化打上自己文化的烙印。事物发展的特征是,越是现代化、全球化,各文明体或民族国家便越是强调自身文化。① 正如美国著名人类学家乔纳森·弗里德曼（Jonathan·Friedman）所言,全球的去中心化相当于文化复兴。②

3. 传统的复兴之路

迄今为止,在全球化与民族传统文化关系的问题探讨中,学术界大致存有三种观点：一是认为民族文化将在全球化过程中逐渐消失,于是便由此衍生若干的"文化乡愁";二是认为民族文化不会消失,"越是民族的就越是世界的";三是认为全球化作为当代世界发展的大趋势及其主要规律性,与前全球化时期业已形成的民族传统文化的惯性之间存在着难以弥合的对立。因此,二者之间将会长期共存。③ 在目前看来,由文化边界日益模糊造成的精神上的"无家可归"、"无根"以及人与人之间的疏离感确是与日俱增。同时,民族传统文化与全球化之间在逻辑结构、价值体系等诸多本质方面的矛盾分歧也的确难以调和。然而,"民族文化将会消亡"的论断仍是过于悲观,而片面夸大民族文化中"世界性特质"的乐观态度也不可取。事实表明,在二者之间错综复杂的关系中,这样一个趋势将越来越明显,即"一方

---

① 参见苏国勋、张旅平、夏光著：《全球化：文化冲突与共生》,社会科学文献出版社,2006年,第200页。

② 乔纳森·弗里德曼著,郭建如译：《文化认同与全球性过程》,商务印书馆,2003年,第153页。

③ 参见来仪：《文化的多样性是人类重要的存在形式——经济全球化与民族文化关系探讨》,参见方铁、何星亮主编：《民族文化与全球化》,民族出版社,2005年,第330页。

面，在全球化、现代性价值观和取向的影响下，世界的共同点或共享性因素在不断增多。另一方面，一种多极或多元的趋势借助传统的回归和复兴也在强化"①。正如美国当代人类学家克莱德·M·伍兹所指出的，接触及其所引起的变迁，尤其是当它们来自一个占主导地位的群体时，常常对接受一方文化的成员起着破坏和压力的影响，这些群体试图通过恢复他们生活方式的意义和内容，即所谓的"复兴运动"从而对这种压力予以反抗。②民族传统文化迎战全球化的帷幕已经拉开，这从20世纪70年代起，联合国教科文组织陆续出台的一系列法规、公约中就已初露端倪。

1972年，联合国教科文组织制定了《保护世界文化和自然遗产公约》，把文化遗产和自然遗产纳入保护的范围，确立了国际社会保护人类物质遗产的义务；1989年又提出了《保护民间创作建议案》，建议各国把民族传统和民俗文化也纳入保护的范围；1998年颁布了《人类口头和非物质文化遗产代表作条例》，强调文化遗产是各国人民集体记忆的保管者，只有它能够确保文化特性永存；2001年通过了《世界文化多样性宣言》，并将保护文化多样性提升到了"道德律令"的高度；2003年通过了《保护非物质文化遗产国际公约》；2005年通过了《文化多样性公约》，作为对1972年《保护世界文化和自然遗产公约》的补充，它标志着联合国教科文组织在世界范围内增强文化多样性方面的努力进入实质性运作阶段。于是，在国际组织的引领下，一场声势浩大的保护民族民间传统文化的运动在世界范围内开展起来。

---

① 参见苏国勋、张旅平、夏光著：《全球化：文化冲突与共生》，社会科学文献出版社，2006年，第282页。

② 参见克莱德·M·伍兹著，何瑞福译：《文化变迁》，河北人民出版社，1989年，第61页。

据联合国教科文组织《2000年世界文化报告》资料显示，世界上已经有57个国家将无形文化和民俗文化遗产保护作为国家文化政策的一部分，52个国家的立法中包含了无形文化和民俗文化遗产的"知识产权"方面的条款。可见，全球化固然"导致了民族文化某种程度上的同一性，但同时也促进了对文化个性风格或本质特征反弹式的强烈护守和执著追求。也就是说，既要世界化又要民族化（或本土化），仍是全球化语境下的文化发展的时代主旋律"[1]。

美国当代著名社会学家爱德华·希尔斯（Edward Shils）说，传统可能是不可避免的，但它们并不一直是非常强大的。寻求传统的倾向可能弥漫于所有人类社会，但是如果没有传统支持者的支撑，传统就可能会变得萎靡不振，虚弱枯竭。[2] 哈贝马斯说："一个传统要想延续下去，就离不开后代有意识地占有。"[3] 而这种"支撑"及"有意识地占有"也就是费孝通先生所说的"文化自觉"意识，即生活在一定文化中的人要对其文化有"自知之明"，明白它的来历，形成过程，所具的特色和它发展的趋向，不带任何"文化回归"的意思。不是要"复旧"，同时也不主张"全盘西化"或"全盘他化"。自知之明是为了加强对文化转型的自主能力，取得决定适应新环境、新时代时文化选择的自主地位……这是一个艰巨的过程，只有在认识自己的文化、理解所接触到的多种文化的基础上，才有条件在这个正在形成中的多元文化的世界里确立自己的位置，从而达到一个"各美其美，美人之

---

[1] 张新民：《社会科学的本土化与本土化的社会科学——全球化语境下的本土文化研究》，载《贵州大学学报》，2004年第5期。

[2] E·希尔斯著，傅铿、吕乐译：《论传统》，上海人民出版社，1991年，第420页。

[3] 尤尔根·哈贝马斯著，曹卫东译：《后民族结构》，上海人民出版社，2002年，第200页。

美，美美与共，天下大同"的崇高境界。①

今天，伴随全球化浪潮接踵而至的是民族主义潮流的兴起，而民族主义大抵可分为政治民族主义和文化民族主义两种。或许，我们也可以将这场世界范围内的"民族传统文化复兴"运动看做是文化民族主义一种较为温和的表现形式。

（二）现代性图景中的宗教"祛魅化"

> 它（理性化）是这样的知识和信念，只要人们想知道，他任何时候都能够知道；从原则上说，再也没有什么神秘莫测、无法计算的力量在起作用，人们可以通过计算掌握一切。而这就意味着"为世界除魅"……技术和计算在发挥着这样的功效，而这比任何其他事情更明确地意味着理智化。
>
> ——马克斯·韦伯

> 科学使我们对周围的环境和自己的命运有了完全的控制权，但我们并不快乐，反而深感恐惧。为什么会这样？如何消除这些恐惧呢？
>
> ——爱德蒙·R·利奇

费尔南德·布罗代尔说：历史上几乎所有的文明都曾被超自然的神秘现象渗透和淹没过：它们始终浸淫其中，从中抽取出它们特定的心理的最强烈的动机。② 一直以来，在人类的内心深

---

① 参见费孝通：《反思·对话·文化自觉》，载《北京大学学报》，1997年第3期。
② 费尔南德·布罗代尔著，王明毅译：《文明研究涉及所有社会科学》，载《史学理论研究》，2004年第1期。

处，似乎普遍弥散着一种带有神秘色彩的敬畏情感。在宇宙洪荒、天雷地火的远古年代，当懵懂无知的人类在陌生的大自然面前啜泣、战栗，这种情感曾给予了人类以极大的抚慰和力量，伴随并支撑人类走过了一段黑暗的旅程。而当人类在文明曙光的照耀下，终于从蒙昧步向开化，这种情感却早已在人类心底扎下了根基，并渐而生发成一种难以割舍的宇宙情结。而后，在人类不断的成长与成熟过程中，这一情结愈发明晰起来，并最终形成一种系统化、理论化的意识形态——宗教。

然而，作为人类社会中一种古老的精神文化现象，人们对于宗教的种种批判与责难却似乎从未停止过。尤其是自文艺复兴、启蒙运动以来，随着理性、科学的概念深入人心，宗教的社会地位与权威更是受到了极大的挑战。正如美国宗教社会学家奥戴（Tomas O'Dea）所言，对理性、因果逻辑和经验的强调会导致对超验的不信仰，因为既然这个世界能够被科学所解释，就不需要一个超验的解释了，这样的结果导致了许多民众对宗教兴趣的减弱，也导致了宗教自身的衰落。[①] 不过尽管如此，宗教一直以来却始终未曾淡出人们的生活视线。尤其是在物质生活日益富足的工业化时代，当人类为精神家园的日渐荒芜而惶惶不安时，这一有所依倚、有所敬畏的情感信仰为其搭建了一处虽然有限，却弥足珍贵的精神庇护所。吉登斯说：尽管宗教信仰在前现代环境中可以成为极端焦虑或绝望的源泉之一，但是，在其他方面，宗教宇宙观却在伦理与实践方面提供了对个人和社会生活（以及还有对自然界）的解释，这些解释向信仰者们所描绘的，是令人感

---

① Keith A. Roberts, *Religion in Sociological Perspective*. Belmont, Calif.: Wadsworth Pub., 1990. 307.

到安全的环境。① 美国社会学家彼得·贝格尔也十分强调宗教对于意义的提供和对秩序的维持作用,他认为人有追求意义的本能,缺乏意义的人将会面临"存在真空",因此"无意义"和"失范"对人来说是一种巨大的恐惧和威胁,而宗教在人构建世界过程中无疑发挥了重要的作用。② 然而,接下来所发生的情形对宗教来说却并不乐观,美国社会学家马歇尔·伯曼(Marshall Berman)在《一切坚固的东西都烟消云散了——现代性体验》一书中向我们描绘了这样一幅景观:今天,全世界的男女都在分享着一种生命体验模式——时间与空间,自我与他人,生活中的种种可能性与危险的体验。我把这些体验总称为"现代性"。现代环境和体验冲破地理与种族、阶级与民族、宗教与意识形态的界限……这是一个威胁着摧毁我们所拥有的一切、我们所知道的一切和我们所存在的一切的世界,成为现代的,也就是成为如马克思所说的"一切坚固的东西都烟消云散了"的宇宙的一部分。③ 伴随"现代性"的诞生,一切都在摧毁与重构。美国学者大卫·雷·格里芬(D. R. Griffin)指出:"现代性是以无家可归为标志的。现代化的力量就像一柄巨大的铁锤,无所顾忌地砸向所有旧的社区机构——氏族、村庄、部落、地区……"④ 当然也砸向了庙宇、教堂……

宗教被"祛魅化"了。是的,在盈溢着理性之光的现代性

---

① 安东尼·吉登斯著:《现代性的后果》,田禾译,译林出版社,2000年,第90页。
② 肖清河:《世俗化与宗教观》,见张志刚主编:《20世纪宗教观研究》,北京大学出版社,2007年,第220页。
③ 马歇尔·伯曼著:《一切坚固的东西都烟消云散了——现代性体验》,徐大建、张辑译,商务印书馆,2003年,第15页。
④ 大卫·雷·格里芬著:《后现代精神》,王成兵译,中央编译出版社,1998年,第13页。

图景中,宗教头顶之上的神圣光晕似乎正无可抑制地暗淡下去。针对这一现象,20世纪60年代以来,一些西方学者提出了著名的宗教"世俗化"(secularization)理论,并对此展开了热烈的探讨。①"世俗化"概念原意是指将一部分原属天主教会控制的领土和权力转让给世俗的地方统治者。但在后来的使用中,世俗化的内涵越来越宽泛,凡指教会势力或影响力的降低,宗教观念、宗教情感的淡化,宗教活动领域的缩小,宗教社会功能的减弱,宗教价值观的失落等都用其来表示。② 世俗化理论曾一度在学术界备受瞩目。然而,与其他所有新理论、新观念的命运大致相同,"当我们熟悉了这个新概念之后,在它进入到我们的理论概念总库之后,我们对这一概念的期待也更加和它的实际应用相适应,它也就不那么盛极一时了。"③ 不仅如此,它还常常招致猛烈的抨击与批判,甚至遭受到颠覆。在经历了一段红火时期后,宗教"世俗化"理论范式便很快走向了衰落。尤其是20世纪80年代以来,"各种新、老宗教不仅在全球范围内普遍兴旺,而且也继续在公共领域中扮演着重要角色。东西方相继发生的有宗教深刻卷入的政治事件尤其突显了这一势态。"④ 一时间,对于宗教世俗化理论的反思及质疑声音不绝于耳,以致"世俗化"理论的重要代表人物之一贝格尔(Peter Berger)也在20世纪90年代公开承认:"这个假设,即我们生活在一个世俗化的世界里

---

① "世俗化"概念是在20世纪60年代哈维·考克斯(Harvey Cox)的《世俗之城》一书中被明确提出,而后许多学者都纷纷加入到这一问题的讨论中来,如彼得·贝格尔、托马斯·鲁克曼、奥戴、塔尔科特·帕森斯、罗伯特·贝拉等。

② 肖清河:《世俗化与宗教观》,见张志刚主编:《20世纪宗教观研究》,北京:北京大学出版社,2007年,第204页。

③ 克利福德·格尔茨著,纳日碧力戈译:《文化的解释》,上海人民出版社,1999年,第3页。

④ 汲喆:《如何超越经典世俗化理论?——评宗教社会学的三种后世俗化论述》,载《社会学研究》,2008年第4期。

是错误的。今天的世界除了一些特例之外，都和以前一样是相当具有宗教性的，在某些地方甚至比以前更具有宗教性。这就意味着 20 世纪 50 到 60 年代的整个时期里，由历史学家和社会科学家所写的全部文献，即大可贴上'世俗化理论'标签的，其实都是错误的。"① 于是，在世俗化理论遭到摒弃或被重新释义的同时，宗教经济模式（religious economies model）、宗教多元主义（Religious Pluralism）、宗教去制度化（religious deinstitutionalization）等反世俗化宗教理论被纷纷提出。②

世俗化理论衰落了。不过，它毕竟还是阐述了一种社会的宗教变迁现象，并且在今天看来是一种势不可当的现象，即宗教正

---

① Peter L. Berger. Secularism in Retreat. http：//findarticles.com/p/articles/mi_ m2751/is_ n46/ai_ 19130142/? tag = content；col1？

② 宗教经济模式：20 世纪 80 年代末 90 年代初，斯达克（Stark）、芬克（Roger Finke）、艾纳孔（Laurence Iannaccone）等人相继发表了一系列文章和著作，将新古典主义经济学的一些理论和方法引入宗教研究，逐步建立了理解宗教现象的"经济学模式"。依据这种模式，个体行动者的宗教行为可以看作是以计算代价/利益的理性选择（rational choice）为基础的消费行为，宗教机构或团体则可以看做是提供宗教产品的企业。于是，宗教的兴衰主要取决于宗教市场内部供求关系的变化和市场自由竞争的程度，而与现代化的进程无关；宗教多元主义：在以色列社会学家艾森斯塔特"多元现代性"理论的启发下，法国社会学家爱尔维优 – 雷杰（Danièle Hervieu – Léger）建议直接使用"多元宗教现代性"的概念，将其作为超越世俗化理论单一线性进化史观的工具。这一理论的目标是以现代民族国家为基本框架，通过考察政治、宗教与文化这三者的构型（configuration）的多样性，重新认识现代性的可能性与限度；宗教去制度化：这一理论也常常被称为新世俗化理论。爱尔维优 – 雷杰将世俗化总结为两种趋势的综合：它包括传统宗教的制度性失控以及各种新的宗教社会表达方式的增生。即一方面，世俗化意味着建制宗教及其机构对分化后的其他社会领域以及个体宗教生活的影响力的下降；另一方面，世俗化意味着个体在宗教制度失去了信用后转以种种非制度化的社会方式构建其宗教生活。（参见汲喆：《如何超越经典世俗化理论？——评宗教社会学的三种后世俗化论述》，载《社会学研究》，2008 年第 4 期；张志刚主编：《20 世纪宗教观研究》，北京大学出版社，2007 年，第 203 页—第 241 页。）

被日益地"祛魅化"。是的，较之于"世俗化"而言，我更倾向于借用韦伯的"祛魅化"概念来描述宗教的这一历史变迁过程，尤其在一个现代性所构建的宏伟图景中。因为尽管从出发点上看，世俗化理论的核心关怀是现代性与宗教变迁的关系，不过在很多情况下和相当长的时间里，现代宗教变迁都被简明扼要地表述为理性将现代社会与现代人从宗教权威中解放出来的过程。这种"世俗化"观念把现代性看作是对宗教的否定，二者的关系甚至被看做是一种"零和游戏"。这样，世俗化从最初的比较传统社会与现代社会的描述性概念，很快变成了以线性的进化史观为基础的有关社会总体趋势的断言。① 而在今天看来，世俗化范式中所蕴含的"宗教必然被科学所取代，宗教必然在现代世界中衰退"的预言不仅在西方世界已经失效，而且在中国也显然落空。宗教没有衰退，宗教更不会消亡，它不过是在历史的进程中被日益地"去神圣化"了。

就我国宗教文化发展的总体状况而言，自20世纪80年代以来，宗教活动在全国范围内的复兴之势逐渐增强，但其性质已有了很大改观，有的宗教活动甚至发生了本质性蜕变。上海大学宗教与社会研究中心主任李向平教授曾经就中国佛教发展问题发表过《"神圣化"或"世俗化"的双重悖论》一文，文中指出："仔细分析当前学界、媒体、社会议论对于佛教的所谓世俗化批评，其中内涵，并非世俗化，而是佛教界里某些商业化或庸俗化现象。始之于20世纪80年代中期以来'宗教搭台，经济唱戏'现象，这对于中国佛教而言，固然就是'寺庙搭台，经济唱戏'

---

① 汲喆:《如何超越经典世俗化理论?——评宗教社会学的三种后世俗化论述》，载《社会学研究》，2008年第4期。

了。"① 实际上，李向平教授对于佛教发展状况的阐析也十分适用于当今中国宗教的整体发展情势。尤其是进入21世纪以来，在国家"非物质文化遗产"保护工作的大潮中，放眼望去，复兴中的宗教活动主要是被剔除了其本身的"神圣性"以及观众的"敬畏心理"，这无疑导致了宗教社会教化功能的弱化，而随着宗教被日益地卷入到市场经济的运作模式中，如何将其打造为具有地方、民族特色的民俗旅游资源正成为宗教日后发展的一种大趋向。

马克斯·韦伯说：现代性是一个祛除神魅的过程。艾森斯塔特（Shmuel N. Eisenstadt）说："现代性的局限在于，宇宙为神意注定的合法性逐渐失效了，只有当已经设定的宇宙合法性不再被视为理所当然、不再无可非议时，才会有现代性，才会有这样或那样的现代性。"② 吉登斯指出：现代性正以前所未有的方式，将我们抛离了所有类型的社会秩序的轨道，从而形成了其生活形态……它正在改变着我们日常生活中最熟悉和最带个人色彩的领域。"③ 总体而言，在现代性图景野心勃勃的建设过程中，社会首先是一个"脱魅"（disenchanted）了社会，这样的社会所具有的一个典型的特征或品格就如斯图亚特·霍尔揭示的，"传统社会典型的宗教世界观的衰落，以及世俗的和物质的文化的崛起，展现了我们所熟悉的个人的、理性的和工具性的冲动。"④ 也如

---

① 李向平：《"神圣化"或"世俗化"的双重悖论》，载《中国民族报》，2008年第6版。
② S·N·艾森斯塔特著：《反思现代性》，旷新年、王爱松译，三联书店，2006年，第39页。
③ 安东尼·吉登斯著：《现代性的后果》，田禾译，译林出版社，2000年，第4页。
④ 斯图亚特·霍尔著：《现代性的多重建构》，吴志杰译，参见周宪主编：《文化现代性精粹读本》，中国人民大学出版社，2006年，第43页。

麦克尔·赫兹菲尔德所指出的,由于现代逻辑是绝对理性和科学的,它与过去的宗教性形成鲜明对照。[1] 在现代社会中,合理性已经在相当程度上破坏了支撑宗教价值的信仰的基础,人们难以向他们的祖先那样虔诚地对待神灵了。上帝(别的神亦如此)除了保留神的标签外,不知道还有多大的真理性和权威性,而真理性和权威性少了,神性也就不多了。[2] 于是,在今天一个为现代性所掌控的社会生活中,在传统宗教活动的复兴浪潮里,我们日益看到,一方面理智与功利正从根本上动摇着人类心底根深蒂固的宗教情怀,蔑视并抹杀着大多数宗教活动本身古老而又神秘的神圣性。而另一方面,"神圣性"本身又要被借助,从而去吸引受众,这实际上是一种兜售"神圣"的行为,这一行为中隐含着深刻的现代性悖论。

这一现象是值得深思的。它折射出整个人类社会精神层面的一个转向,即由理性崇拜所导致的传统信仰观念的失落与敬畏感的缺失。查尔斯·泰勒说,用理性解释现代性看来是最流行的……它动摇了人们旧的习惯与信仰——宗教或者传统道德观。由此,现代性被描述成视阈的丧失,根基的丧失,人类傲慢地否认自身极限、否认人类依存历史或上帝,而对脆弱的人的推理力寄予无限厚望,缺乏对生命的英雄纬度的兴致而陷于无足轻重的自我放纵。[3] 因为在理性主义者看来,世界存在得非常完好、非常自主,并不需要什么造物主、神灵的力量之类的假想。一切事件

---

[1] 麦克尔·赫兹菲尔德著,刘珩、石毅、李昌银译:《什么是人类常识——社会和文化领域中的人类学理论实践》,华夏出版社,2005年,第289页。

[2] 苏国勋、张旅平、夏光著:《全球化:文化冲突与共生》,社会科学文献出版社,2006年,第159页。

[3] 查尔斯·泰勒著,吴志杰译:《两种现代性理论》,见周宪主编:《文化现代性精粹读本》,中国人民大学出版社,2006年,第130页。

都可以被解释为大自然的行为，没有必要诉诸神话或神灵的干预。① 理性化将信仰和行动按照一种统一的中心准绳纳入到一种融贯有序的系统之中，从根本上消除了逻辑上的不一致性，破除鬼怪和地方性神祇观念，否定魔力技术，增强一种理论的广度和概括性。② 这是一个人类越来越深地陷入到理性牢笼化的过程，也将是一个工具理性越来越压倒价值理性的过程③。在这一过程中，人类将越来越趋向于成为一个——经济学曾经对人性所作出的基本假设——经济理性人④。在这一过程中，世界主要由人造风险所构筑，因此几乎没有为神灵的感召留有一席之地，也没有为来自宇宙或神灵的巫术般的慰藉留下什么活动的余地。⑤ 这一过程所导致的结局将是可悲的，一个纯粹理性化的"脱魅"世界也将是无法想象的。吉登斯曾经将"现代性"喻为一头"猛兽"，并感叹道：我们作为整体的人类，究竟在什么程度上能够驾驭那头猛兽？或者至少，能够引导它，从而降低现代性的危险并增大它所能给予我们的机会？现在我们怎么会生活在一个如此失去了控制的世界上，它几乎与启蒙思想家们的期望南辕北辙？

① W·E·佩顿著：《阐释神圣》，许泽民译，贵州人民出版社，2006年，第17页。

② E·希尔斯著：《论传统》，傅铿、吕乐译，上海人民出版社，1991年，第389页。

③ "工具理性"和"价值理性"这对概念是由马克斯·韦伯提出来的。"工具理性"指在一个限定的、对实现的目标所可资运用的手段的评估，预测由此可能产生的后果，并由此基础上追求预定的目的，属于客观的合理性；"价值理性"则是信仰和理想的合理性，指根据某种信仰或信念和理想的、绝对的目标要求而引发的理性行为，实现这种信仰和理想的手段也必须是符合价值的，属于主观的合理性。

④ 经济理性人，又称作"经济人假设"，原是西方经济学的一个基本假设。即假定人思考和行为都是目标理性的，唯一地试图获得的经济好处就是物质性补偿的最大化。这常用作经济学和某些心理学分析的基本假设。

⑤ 安东尼·吉登斯著：《现代性的后果》，田禾译，译林出版社，2000年，第97页。

为什么甜蜜理性的普及并没有创造出一个我们能够预期和控制的世界?[1]

20世纪上半叶,人们对于现代文明的憎恶达到了前所未有的地步。这一文明是科学的、理性的、个人主义的……[2]90年代以来,由现代性所引发的种种社会弊端愈发显露无遗。一时间,各种批判、主张"复魅"及后现代的反思性思潮不断涌现出来,人们为现代性是否气数已尽或后现代时代是否到来等问题争论不休。然而,无论现代性终结与否,它所崇尚并神话化的"理性至上主义"何时才能寿终正寝?被日益"祛魅化"了的宗教在未来发展中该何去何从?宗教与传统在眼下"文化再生产"马不停蹄的炮制过程中究竟得到了怎样的利用,发生了怎样的变化?而这些变化对于我们的生活、我们的思想以及我们的行动又到底意味着什么?迄今为止,许多悬而未决的问题仍然摆在我们的面前,但毋庸置疑的是,无论人类社会如何发展,发展到何种程度,"敬畏之心"必不可少。舍勒说:敬畏能使我们摆脱生命的本能冲动而朝向更高的精神价值。[3] 尼采说:生长着的启蒙动摇了宗教信条,引起了根本的怀疑。于是,这种情感被启蒙逐出宗教领域,投身于艺术之中;在个别场合也进入政治生活中,甚至直接进入科学中。无论何处,只要在人类的奋斗中觉察一种高级的阴郁色彩,便可推知,这里滞留着灵魂的不安、焚香的烟雾和

---

[1] 安东尼·吉登斯著,田禾译:《现代性的后果》,译林出版社,2000年,第133页。

[2] E.希尔斯著,傅铿、吕乐译:《论传统》,上海人民出版社,1991年,第25页。

[3] 参见舍勒著,罗悌伦译:《德行的复苏》,见刘小枫选编:《舍勒选集》,三联书店,1999年,第732页。

教堂的阴影。① 在宇宙、在自然、在许多超验的不可思议面前，我们只能说我们尚"知之甚少"，唯有此，人类社会才能朝向更高的文明继续迈进。

（三）"仪式"与"文化展演"的相关理论探讨

1. 仪式的界定与概说

传统蒙古贞查玛作为一种古老的宗教仪式，以其独特的结构程式、功能意义展示了神的世界与宇宙空间的逻辑秩序。因此，这里首先要对仪式的界定、研究取向及其结构功能等方面的相关理论探讨进行梳理评述。

（1）概念的界定及研究取向

仪式研究，可谓人类学领域内热衷探讨的经典话题。长期以来，这一概念本身被人类学的各理论流派不断地界定，但正如利奇所说，"虽然'仪式'是人类学论述中一个很突出的概念，对它的确切含义却从来没有达成一致的意见。"② 不过，就目前仪式研究的总体状况而言，人类学的仪式研究对象基本还是被界定为那些"带有明确宗教意义和喻指性的行为"。

然而，尽管人类学的仪式研究对象有了较为清晰的界定，我们似乎仍然不能仅此来理顺以往仪式研究所呈现出的繁复多样性，由此，对人类学仪式研究状况进行总体的归类就显得尤为重要。彭兆荣在《人类学仪式研究评述》一文中指出，目前在人类学的仪式研究中，基本上存在两种取向。一是对古典神话和仪式的诠释，这主要是就二者之间早期的互文（intercontext）、互

---

① 尼采著，周国平译：《悲剧的诞生—尼采美学文选》，三联书店，1986年，第177页。

② 参见爱德蒙·R·利奇著，陈观胜译：《从概念及社会的发展看人的仪式化》，见史宗主编，金泽、宋立道、徐大建等译：《20世纪西方宗教人类学文选》，上海三联书店出版社，1995年，第504页。

疏（interprelation）及互动（interaction）的关系提出来的，这一研究特点在泰勒、斯宾塞、弗雷泽等学者的著述里都有所体现；二是对仪式的宗教渊源和社会行为的探讨，即将仪式视为特定的宗教行为和社会实践。[①] 如列维—斯特劳斯、利奇、特纳、道格拉斯等人的仪式研究。

在上述两种研究取向中，早期的神话—仪式研究更注重仪式本身信仰层面的分析，更注重对仪式的祭品、祷文及供奉方式等仪式语境中的诸项基本单元进行阐释，以期明确其象征意义上的能指与所指。而在后一种研究取向中，也就是自涂尔干始，大多数学者已经转向于关注仪式与社会结构之间的关系，并愈发对仪式本身的"结构"产生了浓厚兴趣。

（2）仪式的结构与功能

首先，对于仪式结构的分析，早在20世纪60年代，民俗学家范·盖内普就提出了著名的"过渡礼仪"的理论观点。而后，这一思想深深影响了象征人类学派的重要代表人物维克多·特纳，凭借其"仪式过程"分析理论，特纳在人类学界名声大噪。在特纳的理论当中，有两个重要的概念，即"社会戏剧"（social dramas）和"公共域"（communitas）。前者是特纳基于在恩登布人中的田野工作提出的，主要指发生于破裂、转折、调整行为及重新整合四个可以观察到的主要阶段的社会行动。后者是一个处于"社会结构"的"非结构"的模棱两可的界域，具有阈限性、边缘性、从属性和平等性的特征。[②] 这些观点一经提出立即在人类学界引起了强烈反响，并被后来的大多数仪式研究奉为经典所使用。尽管这些思想也曾遭受过诸如"仪式是不是都具有过渡

---

① 彭兆荣：《人类学仪式研究评述》，民族研究，2002年第2期。
② 王建民：《维克多·特纳与象征符号和仪式过程研究》，载《中南民族大学学报》，2007年第2期。

性？仪式是不是都有它的反结构性？"等问题的质疑，但特纳在对仪式结构的阐析过程中所强调的"动态性"、"象征符号意义的开放性"等思想则深深影响了后来的一大批仪式研究者。

其次，关于仪式功能方面的探讨自古典进化论开始就有所述及。如在泰勒的概念中，宗教仪式既是宗教思想的戏剧性表现或宗教的哑剧语言，又是跟灵物交际或影响它们的手段。泰勒还尤其强调仪式的传承性，即他认为现存于宗教领域内的仪式和信仰都是古代的遗留物，它们是"文明进步全过程的路标，充满着意义，其象征性可以被译解"。[①] 透过该观点中所表现的深刻的进化论思想，我们得以窥探到泰勒概念中的仪式所具有的"象征性"特征，而这一特征也正是后来大多数仪式研究者所重点讨论并强调的。如涂尔干对宗教仪式的探讨基本上就是在一个"象征行为的功能理论"的架构中进行的，他认为土著居民在其氏族集会产生的社会潮流中，只能借助"象征"来表达自己的意识。涂尔干还十分强调仪式的"强化"功能，即"在仪式中人们尊崇社会自身，因为宇宙秩序是在社会秩序之上建构的。仪式有助于确认参与者心中的秩序"[②]。其实，涂尔干关于仪式理论的探讨在一定程度上也是他对于宗教的看法，如在其代表作《宗教生活的初级形式》一书中，涂尔干就将人类宗教看做是反应及维持社会制度结构的一种方式或手段。但在涂尔干的概念中，宗教的核心不是教义，而是仪式。由此我们看到，涂尔干不仅在早期神话—仪式研究与后来仪式—社会研究的专向中起到了关键性作用，而且也是将宗教研究转为仪式研究的重要人物。此外，涂尔

[①] 夏建中：《文化人类学理论学派——文化研究的历史》，中国人民大学出版社，1996年，第29页。

[②] 阿兰·巴纳德著：《人类学历史与理论》，王建民等译，华夏出版社，2006年，第68页。

干还在一定程度上开启了仪式—功能主义理论研究的路径，这为接下来的英国功能主义学派奠定了仪式研究的理论基调，如结构—功能主义者拉德克利夫—布朗就深受其影响。在对图腾崇拜的研究中，拉德克利夫—布朗将仪式而不是信仰作为主要的研究对象，并认为："人类当中的一种有秩序的生活，是依赖于一种社会成员们精神中的某种感情，这种感情控制了人们相互之间的行为。所以仪式就显示出了具有一种特殊的社会作用。仪式可以调整、维持并一代又一代地遗传这种感情，社会的章法就是依赖于这种感情。"①

可见，无论是涂尔干还是拉德克利夫—布朗，二者都十分强调仪式对于社会秩序性的维持，并由此将仪式的功能归结为社会团结的强化剂。这一观点在后来遭到了以格拉克曼与特纳为代表的曼彻斯特学派的攻击，尽管该学派在某种程度上也从功能主义理论中汲取了思想的养分，如它仍在谈社会的整合问题。但在曼彻斯特学派看来，社会的平衡并不是一直处于静态的稳定的状态，社会制度中的诸要素也不总是和气共生，社会中的"冲突"与"结构对峙"是人们更应该关注的，社会的团结与巩固正是通过有效地吸纳制度间的对立及矛盾等因素而实现的，而"仪式"恰好提供了这样一个机会。这样一种"仪式—冲突"的理论被格拉克曼发挥到极致，同时也鲜明地渗透在曼彻斯特学派另一代表人物特纳的仪式研究中。特纳十分关心社会行为本身的过程性结构（processual structure），在这一问题上，他反对涂尔干、拉德克利夫—布朗等人将社会看做一种非时间的或不受时间限制的按照有机体或者机器的模式塑造而成的永久性体系的观点，特纳对社会关系的动态性特征深信不疑，这不但成为特纳对于"社

---

① 布林·莫利斯著，周国黎译：《宗教人类学》，今日中国出版社，1992年，第171页。

会戏剧"理论讨论的基础,同时也是特纳引入仪式符号的语义研究的前提。在特纳看来,"仪式行为类似于一种情感升华的过程……仪式中的范式具有一种促成欲望的功能,它既可以促使人们去思考,同样也可以驱使他们去行为。"① 换言之,特纳对于仪式中的隐喻性、象征性更为着迷,他不同意涂尔干将仪式看成是社会出于实用目的的一种"创造",他也不同意拉德克利夫—布朗等人把仪式的象征性行为看做是社会的一种"附带现象",特纳所讨论的"仪式"是一个充斥着象征符号的自在的意义体系,通过它,社会的结构可以得到强化。

综上所述,从涂尔干到特纳,仪式的研究大体上呈现出两个特点:一是对于仪式象征性功能的一致强调;二是对于仪式的协调、整合与心理支持作用的认可。然而,当这一悠久的研究传统绵延至格尔茨那里却遭到了质疑,在《仪式与社会变迁:一个爪哇的例子》一文中,格尔茨通过对爪哇小镇上葬礼仪式失败的分析,进而认为:"仪式并不仅仅是个意义模式;它也是一个社会互动形式。所以造成文化的不确定性……也导致社会冲突。"②在此,我更倾向于以色列人类学家唐·汉德尔曼(Handelman Don)的观点,在《仪式/壮观场面》一文中,汉德尔曼以赞比亚的本巴人(Bemba)的 Chisungu 仪式为例,分析并指出了"仪式本身是由文化秩序所塑造的,反过来又塑造产生它们的社会秩序。为了理解仪式据认为在文化秩序内的作用,人们必须对土生土长的理论持开放态度,这些理论构成了有关行为的高度特殊的

---

① 维克多·特纳著:《戏剧、场景及隐喻:人类社会的象征性行为》,刘珩、石毅译,民族出版社,2007年,第51—第52页。
② 克里福德·格尔茨著:《尼加拉:十九世纪巴厘剧场国家》,赵丙祥译,上海人民出版社,1999年,第192页。

背景"①。换言之，汉德尔曼认为，仪式与社会秩序之间是一种相互形塑的关系。这显然与以往的研究思想有所差异。此外，他还提醒我们在对仪式的社会功能作分析前，先要理清仪式的内在文化逻辑，汉德尔曼的这一观点对我们以后的仪式研究不无裨益。

2. 文化展演的界定与概说

与"仪式"概念的界定有着十分相似的处境，"表演"(performance)一词在人文社会科学领域内也有着颇为丰富的含义。美国社会学家、美国当代著名社会戏剧论者欧文·戈夫曼在其代表作《日常生活中的自我表演》一书中，将"表演"定义为："作为一个特定的个体在任何特定的场合所表现出的全部行为，这种行为可以以任何方式对其他参与者中的任何人施加影响。"②实际上，戈夫曼所说的"表演"是一种个体在日常生活的交往中所表现出来的广义上的行为。也就是说，在戈夫曼的定义中，生活中的每一个个体都是有意识或无意识的"表演者"，人际关系的传播就是个体进行"自我表演"的过程。但戈夫曼所说的这种"表演"并不是个体随意性的发挥或创造的一种行为，它要遵循生活中人们已经内化了的一套现存的社会规范和准则，或者说只有在一系列的习惯和共同理解的框架内进行才会被接受。戈夫曼试图通过对这样一种"行为"的阐述进而详述一种社会学观点——戏剧表演，并从这种观点出发来研究整个社会生活。事实证明，戈夫曼的戏剧表演理论在当时的美国社会学界产生了重大影响，并对一代社会心理学做出了有力的贡献。

---

① 唐·汉德尔曼：《仪式／壮观场面》，仕琦译，载《国际社会科学杂志（中文版）》，1998年第3期。

② 欧文·戈夫曼著：《日常生活中的自我表演》，徐江敏、李姚军译，桂冠圆书股份有限公司，1992年，第16页。

接下来要述及的另一位表演理论的主要代表人物是美国当代著名的民俗学家、人类学家理查德·鲍曼。在鲍曼的"表演观"中,明显流露着戈夫曼的表演理论的痕迹,他认为:"'表演'主要是指一种交流的框架、交流的模式、交流的途径。这些都是从别人那里借用来的观点。而我自己的特点是,用戈夫曼(Goffman)关于表演框架、表演设定(keys)等他在《言语民族志》(Ethnography of Speaking)里谈到的概念,来考察表演者打算做什么。"[①] 从这一表述中,我们可以看到鲍曼在对表演的"交流"功能予以肯定的基础上,还十分强调对表演主体的关注。此外,鲍曼还十分关心"人们彼此相遇和彼此互动的情境",他认为:"情境化的实践永远根植并产生于具体的情境(situational contexts)当中,交流实践的具体情境成了一种参照系或分析的单元。因此,在表演中,重要的问题并不是创造性、独特性和即时性等,而是在社会惯例、既成事实与个人创造之间的平衡关系。"[②]

可见,无论是戈夫曼还是鲍曼,二者所关注的"表演"都大致呈现出以下两个特点:一是将表演的场景定位于"日常交际"中,二是对生活中"个体"的表演更为感兴趣。但是,表演的目的仅只限于"交流"吗? 表演仅仅只是"个体性"的行为吗? 当然,鲍曼也同样注意到了这些问题。根据不同的学术传统对于"表演"的不同理解,鲍曼指出,目前在民俗学与人类学的领域里存在着两种关于表演的最重要的看法:一种是把表演看成一种特殊的、艺术的交流方式;一种是把表演看成一种特殊

[①②] 理查德·鲍曼:《理查德·鲍曼及其表演理论——美国民俗学者系列访谈之一》,杨利慧、安德明译,载《民俗研究》,2003年第1期。

的、显著的事件。① 鲍曼认为，前者主要强调诗性语言和日常语言（应用语言）使用的差异性，属于文学家、语言学家及民俗学家们讨论的范畴，这也是他的研究兴趣旨在；而后者则趋于人类学所讨论的"文化展演"的概念，并且该视角的形成深受法国社会学家涂尔干的"将仪式看做是社会关系的扮演或戏剧性表现"的思想的影响。如解释人类学派创始人格尔茨就曾明确指出："尽管任何宗教仪式——无论它们如何明显地具有自发性或习惯性——都涉及精神气质与世界观的象征性融合……我们也许可称这些仪式为'文化表演'。"②

然而，在此需要特别阐明的是：尽管自涂尔干始，"扮演"、"表演"等语汇已经不断地出现，但这种所谓的表演其实仍是在仪式理论的讨论框架内，是一种狭义上的表述。而"文化展演"（cultural performance）这一概念的明确提出则被公认为是由美国著名的人类学家密尔顿·辛格，他将"文化表演"界定为既包括戏剧、音乐会、讲演，同时又包括祈祷、仪式中的宣读和朗诵、仪式与典礼、节庆以及所有那些被我们通常归类为宗教和仪式而不是文化和艺术的事项。③ 在此，尽管辛格心目中的"表演"也与仪式有所纠结，但其含义已经具有丰富的延展性。并且后来的事实证明，自辛格始，人类学在探讨"文化展演"的这一类社会事象时，总是无法绕开他及他的这一界定。

3. 二者之间的关联性

很长时间以来，仪式与文化展演的理论研究者都在努力地界

---

① 理查德·鲍曼著，杨利慧译：《美国民俗学和人类学领域中的"表演"观》，载《民族文学研究》，2005年，第3期。

② 克利福德·格尔茨著，纳日碧力戈等译：《文化的解释》，上海人民出版社，1999年，第129页。

③ 参见 Singer, Milton, When a Great Tradition Modernizes. New York: Praeger. 1972. 71.

定、厘清各自的概念。但二者之间的关系其实一直存在着交叉与重叠的特点,并且彼此间的界限时而呈现出模糊化的倾向。首先,从涂尔干开始,很多学者都将"仪式"看做一种"文化展演",如格尔茨的"文化表演"一词便是从辛格那里直接借用来的,特纳的"表演人类学"更是将仪式的"表演"特质演绎到极致。而同时,也有很多学者认为"文化展演"中包含着"仪式"的类别。如上文述及的辛格的"文化展演"概念,如美国戏剧教育家理查·谢克纳在对表演行为所作的五大分类"审美表演、社会表演、大众表演、仪式表演、游戏表演"中,也同样将"仪式"囊括其中。

然而,"仪式"与"文化展演"的关系在实质上真的是一种"你中有我,我中有你"的交融状态吗?二者之间的关联性究竟是怎样的?类似的问题很快在人类学界引起了关注及思考。美国著名人类学家麦克尔·赫兹菲尔德在讨论社会生活实践中的"秩序性"问题时就曾指出:"现代人类学所面临的一个重大挑战是从地方仪式——虽然也许可以从国家级的庆典活动(如加冕仪式和阅兵等)中观察到地方仪式的存在——的分析转向对传达某一种文化信息的表演活动进行研究。"[1] 而以色列人类学家唐·汉德尔曼在对现代官僚制度的探讨中也提到:在仪式与展演之间存在着巨大差别。在此,无论是赫兹菲尔德还是汉德尔曼,他们的概念里似乎都有将"仪式"与"文化展演"的外延缩小化的倾向,但尽管如此,二者之间一种长期的混沌状态总算在他们那里得以明晰起来。因此,本文接下来就要对那种与宇宙秩序相关联的"传统仪式"及与现代权力相纠结的"文化展演"之间的关联性进行分析和阐述。

---

[1] 麦克尔·赫兹菲尔德著:《什么是人类常识——社会和文化领域中的人类学理论实践》,刘珩、石毅、李昌银译,华夏出版社,2005年,第282页。

(1) 二者都与"秩序性"紧密相关

首先，纵观以往的仪式研究，我们会发现仪式的功能不外乎有两种：一种是用以维持及强化秩序性；一种则是用以对秩序性进行颠覆。从某种程度上来说，生活中大多数传统仪式的作用都属于前一种，即使是格拉克曼"仪式—冲突理论"中的"结构对峙"，即使是特纳所说的仪式过程中的"反结构"状态，其最终目的也都是对于日常的"重建"与"回归"，正如赫兹菲尔德所言，"仪式之后所发生的变化实际上是为了实现最终秩序而对某些细节进行的重新调整。"

其二，对于"文化展演"来说，由于其与权力的相纠结，它一定是在国家制定的政治秩序所允许的框架内才能得以有效进行，这已经成为现代民族—国家中所日益表现出来的一个不争事实。不仅如此，"文化展演"有时还要沦为秩序真相的"面具"。汉德尔曼就曾指出："在现代国家里，展演随着官僚制度基础结构的加强而在数量中猛增。展演犹如镜子，反映了国家集权制下社会秩序的巨大幻象。这些幻象掩盖了集权制度塑造、约束和控制社会秩序所具有的巨大力量。"[1] 然而，无论是出于对"秩序"的演示还是掩饰，"文化展演"与秩序性之间的关系都是在权力的操控下才得以演绎。

(2) 二者的表演中都充斥着大量的象征

首先，尽管二者在表演过程中所运用的手段往往不同，如仪式多会借助一些巫术、宗教等超自然的方式，而文化展演则多会采用一些现代化的科技手段，但就二者表演中所运用的语言、肢体动作、道具、乐曲等方面来说，其表演过程往往都充斥着大量的象征符号。因此，在仪式与文化展演研究中，对这些符号的象

---

[1] Handelman, Don, *Models and Mirrors: Towards an Anthropology of public Events*. With a new preface by the author. Oxford: Berghahn Books. 1998. p. xxxvi.

征性进行解读与释义有时就变得尤为重要。

其二,尽管二者的表演目的有所不同,如仪式往往可能是一套企图借以与神圣发生关联的超日常的意义系统;而文化展演则往往是人们试图借助一种行为以期展示日常或反日常(如狂欢节)的文化活动,用约翰·麦卡隆的话说,"作为一个文化或社会团体,我们在这类活动中反思自己,明确自己的本质,从而以一种戏剧化的方式来表现我们的集体神话,为自己展示其他选择,并最终在某些方面改变而在另一方面保持自己的特色。"[1]然而,无论是仪式还是文化展演,实际上这两种行为的终极意义都是一种象征性的表述。

(3) 作为一种社会表象,二者具有着不同的超逻辑

前文中已经提到,对仪式与文化展演作出明确区分,甚至将二者直接对立起来的学者可能是唐·汉德尔曼,而他的这一套想法基本上是建立在其所发现的"两种超逻辑"之间对照的基础上。汉德尔曼认为:仪式的内在逻辑在于分类与转换,而展演的内在逻辑则是分类与呈现。

首先,从分类体系上来说,仪式操纵分类,但分类是永恒不变的,是事物"自然"秩序的一个有机部分。换言之,仪式因为与宇宙秩序紧密相连,其分类体系呈现出稳定的状态。不过,这种稳定状态必须在一个"宇宙整体论"没被破坏的文化世界里才能得以实现,"这些世界是作为一个个整体组织起来的;宗教在这些世界中乃是无所不包的整体,它由全面而系统分类的大大小小的宇宙构成,道德和社会秩序的组织原则均自宗教演绎而来。这些分类方法被视为'天然合理的',也就是说不得按照人

---

[1] MacAloon, John J, Introduction: Cultural Performance, Culture Theory. J. J. MacAloon (ed.), *Rite, Drama, Festival, Spectacle*: *Rehearsals toward a Theory of Cultural Performance*. Philadelphia: Institute for the Study of Human Issues. 1984. 1.

的意愿加以改变"①。然而，随着"宇宙整体论"在历史上的解体，汉德尔曼认为许多相对独立的世俗领域便得以出现——政治、经济、科学、官僚制度等等，而这恰好为现代"文化展演"的出场提供了宽广的"舞台"。

与仪式相反，按照汉德尔曼的说法，"展演伴随着分类权力的出现而产生。在展演中，官僚们处心积虑地发明分类体系并系统地付诸实施，这些分类体系受人类自觉意识的控制。官僚制度进行有计划的、可预见性的改变，并试图控制这些改变对现代社会秩序产生影响。分类体系从此不再是'理所当然地'植根于宗教的宇宙哲学，不再不可移易……官僚政治的精神气质乃是中央集权制度赖以形成的深层的分类基础结构，而文化展演则呈现和反映着这一过程组成和控制的权力。"②由此可见，在文化展演中，分类体系是官僚制度的一种创造，由于其与权力相勾连，展演世界里的"分类体系"便颠覆并替代了原来仪式中的原始宇宙分类体系，于是，分类体系由原来的一种不可悖逆的"秩序"演变为如今操控秩序的"工具"。因此，尽管在文化展演中，主体的能动性得到了极大的发挥，但从某种程度上来说，这却是以忽视并破坏一种宇宙秩序意义上的原生性结构为其代价的。

其二，汉德尔曼将"转换"与"呈现"分别视为仪式与文化展演的"元逻辑"（metalogic）。

对于仪式来说，大多数都以"转化的元逻辑或宇宙哲学为依据。这些仪式全都是把一种存在或状况转变为另一种存在或状况，具体的方法是以变化的可能性为依据，创造出某种短暂存在的微世界，而每一个这种微世界都必须符合它本身的文化可能性的范围。在这些仪式的暂时性微世界里，参加者再度体现在他们

---

①② 唐·汉德尔曼著：《仪式／壮观场面》，仕琦译，载《国际社会科学杂志（中文版）》，1998年第3期。

各自的各种感觉之中,他们的身体成为状态转变的场所"[1]。在此,汉德尔曼所理解的"暂时性微世界"十分类似于特纳所说的"公共域",在这样一种临界状态中,人们遭遇或"交融"或"过渡"或"非此非彼"的感觉体验,但其最终目的都是为了实现某种"秩序"的重新恢复。

对于文化展演而言,赫兹菲尔德认为:"展演的首要特征是视觉性——以图像运动和表演吸引观众……实际上,对于观众而言,展演离自我十分遥远,因为色彩和图像都被视觉客观化了。形象性,即相似关系,看上去是最'自然'的符号关系,而视觉则常常是其最容易利用的使用域。从这个意义上说,展演的确服务于国家和政治同一化的目的。"[2] 换言之,作为文化展演中的一个重要特质,"视觉性"不仅仅是展演进行自我表述的一个相当重要的手段,同时也是一种权力的象征工具。这似乎十分符合汉德尔曼的"把展演的元逻辑视为'呈现'"的理解。按照汉德尔曼的说法,"在其杂乱的秩序中,如同在无数的表演会上,仍然存在太多的表意过度。同时现在又有太多的引人注目的、相互矛盾的对照和倒置的精确。国家展演和表演会的这些极端形式的相似呈现方式表明存在着一种观众看不见的强大力量,这就是官僚价值观的存在——展演的权力支点。"[3] 于是,在理性与科学的现代逻辑中,展演便成为汉德尔曼所说的"一个驱除了巫魅

---

[1] 唐·汉德尔曼著:《仪式/壮观场面》,仕琦译,载《国际社会科学杂志(中文版)》,1998年第3期。

[2] 麦克尔·赫兹菲尔德著:《什么是人类常识——社会和文化领域中的人类学理论实践》,刘珩、石毅、李昌银译,华夏出版社,2005年,第297页。

[3] 参见 Handelman, Don, *Models and Mirrors*: *Towards an Anthropology of public events*. Cambridge University Press. 1990. 转引自麦克尔·赫兹菲尔德著:《什么是人类常识——社会和文化领域中的人类学理论实践》,刘珩、石毅、李昌银译,华夏出版社,2005年,第298页。

的世界的自我再现"。

综上所述,从过去的水乳交融到今天的截然对立,仪式与展演之间的关系经历了一个复杂的微妙的变化过程,这其间是神圣与世俗、传统与现代以及象征与权力的深深纠结。这种纠结在古老的宗教艺术活动的复兴中得到了淋漓尽致的演绎。正如赫兹菲尔德所言,仪式与展演的对立很有启发意义。作为一种研究手段,它十分有助于我们对被改造成国家礼仪活动中的"民俗"的宗教活动进行分析。①

三、研究对象的界定及相关研究动态

(一)"仪式"还是"艺术"——不同主体者眼中的"查玛"

在人类学的研究中,可能一直存在着一个无可回避的不争事实,即研究者与"他者"之间在很多时候就某同一文化事项往往会持有不同的表述。而人类学家也曾因此被冠以"文化翻译家"、"文化建构者"的称号,并且这种情形在20世纪80年代被演绎成了一场声势浩大的"表征危机"(crisis of representation)。一时间,不确定性(indeterminancy)、不可翻译性或文化范式间的不可共度性(incommensurability)等概念被竞相探讨。今天,当我们频频回首这场反思及争论时,我们发觉,它给予人类学最宝贵的东西远远不是敦促其探求"真理"的激情与欲望,因为在认识论的视界里,所谓的"真实"可能永远只是"水中月"、"镜中花",原本穷末恐怕往往只是徒劳。而一种将"近经验"与"远经验"并置而论,强调多重声音的复调式表述方式,一

---

① 麦克尔·赫兹菲尔德著:《什么是人类常识——社会和文化领域中的人类学理论实践》,刘珩、石毅、李昌银译,华夏出版社,2005年,第292页。

种基于"人观"的方法论思考与关怀显然更受用于人类学者的实践。

就本选题的研究对象"查玛"而言,在不同主体者的眼界中,其形象不尽相同。在认知上,表演者即喇嘛将查玛看作是一种自我修行的仪轨及一项以"宣扬佛法、调伏恶鬼"为主旨的仪式。参加该项仪式,即可通过身、语、意三密相应的仪式化表演,达到净化心灵的目的。作为宗教修行的助力,查玛力图征服修行者的"内敌",即潜藏在其内心的"我执"和欲念,即佛教所讲的"三毒"和"五毒"。[①] 同时,借助于该项宗教仪式还可以铲除、对抗那些残害生灵的"妖魔鬼怪"及自然灾害等"外敌",从而辟佑人间平安、祥和,因此某种意义上来讲,查玛演出的对象并不是凡世,而是神界和鬼界;在研究者那里,查玛是一种集音乐、舞蹈、美术及神话传说等多元艺术形式为一体的复合型宗教艺术,修行的意义及功能性的仪式色彩在很大程度上发生隐退、消逝。在感知方面,作为仪式的参与者和亲身体验者,喇嘛所感受到的是心之所向的神的世界的谕旨及法力,如"戴上面具,佛身就来了";而同样一场宗教仪式更吸引研究者眼光的,可能却是查玛的服装、道具、程式及整个活动景观,这在很大程度上显然只是一种视觉感应。正如格尔茨所说,"对于来访者,宗教表演理所当然地只是某一特定宗教观点的呈现,并且因而可被审美地欣赏、科学地分析;但对参与者来说,宗教表演还是对宗教观点的展示、形象化和实现,就是说,它不仅是他们信仰内容的模型,而且是为对信仰内容的信仰建立的模型。在这些造型

---

① 参见郭净:《藏传佛教羌姆与中阴救度》,载《西藏民俗》,1997年,第4期;古兰丹姆:《青海塔尔寺"羌姆"舞蹈特色分析》,载《北京舞蹈学院学报》,2007年,第1期等。三毒:贪、嗔、痴。五毒:贪、嗔、痴、慢、妒。

的戏剧中，人们在塑造他们的信仰时，也就获得了他们的信仰。"① 实际上，造成上述差异性的原因并不难理解。就认识论而言，主体并不是一块"白板"，而是一个知、情、意的统一体。每一次具体的认识过程，不仅要受各种客观因素的影响，还总是受到主体以往的知识经验以及当下的情感、意志等众多条件的制约。② 而僧人与俗人在文化背景、宇宙观念、思维图式等方面的差异，也就不可避免地导致了对同一事象的不同表述和看法。问题的关键在于，这种认知及感知中的差异性是可以调和的吗？我们该如何理解及审视这种差异？

首先，查玛是仪式还是艺术的问题，在研究者那里似乎并不难缠。因为"艺术"概念本身具有着颇为丰富的延展性，它既可以是日常生活中的，也可以呈展演的样态而存在，还可以是从属于仪式的。③ 因此，查玛对于研究者来说就不妨可称为一种"仪式艺术"。然而这一理解毕竟还只是名义上的调和，其中还是暗含着一定的局限性。因为尽管一直以来人类学研究都强调"参与观察"，但像宗教仪式一类的活动，"外人"可能永远无法，也不被允许去接近和抵达其中最核心、最本质的部分。因此，作为一个无法真正参与融入进去的"旁观者"，那仪式中最深刻的情感与意蕴、神秘与玄虚，他可能就往往难以体及。也因此，研究者的剖析和阐释很容易就仅止步于艺术的层面，并对其大做文章，却忽略或有意避开了仪式本身真正的精神内核——宗教性，这是仪式的精气及灵魂，是仪式的意义所在，而艺术不过

---

① 格尔茨著，纳日碧力戈译：《文化的解释》，上海人民出版社，1999年，第130页。

② 葛荣东：《庄子论"辩"中的主体间性问题》，载《文史哲》，1997年，第2期。

③ 这一分类参见何明、洪颖：《回到生活：关于艺术人类学学科发展问题的反思》，载《文学评论》，2006年，第1期。

是一处诡丽的栖息所。由此，研究者可能要时刻提醒自己，不要在华美或恢宏的艺术表象中迷失了方向，对它的解读只是探究仪式的一种方式或路径，而远非目的和终点。

同样，查玛的属性问题在仪式操演者看来似乎也好解决。对于喇嘛来说，如果一定要在查玛的头顶罩上一层"艺术光环"也未尝不可，世界上几乎任何一种宗教从来都不排斥以艺术的形式去表现自我，进而宣扬教义教理。尽管我们在一项宗教仪式中，一再地强调仪式的主体地位，但并不意味着否定艺术的价值及意义，艺术之于仪式绝非一种可有可无的奢华附属物，它在渲染气氛、激发情感等方面具有重要的作用，它是探究仪式精神内涵十分有效且必要的工具，是仪式借以传言达意的重要表现手段之一。正如黑格尔所说："宗教往往利用艺术，来使我们更好地感到宗教的真理，或是用图像说明宗教真理以便于想象。"① 只不过，相对于一般意义上的艺术概念而言，宗教艺术的气质韵味毕竟还是有些独特之处。在宗教仪式中，艺术虽然也强调"表现力"、"感染力"，但更多地则是一种"象征力"的隐晦传达及表述，以图更生动而形象地昭示神界的法则与神圣。除此之外，这种艺术气质还较少地考虑受众的审美趣味、价值判断体系及市场。

实际上，仪式与艺术从来就不是一对截然对立或毫无干系的概念范畴。早在近一百年前，剑桥学派"神话—仪式"学说的创立者简·艾伦·哈里森就已指出，艺术和仪式在最初是同根连理，一脉相承的，离开任何一方，就无法理解另一方。最初，是

---

① 黑格尔著：《美学》（第1卷），朱光潜译，商务印书馆，1979年，第105页。

一种相同的冲动，让人们走进教堂，也让人们走进剧场。[1] 而马林诺夫斯基也说：无论是在文明社会，还是较为简单的社会，艺术和宗教的关系密切，是一件很平常的事，二者都是人类深邃的情感启示。在仪式中，人们诉诸最有效和最有力的方法，以造成强烈的情感经验。而艺术的创造，也正是产生这种强烈的情感经验的文化活动。[2] 我们说，仪式与艺术最初发生缠绕的原因情形或许十分复杂，但哈里森所指的"冲动"以及马林诺夫斯基所说的"情感经验"无疑是将二者联结一起的重要关系纽带，借用哈里森的话说，那是一种"人性所共有的激情和欲望"。而这种激情和欲望的内涵是十分丰富的，它既可以是早期人类对于大自然生命力的恐惧、膜拜、祈求及征服之情，也可以是人类在走上文明之路后企图探究超验及未知的梦想，还可以是人类在"理性"与"科学"获得空前胜利的时代中寻求精神归宿的渴望。总而言之，在仪式与艺术的理想存在状态中，应该蕴含有人类共同的情感，这情感是二者浑然不可分的重要黏合剂。

然而，现实中发生着的一切却告诉我们，今天，这根情感的纽带已变得越来越脆弱，甚至出现了无法弥合的裂痕，在风起云涌的宗教活动复兴中，尽管人们依然看得见仪式与艺术的如影随形，但仪式的主体地位已在不断地下滑，艺术的气息正变得越来越浓郁，二者间开始了不可抑制地疏离。在一个信仰日趋衰落的现代社会里，仪式的神圣性或者说精神内涵正被日益消解，存留下来的仅仅是仪式模式本身，而艺术的表现力却与日俱增。宗教仪式本身正面临着一场生存与传承的危机。

---

[1] 简·艾伦·哈里森著：《古代艺术与仪式》，刘宗迪译，生活·读书·新知三联书店，2008年，第1页。

[2] 参见马凌诺斯基著：《文化论》，费孝通译，华夏出版社，2001年，第95—96页。

对于本选题的研究对象"查玛"而言，上述的经历与遭遇在其发展过程中也是表现得淋漓尽致。而讨论至此，查玛到底是"仪式"还是"艺术"的问题似乎已不重要，倾听多重声音，尊重不同主体的自我观念及情感表述方式将是本论文展开论述的基本立场及贯穿始终的学术关怀。而谈及这一立场和关怀，就还要提到关于查玛的第三种认知，即普通观看者的认识与理解。

对于这一群体——研究者之外的观看者来说，查玛是仪式还是艺术，或者二者的关系问题并不在其关心范围内。在那些信佛之人看来，"跳查玛"的过程即是一个神灵降临、铲除妖魔的过程，尽管没有亲眼所见，但基于一种信仰及思想观念，他会在一定程度上将这场法会看成是一种"真实"，一次"洗礼"，对于他来说，每年参加这样的"活动"十分必要，并且意义重大，是生活的重要组成部分。而对于不信佛的人来说，驱使他们前往观看的原因可能是平日里看不到的光怪陆离的面具、服装及舞蹈，也可能只是一种"凑热闹"的从众心理，还可能是一种谋取"经济利益"的动机使然，总之，查玛在他的眼中只是一种闲暇之际的"娱乐活动"。在此，应引起我们足够关注的是，在查玛的发展变迁过程中，当这一群体中后者的比重在逐渐增加的时候，"查玛"的性质其实已在发生着悄然变化了。

基于以上讨论，本选题将"查玛"定位于一种兼具"仪式"与"艺术"双重特质的文化事象，并且这一文化事象在历史的打磨过程中所表现出来的消弥与重构是本书所要探讨的核心问题。

(二) 本选题相关研究动态

查玛自13世纪传入蒙古社会以来，其踪迹遍布我国的内蒙古、河北、辽宁、吉林及黑龙江省等地。作为藏传佛教一项重要的法事活动，在"文化大革命"期间，查玛因佛教遭受重创而被迫中断。20世纪80年代初，全国开展了民族民间舞蹈集成工作，这为查玛宗教活动的恢复提供了一个良好契机。自此，这一在宗教文化中有着重要地位及多学科研究价值的艺术形式引起了越来越多学者的关注和兴趣，从而逐渐成为学界讨论得较为热烈的一个研究主题。

鉴于本书的研究内容及研究视角，本综述将从以下两个方面对以往的相关著述论说进行梳理及阐述。

1. 查玛的研究历史及现状

目前，学界对于"查玛"文化的研究与羌姆的研究总体状况大致相同。查玛的起源、神话传说、形式种类等方面都是学者们一度较为关注的，而侧重从宗教艺术的角度，对其艺术形态本体的分析也是近年来查玛文化研究的一个重要特点。

（1）关于查玛的文化属性即历史来源问题上，学界尚存争议。

"查玛"自"羌姆"传承、演变而来，这一观点似乎早已为大多数学者所接受。如色仁道尔吉在《试论"查玛"乐舞之起源与传播》一文中，从"羌姆"的产生、发展、完善过程及历史上藏传佛教在蒙古族地区的传播等方面对这一问题予以了较为明晰的论证。[1] 此外，乌国政、李宝祥的《〈查玛〉探析》、莫德格玛的《蒙古舞与蒙古寺庙"查玛"》、张彤的《查玛之舞与乐》等论文中都持有相同的观点。然而，也许是受到早期一些羌姆发生说的影响，目前，学界中仍有极少一部分学者将查玛文化划归到古老的"傩文化"范畴。如波·少布在《黑龙江省"查玛"文化浅析》一文中就指出，在黑龙江省嫩江流域的蒙古族部落中，曾存在过傩仪和傩舞，其中"傩舞"即是当地蒙古族所谓

---

[1] 色仁道尔吉：《试论"查玛"乐舞之起源与传播》，载《内蒙古艺术》，2007年，第2期。

的"查玛"。作者将当地的寺院查玛看作是一种古老的原始文化遗存,认为查玛源于古老的傩文化,它原本就存在于当地蒙古族社会中。藏传佛教传入后,喇嘛们根据自己的需要对查玛加以改造,使其与佛教相融合,从而成为一个混杂的宗教孪生子。① 白翠英在《科尔沁的傩型戏剧〈米拉查玛〉》一文中,通过参考、借助戏曲理论家曲六已先生有关"傩文化"研究的相关观点,也将《米拉查玛》定性为一种傩型戏剧,认为其属于傩戏范畴,是研究傩文化发展轨迹,探讨傩文化杂糅事象,了解科尔沁戏剧史的珍贵资料。② 此外,李军在《漠南蒙古"查玛"研究》一文中,从戏剧发生学的角度出发,认为查玛处于傩戏的萌生期,将其看做是傩仪的主要内容。③

的确,无论从其性质还是形态上,"傩"与"查玛"之间都具有几分相似之处,如二者都是以"驱邪降魔"为目的的宗教仪式活动,都具有"假面而舞"的形态特征。然而,我们仍不能仅此便草率地认为二者之间有着直接的历史渊源关系。早在20世纪初,以博厄斯为代表的历史特殊论学派就曾告诉我们:外表上彼此相同的现象,可能有根本不同的来源和根本不同的作用,不是任何相同性都说明了"历史联系"或"传播"、"借用"。而更重要的是,我们在以往的"傩文化"与"查玛"文化研究的相关历史文献古籍中,也很难找到表明二者之间渊源关系的确凿史料记载。因此,有些学者认为:这种将"查玛"宗教艺术形态归入"傩文化"的现象也许是一些研究者将"傩文化"

---

① 波·少布:《黑龙江省"查玛"文化浅析》,载《黑龙江民族丛刊》,1989年,第4期。
② 白翠英:《科尔沁的傩型戏剧〈米拉查玛〉》,载《黑龙江民族丛刊》,1992年,第2期。
③ 李军:《漠南蒙古"查玛"研究》,载《内蒙古社会科学》,1993年,第2期。

内涵扩大的结果，缺少科学的实证依据，值得商榷。

此外，除上述所提及的将查玛文化划归于"傩文化"的观点，乌国政、李宝祥在《〈查玛〉探析》一文中还提出这样一种假想，即由于内蒙古地区少数学者在考察当地阴山岩画时，发现北方少数民族存有对"头骨"的信仰，加上当地牛头、马面、人兽面具等文物的大量出土，因此，"查玛"被认为是内蒙古地区的僧侣为宣扬佛法，借鉴与吸收当地原始宗教艺术的结果。① 我们知道，在发生"文化适应"或"文化移入"（acculturation）的过程中，当本土文化主体面对外来文化的冲击之时，往往不会全盘接受，他们会基于对异文化的认知及情感依附而作出一种有意识、有倾向性的行为选择和行为调整。同样，当查玛这一宗教艺术形态在从西藏传入蒙古族地区后，也不可能原封不动地被蒙古民族所接纳，在其漫长的历史发展过程中，蒙古民族根深蒂固的宗教信仰元素势必会有所融入与渗透。而仅依凭查玛中所蕴含的蒙古民族的一些文化特征，便推断该宗教艺术的雏形在蒙古族地区的观点似乎有本末倒置之嫌。

因此，无论是从"查玛"二字本身的音译，还是其历史传说、面具、服饰、法器及表演程式等各方面，无不都深深烙刻着藏文化的古老印记，而且许多关于藏传佛教历史传播过程的文献古籍中也有相关的记载。"查玛"自"羌姆"传承、演变而来，已是学界之共识。

（2）对于查玛形式种类的划分，学界尚存不同的标准。

在《内蒙古喇嘛教史》一书中，德勒格根据查玛活动的规模及角色种类，将其分为大型查玛、中型查玛及小型查玛，角色从100余种到20、30种不等，这主要是每个寺庙依其各自不同的人力、财力状况而定。此外，根据查玛活动的内容，德勒格又

---

① 乌国政、李宝祥：《〈查玛〉探析》，载《民族艺术》，1992年，第3期。

将其分为：供奉类、颂赞类、降伏类、传记类及故事类。①

目前，就各蒙古地区现存的查玛活动来说，降伏类及颂赞类是主要流传的类型。如波·少布的《黑龙江省"查玛"文化浅析》、李军的《漠南蒙古"查玛"研究》等文章中所述及的查玛活动都属于"降伏类"。在这一类型的查玛仪式表演中，各个地区间除了个别角色、人物出场顺序有差异外，其主题都是"降妖除魔"，而且都具备寻鬼、捉鬼、斩鬼三段式的表演程式。而在杨时英、阿斯巴特的《承德普宁寺举办"查玛"法会》及白翠英的《科尔沁的傩性戏剧〈米拉查玛〉》等文章中所提到的查玛活动"米拉查玛"，则属于"颂赞类"。该种形式查玛的故事情节主要是：一个猎人去寻找他的走失的鹿和狗，当猎人找到时却发现它们已被佛法驯化，最后猎人与其心爱的鹿、狗一同皈依佛门。该故事在蒙古贞地区也有流传，只不过"鹿"的角色性质发生变化，由以前猎人的心爱之物变成在人间横行霸道、残害生灵的妖精，而原来寻找的情节也变为猎人带着狗去捉拿鹿，但三者最后一同皈依佛门的故事结局得以保留。由此可见，尽管故事的叙事情节在传播的过程中发生了变异，但该类型查玛所要表现的主题——赞颂佛法"普度众生、教人向善"则具有恒定性。上述两种类型的查玛活动在蒙古贞地区都有所流传。

此外，乌国政、李宝祥在《〈查玛〉探析》一文中也根据其所掌握的文献史料，将查玛类型归纳为10余种：如"米拉查玛"、"嘎日查玛"、"色力布音查玛"、"他本罕乃音查玛"、"朝勒嘎拉查玛"、"贡嘎查玛"、"丁克尔查玛"、"官布查玛"、"萨嘎尔查玛"、"如布珠乌兰查玛"（十大显赫灵图查玛）、"朝德白拉姆查玛"（天女查玛）、"迈德拉查玛"及"娜若·卡吉德玛"等。但作者指出，这其中的大多数查玛种类都早已在历史的长河

---

① 德勒格著：《内蒙古喇嘛教史》，内蒙古人民出版社，1998年，第573页。

中消逝掉了。①

（3）目前，就查玛形态本体的研究而言，大致可划分为以下两个阶段。

第一阶段是从20世纪80年代末至90年代，这一时期的查玛研究主要是概述性及描述性。

如波·少布在《黑龙江省"查玛"文化浅析》一文中，从查玛的人物角色、面具、服装颜色及样式、法器等几个方面对查玛的表演程式进行了简要地叙述。② 乌国政、李宝祥在《〈查玛〉探析》一文中，不仅概述了查玛的表现内容、表演形式、演出规模、艺术特点、种类名称、面具形态及其演出时间，而且还阐析了查玛的产生、形成与发展过程。③ 其中，文章中所提到的两方面内容尤为值得探讨：第一，作者在文中指出，查玛的表演场所分为室内与广场两种，不同的表演地点使得查玛的演出具有不同的艺术特色。室内的表演委婉、细腻，又歌又舞；广场的表演粗犷、热烈，只歌不舞。目前，就存在于各蒙古地区的查玛活动来看，大多数还是在寺院内或广场上进行，而文中所提及的"室内表演"显然属于一种颇具神圣与神秘色彩不为俗人所观看的古老的宗教仪式，也许仅存在于查玛初从西藏传入的时期，但由于尚无确切的文献史料记载，故无从求证。第二，文章中还提到这样一个事实，即内蒙古地区的许多蒙古族舞蹈都是取材于"查玛"，并在赋予其新的思想感情与内容的基础上创作出来，如著名舞蹈家贾作光创作的《鄂尔多斯舞》、宝音巴图创作的《嬉戏舞》、巴达玛创作的《蒙克珠拉》、鄂托克旗乌兰牧骑创作与表

---

① 乌国政、李宝祥：《〈查玛〉探析》，载《民族艺术》，1992年，第3期。
② 波·少布：《黑龙江省"查玛"文化浅析》，载《黑龙江民族丛刊》，1989年，第4期。
③ 乌国政、李宝祥：《〈查玛〉探析》，载《民族艺术》，1992年，第3期。

演的《达拉根巴雅尔》及内蒙古直属乌兰牧骑创作与表演的《鼓舞》等。可见,在查玛漫长的历史发展过程中,其对内蒙古地区的艺术发展产生了十分重要的影响,而在这种艺术形式的借用与融汇的背后则是艺术创作主体能动性的淋漓尽致的体现。

此外,这一时期查玛研究的一个亮点还在于:有些学者已经开始关注该活动中所日益表现出来的"变迁性"特征。如李军在《漠南蒙古"查玛"研究》一文中便指出,如今漠南蒙古早期的原始查玛已实难见到,随着汉语言及插科打诨等元素的日益加入,查玛已逐渐蜕变为民间社火中的一项娱乐活动,其世俗色彩越来越浓。① 而王文明在《草原庙会——跳鬼》一文中,更是直接将"查玛"作为内蒙古地区旅游观光的一种文化资源来介绍。② 于是,从一种神圣的宗教仪式到一种世俗化的娱乐活动或一种商业的文化旅游资源,在这一时期内,查玛的本质已经开始发生明显的变化。

第二阶段是 21 世纪以来,查玛的研究进入了一个相对深入的崭新时期。

首先,学者们更侧重于从艺术学的角度,对查玛本体进行较为专业性的阐析。如张彤在《查玛之舞与乐》一文中,对内蒙古地区查玛的服饰、面具、舞蹈及乐器进行了较为详尽的阐述。③ 色仁道尔吉在其硕士论文《论佛教乐舞"查玛"艺术——藏传佛教乐舞"查玛"艺术在内蒙古地区的传播》一文中,以内蒙古地区阿鲁科尔沁旗援宁寺的查玛乐舞为个案,对整个内蒙古地区的查玛进行了较为全面而深入的探讨,他从查玛的面具、

---

① 李军:《漠南蒙古"查玛"研究》,载《内蒙古社会科学》,1993 年,第 2 期。
② 王文明:《草原庙会——跳鬼》,载《草原税务》,1995 年,第 5 期。
③ 张彤:《查玛之舞与乐》,载《文物世界》,2002 年,第 3 期。

服饰、乐器及乐队、表演程序、内容及角色等各个方面剖析了其在查玛中的作用及意义,并主要对查玛乐舞的表现形式与文化内涵进行了论述及阐释。①

其二,这一时期,查玛的"审美性"特征开始受到关注。如王乃功在《浅议跳"查玛"的审美意识》一文中,从查玛的内容、宗教主旨及其表演形态等几个方面,揭示了查玛宗教艺术所体现的虚幻之美、以善为美以及神韵之美。②特古斯、呼和在《试论蒙古族在"查玛"中体现的审美意识》一文中,将"查玛"看做一种宗教仪式剧,从查玛表演的舞台、面具、服饰、舞蹈、音乐及其表现内容六个方面对查玛仪式中所体现出来的生活情感及审美意识进行了解析,并指出"查玛"在蒙古族地区的长期发展是以民间艺术为基础,但同时也对蒙古族的歌舞、音乐、戏剧、绘画、雕刻、刺绣等民间艺术的发展起到了不可忽略的作用。③此外,张茜在《谈"查玛"舞蹈引发的心理期待》一文中也指出,"查玛"是在藏传佛教特定的世界观与价值观的支配下,完全是以宗教教义的思维方式和心理定势来反映现实和认识世界的。它通过形象化演示,使人们在"艺术美"的感染中去加深对教理教义的理解。因此,"查玛"这一宗教艺术形式本身也包含着人类对客观世界与个人精神世界的心理期待。④

其三,近年来,随着查玛研究的不断深入,加上该艺术形式

---

① 色仁道尔吉:《论佛教乐舞"查玛"艺术——藏传佛教乐舞"查玛"艺术在内蒙古地区的传播》,内蒙古师范大学硕士学士论文,2006年。
② 王乃功:《浅议跳"查玛"的审美意识》,载《满族研究》,2000年,第2期。
③ 特古斯、呼和:《试论蒙古族在"查玛"中体现的审美意识》,载《内蒙古艺术》,2007年,第2期。
④ 张茜:《谈"查玛"舞蹈引发的心理期待》,载《内蒙古大学艺术学院学报》,2008年,第2期。

在时代中日益表现出来的变迁性，学界对查玛形态本体的分析有了更多的思考及探讨。如唐吉思、杨·斯琴在《谈蒙古族佛教绘画及法舞、法乐艺术的审美》一文中，将查玛视为蒙古族文化与藏族文化交流过程中的珍贵遗产，并指出该艺术形式在蒙古族社会的长期发展中已愈发地表现出蒙古民族的文化艺术特色，如罗汉、禽兽、人物等角色的动作已经开始反映蒙古人狩猎生活或游牧生活的某些方面，这些角色的舞步也接受或借鉴了蒙古族摔跤手们类似雄鹰般振臂跳跃的动作。① 而刘尧晔在《呼和浩特大召"查玛"多文化因素初探》一文中，从角色、舞步及编排等方面对呼和浩特大召"查玛"中所体现的藏文化主体性的保留、角色与功能的置换及角色的新增进行了较为深入地探讨。② 在此，联系上文所述及的"查玛对内蒙古地区的艺术具有重要影响"的内容，我们不难看到查玛发展过程中所表现出来的鲜明的"互渗性"，同时这一特征也深刻地表明文化在播化过程中的影响从来不是单向度的。

2. 其他相关研究成果

目前，学界对于查玛的探讨多是在羌姆研究的基础上或是借鉴其研究方法而进行的，相比较而言，羌姆的研究显得更为深入和详尽。由此，这里有必要对羌姆的研究状况作简要梳理。

首先，羌姆的起源问题也是学界曾一度热衷于探讨的。一直以来，由于尚缺乏较为确凿的文献史料记载，学者们只能通过藏传佛教的经文、壁画及民间传说等十分有限的途径对羌姆的起源问题进行探究，这使得问题的讨论具有较强的开放性，但同时也

---

① 唐吉思、杨·斯琴：《谈蒙古族佛教绘画及法舞、法乐艺术的审美》，载《西北民族大学学报》，2005 年，第 3 期。
② 刘尧晔：《呼和浩特大召"查玛"多文化因素初探》，载《内蒙古大学艺术学院学报》，2007 年，第 3 期。

增加了难度。目前，就这一问题，学界大致存有三种观点：第一种观点认为，羌姆是公元 8 世纪印度佛教密宗大师莲花生开创的。第二种观点将羌姆的起源归入古老的"傩文化"范畴。第三种观点认为羌姆的起源与"藏戏"有着密切的关系。① 在上述三种观点中，第三种只占极少数，前两种观点则展开过长期的历史性交锋，其最终结果是第一种观点为大多数人所接受。

其二，目前，学界对于查玛的研究基本上属于概论性，而在羌姆的研究中则有着丰富的个案探讨。学者们大多从历史背景、沿革、分类、仪式内容及结构等方面对不同地区不同寺庙的羌姆进行阐述和探析，不过总体而言，其研究中也存在着明显的程式化倾向。彭措顿丹的《桑鸢寺"经藏跳神舞"简介》一文可以说是较早地对羌姆进行个案研究的文章，文中作者对桑鸢寺羌姆的程式及内容进行了简要地叙述。② 李家平在《萨迦"羌姆考略"》一文中，从萨迦"羌姆"产生的历史背景、沿革、分类及其艺术价值等几个方面对后藏萨迦寺羌姆进行了阐述。③ 赵清阳在《吴屯上庄寺院格鲁派羌姆〈切将卓〉概述》一文中，介绍了羌姆《切将卓》的历史沿革及演出程式，并从动作特点、风格、服装及面具等几个方面论述了其艺术特色。④ 冯莉在《甘南

---

① 参见高历霆：《藏传佛教寺院舞蹈探源》，载《西藏艺术研究》，1988 年，第 2 期；李家平：《桑耶寺"羌姆"渊源考》，载《西藏艺术研究》，1989 年，第 4 期；岗措：《藏区的寺院傩仪式"羌姆"》，载《祭礼·傩俗与民间戏剧——98 亚洲民间戏剧民俗艺术观摩与学术研讨会论文集》，1998 年；曹娅丽：《青海湖"祭海"、"跳神"礼仪》，载《青海社会科学》，2002 年，第 2 期；康保成：《羌姆角色扮演的象征意义及其与藏戏的关系》，载《民族艺术》，2003 年，第 4 期。

② 彭措顿丹：《桑鸢寺"经藏跳神舞"简介》，载《西藏艺术研究》，1987 年，第 3 期。

③ 李家平：《萨迦"羌姆"考略》，载《西藏艺术研究》，1988 年，第 2 期。

④ 赵清阳：《吴屯上庄寺院格鲁派羌姆〈切将卓〉概述》，载《青海民族研究》，1991 年，第 4 期。

拉卜楞寺正月法舞调查》一文中，对甘南拉卜楞寺正月法舞（即查玛）仪式的舞蹈动态、角色、服饰及伴奏乐器等方面进行了描述，并结合文献资料对该法舞的宗教背景及文化功能予以介绍和分析。① 此外，还有许多关于羌姆的个案性研究，在此不一一赘述。

其三，目前，学界对于羌姆本体形态的研究与查玛的研究状况大体相同。但比较而言，羌姆的研究中还是具有更为专业性的专题式讨论。首先，很多学者都对羌姆仪式中的"面具"进行了十分详尽的剖析阐释。如李福顺在《羌姆面具艺术》一文中，从羌姆面具的起源、造型、角色及其象征意义等几个方面，借助相关神话传说，对羌姆中的"十九种护法神"作了十分详尽的描述。② 王娟在《藏戏和羌姆中的面具》一文中，通过对四川大学博物馆收藏的几面藏族铜面具的简要勾勒，论述了羌姆与藏戏使用面具的历史以及二者之间的密切关系，并从造型、材料、用途三方面对藏地面具进行分类，进而揭示出藏地面具中所蕴含的印度文化与汉文化相交融的艺术特质。③ 格桑益希在《藏传佛教"羌姆"面具艺术探秘》一文中，对羌姆面具艺术的起源与发展、面具品类、面具造型以及面具艺术的风格特色作了较为全面而扼要的描述。④ 杨嘉铭的《藏族面具与寺庙"羌姆"》、古兰丹姆的《人与神鬼的对话——巫傩、羌姆"面具"略说》等文章中都对这一问题有所述及。此外，进入21世纪以来，羌姆仪式

---

① 冯莉：《甘拉卜楞寺正月法舞调查》，载《北京舞蹈学院学报》，2003年，第4期。
② 李福顺：《羌姆面具艺术》，载《西藏艺术研究》，1993年，第1期。
③ 王娟：《藏戏和羌姆中的面具》，载《西藏民族学院学报》，2003年，第3期。
④ 格桑益布：《藏传佛教"羌姆"面具艺术探秘》，载《贵州民族研究》，2004年，第2期。

中的"舞"与"乐"愈发成为学界尤其是音乐学领域内的学者所分析、探究的对象。如田联韬在《藏传佛教乐舞"羌姆"音乐考察》一文中,从羌姆的乐队、乐器及其音乐本体几个方面进行了较为详细的专业性阐述。①杨曦帆在《"羌姆"意识中的音乐及意义阐释——"藏彝走廊"之乐舞考察》一文中,对四川省阿坝藏族羌族自治州昌都寺的羌姆仪式音乐进行了较为专业的解析。②古兰丹姆在《青海塔尔寺"羌姆"舞蹈特色分析》一文中,对青海塔尔寺羌姆的舞蹈形式进行了较为详尽的描述和探讨,并指出其舞蹈中所蕴含的汉文化的艺术元素。③

其四,近年来,随着羌姆研究的不断深入,也有一些学者另辟蹊径以图从其他的理论视角进行探讨。如郭净在《藏传佛教羌姆与中阴救度》一文中,将羌姆看作生命超度的"过关礼仪"(rite of passage),认为其谕义隐藏在藏民族生死观念及轮回信仰的深层背景中。并通过透析藏传佛教经典《中阴救度》的基本教义与羌姆仪式程序之间的关联性,进而说明羌姆是如何使"生命救度"这一重大主题通过假面仪式的表演而充分加以展现的。④很显然,这一分析中鲜明地存在着早期民俗学家范·盖内普著名的"过渡礼仪"思想的理论痕迹。此外,冯双白在其博士学位论文《青海藏传佛教寺院羌姆舞蹈和民间祭礼舞蹈研究》一文中,更是借鉴了人类学的田野考察方法,从文化人类学、民俗学,尤其是舞蹈生态学的理论视角出发,对青海佛教寺院舞蹈

---

① 田联韬:《藏传佛教乐舞"羌姆"音乐考察》,载《中国音乐学》,2000年,第4期。

② 杨曦帆:《"羌姆"仪式中的音乐及意义阐释——"藏彝走廊"之乐舞考察》,载《中国音乐》,2006年,第4期。

③ 古兰丹姆:《青海塔尔寺"羌姆"舞蹈特色分析》,载《北京舞蹈学院学报》,2007年,第1期。

④ 郭净:《藏传佛教羌姆与中阴救度》,载《西藏民俗》,1997年,第4期。

羌姆与民间祭礼舞蹈的基本形态、典型特征等方面进行了比较性研究，并对宗教祭祀仪式所形成的生态环境因素给予了一定的阐析。①

其五，20世纪末，羌姆的比较性研究已初见端倪。如纪兰慰在《藏传佛教舞蹈〈羌姆〉与〈查玛〉比较研究》一文中，从羌姆与查玛的名称释义，藏传佛教及羌姆传入蒙古族地区的社会背景以及二者之间的内容、形式等几个方面进行了阐述。② 但作者从中所得出的结论，即查玛与羌姆在内容及形式上基本相同的观点似乎有失偏颇。此外，韩国学生柳银珠在其硕士论文《中、韩佛教仪式舞蹈比较研究——以"金刚驱魔神舞"和"作法舞"为中心》中，从表演程式及舞蹈形态两方面，对中国藏传佛教舞蹈"金刚驱魔神舞"（即羌姆）与韩国的"作法舞"进行了跨文化的比较研究。作者从宗教思想、文化交流的角度对二者之间的共同性与差异性进行了阐述、探讨，并指出藏传佛教在历史的发展过程中受到了中原汉族文化与印度文化的影响，其中汉族的傩文化和印度梵剧对羌姆"假面而舞"的戏剧性表演特征具有直接的影响。③ 当前，在查玛以及羌姆本体化倾向的研究中，这样一种比较性的研究视角显得十分可贵。

3. 余论

综上所述，通过对"查玛"以及相关形态"羌姆"的研究历史与现状的文献梳理，可以看到以往的研究大体呈现出以下特点、趋向及不足。

---

① 冯双白：《青海藏传佛教寺院羌姆舞蹈和民间祭礼舞蹈研究》，中国艺术研究院博士学位论文，2003年。

② 纪兰慰：《藏传佛教舞蹈〈羌姆〉与〈查玛〉比较研究》，载《民族艺术研究》，1998年，第4期。

③ 柳银珠：《中、韩佛教仪式舞蹈比较研究》，中央民族大学硕士学位论文，2004年。

其一，目前，学界对于查玛的研究正处于一个成长的阶段。学者们对该宗教艺术本体的关注及探讨较为全面和深入，这为我们今后的研究提供了可资借鉴的丰富翔实的文献资料，并为进一步的探讨打下了坚实基础。但就总体而言，当前的研究还是存在着程式化及本体化维度的倾向，而对该宗教艺术形态本身所负载的深层蕴涵挖掘得不够，尤其是对艺术的表演主体关注得不多。

其二，在目前的研究中，学者们大多还是局限于从历史学、宗教学、艺术学的理论视角出发，或将查玛视为一种"宗教仪式"，对其起源、流派、程式及其宗教内涵进行探究论述；或将查玛视为一种"宗教艺术"，对其服饰、面具、法器、舞蹈、音乐等艺术的本体形式进行阐释。因此，无论从研究内容还是理论方法上来说，以往的研究都少有超越。但近年来，也有一些学者作出了新的尝试，即从舞蹈生态学、民俗学或文化人类学的理论视角出发对该文化事象予以探讨，这在一定程度上拓展了该研究领域的广度及深度，值得肯定。

其三，任何一种艺术形式都不可能只是封闭空间中的纯净之物，因此，我们对于艺术的探讨应将其置于一个动态的社会文化场景中来进行。然而，就目前的研究状况而言，学者们似乎很少关注查玛所处的时代及场域性，如几乎大部分研究中都忽略掉了"文化大革命"期间，查玛随佛教遭迫害而被迫中断"的重要历史事实。而这种历史性的断裂究竟在查玛活动中留下了怎样的印记，中断后的查玛活动如何在民族—国家的现代化进程中得以复兴，复兴后的查玛活动又是否与其传统的宗教活动一脉相承，这些问题都值得我们更深入地思考和探讨。此外，尽管在以往的研究中，很多学者都注意到了查玛中所日益融入的蒙古族文化艺术元素及世俗娱乐性特征，但却很少有人对该文化现象本身的成因及意义进行更为深入地探析和阐发。

于是，在历史性的失落与复兴的背后，在现代的世界里发展与变迁的今天，消失与弥留，传承与重构深深地纠结在查玛之中，从而使得我们对该宗教形态中所表现出来的"扑朔迷离"有了更进一步探究的兴趣和冲动。

四、本书基本结构及研究方法

作为藏传佛教一项重要的法事活动，查玛在17世纪传入到辽宁省蒙古贞地区，并在各大小藏传佛教寺庙中盛极一时。20世纪40年代起到80年代，蒙古贞查玛经历了一个从失落到断续性恢复的过程。21世纪以来，随着国家非物质文化遗产保护工作的展开，查玛又进入了一个崭新的复兴阶段。在这个发展过程中，在当地政府与文化精英的不断共同打造下，蒙古贞查玛已从一种传统宗教仪式渐变为一项民间艺术形式，一种具有地域、民族特色的现代文化展演。于是，在从"本土化"到"地方化"的历史转变过程中，在传统与现代之间，在神圣与世俗之间，在仪式与展演之间，宗教性的日益消弭、艺术性的日益彰显、地方性的日益重构，便成为当今蒙古贞查玛发展中所表现出来的显著特质。

本书试图通过对蒙古贞查玛发展过程中所表现出来的消弭与重构、对峙与转换进行阐述和论析，从而探究在传统大规模复兴的今天，传统宗教仪式如何在一出"社会戏剧"的文化再生产过程中，被日益地建构为一项现代文化展演，进而深刻反思这一生产过程中纠结着的一套民族—国家的权力话语、秩序逻辑以及意义的消解与重塑。

论文共分为七部分，包括绪论、正文五章及结语。

绪论部分包含四方面的内容：一是选题目的及意义；二是理论探讨，意在将整篇论文的讨论首先置于一个时代场景中。第一，蒙古贞查玛作为一项传统文化，它的复兴正是当下传统复兴大潮中的一个"缩影",而这一现象本身其实是全球化背景下的一种潜在对抗与张扬,对抗全球化维度中"猛烈地趋向统一",张扬文化的多样性及差异之美。第二,蒙古贞查玛作为一项宗教活动,它在发展过程中的日益"去神圣化"实际上也是现代性图景中宗教"祛魅化"现象的一种映射。此外,蒙古贞查玛作为一项仪式,它在恢复过程中向展演的不断转变,自然就牵涉到仪式与展演二者间关联性的讨论。第三,对选题研究对象的界定及相关研究动态的梳理、阐述:首先,通过探讨查玛在不同主体者认知及感知方面的差异性,从而将"查玛"定位于一种兼具"仪式"与"艺术"双重特质的文化事项,为探讨查玛在日后发展中,仪式性逐渐减弱、艺术性逐渐增强,并最终转变为文化展演的变迁过程奠定基调;其次,通过对查玛及其相关研究的文献整理、评述,总结出以往研究的大体特点、趋向及不足,从而为本论文写作探求新的基点及理论视角。第四,介绍论文基本结构及阐述研究方法。

第一章"我的田野地点——辽宁蒙古贞",主要是介绍查玛所处的生态、人文环境。首先,概述蒙古贞地区生计、生活方式的历史性变迁,这是查玛成长及发展过程中呈现出繁复多样的"民族性"的历史、地域原因。其次,交代该地区精神信仰方面的历史状况,这是查玛曾经繁荣一时及后来日趋衰落直至消亡的重要历史背景及动因。

第二章"从繁荣走向失落的'查玛仪式'",主要阐述作为"宗教仪式"的查玛在历史上的发展盛况及其所具有的兼容性蕴涵,探析查玛在这一发展阶段中所表现出的消弥与重构,进而探讨文化在交流、整合过程中的"选择性"与"重新解释"力,同时交代查玛从繁荣走向失落的历史背景。

第三章"复兴中的'查玛艺术'",主要阐述查玛在三个历史复兴阶段中的发展状况。第一次大规模复兴是20世纪80年代全国第一次民族民间舞蹈集成工作中，查玛作为一项"民族民间艺术"在市、县政府双方的共同努力下，历经艰辛，最终得到挖掘、整理及修复。第二阶段是一个断续性的复兴过程。在这一过程中，市、县双方由于第一次复兴成果的分配问题，从精诚合作走向分裂，查玛恢复工作从此"兵分两路"：市里恢复工作在市群众艺术馆的主导下不断创新，县里恢复工作在县文化局带领下坚持以"秉承传统"为主旨。第三阶段是进入21世纪以来，国家非物质文化遗产保护工作的展开为蒙古贞查玛的复兴带来了新的契机。在这一时期，市、县双方的恢复工作继续"分道扬镳"，但已分别移交到市艺术团和县民族艺术团手中，二者的创作以弘扬地域、民族文化，与时代气息相结合为主题。在整个复兴过程中，查玛从寺庙走向广场又走进剧场，由一种传统宗教仪式不断地变化成一项具有浓厚艺术气息的现代文化展演。这无疑是一个从"无意识"变迁到"目的性"变迁的过程。

第四章"从传统宗教仪式到现代文化展演：作为'社会戏剧'的历史"，将查玛的发展历程看作一出"社会戏剧"的历史，它经历了破裂、转折、调整行为及重新整合四个阶段。探讨在这一过程中，查玛作为一种宗教仪式的衰落，及其作为文化展演的复兴，进而阐析这一过程中"内容"如何在"形式"的日趋强大下，日显单薄，甚至湮没其中。同时，这一章还探讨了查玛从仪式到展演转换过程中的纠结与对峙，阐析二者所建构的不同"神圣空间"以及二者中包含着的不同秩序、逻辑、结构与能动性。

第五章"从查玛'兴衰演变'看'社会戏剧'的生产"，首先探讨查玛的兴衰演变是一个多重因素合力作用下的结果，其中有权力话语的操控、文化间的互动、身份认同的动因及现代性场景中大众传媒与消费主义的共谋。同时，蒙古贞查玛这出"社会戏剧"的生产，实质上是一场以"传统"之名的"文化再生产"

过程，牵涉到利用传统进行再生产的方式逻辑、合法性及其中所暗含着的资本争夺等问题。此外，蒙古贞查玛在当下的复兴主要是在国家"非遗"运动的大背景中，并且很大程度上来说，正是这一运动本身引领了一场传统在现代化场景中的大规模复兴，因此，本章最后也试图对"非遗"本身作出一些反思，探讨该运动中传统的增值问题，以及蒙古贞查玛这样以"宗教"之名的艺术如何在这一过程中被生产出来。

结语部分，揭示了蒙古贞查玛这出"社会戏剧"的生产，实质上是在一套民族—国家话语的建构逻辑中。宗教的"神圣性"被国家权力不断地消解，而历史的记忆或许可以留给我们些许真实的影像，同时在对"传统"意义的不断诠释、重塑中，另一种所谓民族—国家的"神圣性"正在悄然确立。

在研究方法上，本书将主要采用人类学传统的观察法、访谈法及文物文献搜集法。

首先，人类学的田野工作十分注重"观察"，尤其是"参与观察"。但由于本选题的关注焦点在于蒙古贞查玛历史发展过程中的"动态性"特征，因此从某种程度上来说，本人在田野中所扮演的角色只能是一个"完全的观察者"。

其次，"访谈法"也将是本选题田野中采用的重要研究方法。本人将对蒙古贞地区历史上较为兴盛的几个藏传佛教寺庙中的老喇嘛、查玛的传承人、几次查玛活动恢复中的政府官员和文化精英，以及不同时期查玛活动的观看者进行深度访谈。

再次，在田野中，本人还将搜集蒙古贞传统查玛活动的服装、面具、法器等物品以及音像资料、相关地方民族志文献资料等，以期进行文本分析。

第一章 我的田野地点——
辽宁蒙古贞

蒙古贞，地处辽宁省西北部边缘地带，东邻彰武县、新民县、黑山县，西接北票县，南连北镇县、义县，北靠内蒙古库伦旗、奈曼旗，隶属辽宁省阜新市。① 这里是我曾经生活了近20年的故乡，它承载着我太多的记忆与情感，当我为了作查玛的调查研究再次走进它时，首先要重温的是那绕不开的历史。

第一节 一个"农耕蒙古族"的诞生

蒙古贞地区的历史沿革及主体构成纷繁错综，这与游牧民族"逐水草而居"的古老生活习性密不可分，而与其他蒙古族地区的历史相似，这里也曾经历了从游牧到农耕的生计方式的转变。这一变迁的结果在查玛发展过程中产生了深远影响，烙下了不可磨灭的"印记"。

---

① 蒙古贞，是阜新蒙古族自治县的俗称，该地域名称源自于曾经居住此地的一个蜚声漠南的蒙古族古老部落——蒙郭勒津。在历代汉文史书记载中，该地区曾被音译为"蒙古勒津"、"忙豁勒津"、"满冠正"、"莽观镇"等；至近代，又被译为"蒙古锦"、"朝邑蒙古锦"、"蒙古镇"、"蒙古贞"等。究竟哪一种称呼更准确，在当地一直存有争议。目前，当地学者主要在"蒙古勒津"与"蒙古贞"二者之间作选择，尽管前者更接近于蒙语的发音，但"蒙古贞"却早已成为当地约定俗成、家喻户晓的名称，故本论文采用"蒙古贞"一说。

一、历史沿革及主体构成

（一）历史沿革

蒙古贞地区历史悠久，据考证，早在七千多年前就有人类在此地生息繁衍。自周至清，先后有山戎、东胡、匈奴、乌桓、鲜卑、契丹、女真、蒙古、汉等民族在这里活动。[①]

春秋时期，蒙古贞地区属古幽州之域。战国时期，属燕国版图。辽末金初，战乱频繁，金朝行政辖属初沿辽制，其后政局不稳，政区范围屡有变动。元代，归辽阳行省统辖，成为关内外经济文化交流、商品贸易往来的转运站和集散地。明初，此地属北平府，置广宁后卫；明中叶，属泰宁卫蒙古游牧地。[②] 清崇德二年（1637年），蒙古贞地区借土默特部落之名为土默特左旗，隶属于内蒙古卓索图盟。[③] 善巴被皇太极任命为土默特左旗第一任扎萨克，其后一直世袭统治此地长达308年。这样就形成了兀良哈人世袭扎萨克，土默特左旗管辖蒙古贞地区的局面。乾隆三年（1738年），蒙、汉分治归直隶承德府，乾隆十三年，归塔子沟厅所属（今凌源）。乾隆三十九年，县境属三座塔厅所辖。光绪二十九年（1903年），由朝阳析置阜新县（治所在今内蒙古自治

[①] 参见阜新蒙古族自治县地方志编纂委员会编：《阜新蒙古族自治县志》，辽宁民族出版社，1998年，第68页。

[②] 《清史稿》载："土默特部二旗，左翼附一旗：在喜峰口东北。明以内附部长为三卫，自锦、义历广宁至辽河曰泰宁卫，后为蒙古土默特所据。"参见赵尔翼等撰《清史稿》卷七十七，志五十二，地理二十四，中华书局，1976年，第2403页。

[③] 《清史稿》载："喀喇沁部右翼旗有佐领四十四，中旗有佐领三十八，左翼旗有佐领四十，与土默特二旗统盟于卓索图。"参见赵尔翼等撰《清史稿》卷五百十八，列传三百五，藩部一，中华书局，1976年，第14333页。

区通辽市奈曼旗青龙山乡境内）隶属承德府，并以"物阜民丰，焕然一新"语意，取"阜新"二字为县名。"光绪三十年，以垦地多熟，升朝阳县为府，以建昌隶之。又置县三。"① 其一便是阜新县，故此时县境归朝阳府所属。"民国"三年（1914 年），撤销朝阳府，县境属热河特别区。日本帝国主义侵占时期，县境属锦州省所辖，1940 年划至中心矿产区为阜新市，撤销县治，县境统由土默特左翼旗掌管（旗公署由今王府迁入今阜新镇境内）。国民党时期，属热河省管辖，并于 1946 年撤销阜新市，只设阜新县。1948 年阜新解放，恢复市县建制，统归辽西省管辖。1954 年辽西省、辽东省合并为辽宁省，归锦州专署领导。1958 年 4 月成立阜新蒙古族自治县，继属辽宁省。现为阜新市辖县。②

（二）主体构成

蒙古贞境内蒙古族源流，可追溯到成吉思汗建立蒙古帝国时期，距今已有 700 年的历史。据《元史》记载，13 世纪初，成吉思汗封异母弟别里古台为广宁王，立行帅府，驻广陵（今北镇），③ 镇守辽西属地。此后，别里古台子孙在此继王位多年。那些留驻封地的蒙古民兵，随着当地社会经济生活的演变，逐渐成为当地居民。14 世纪 30 年代，什剌万户领其万余户属民驻牧此地。之后，珊阿布喇万户被封为鲁王，领其民众居于县境北

---

① 其他二县为建昌、建平。参见赵尔翼等撰《清史稿》卷五十四，志二十九，地理一，中华书局，1976 年，第 1911 页。

② 参见阜新蒙古族自治县地方志编纂委员会编：《阜新蒙古族自治县志》，辽宁民族出版社，1998 年，第 2—22 页，第 68—71 页。

③ 《元史》载："当创业之初，征取诸国，王未尝不在军中，摧锋陷阵，不避艰险。帝尝曰：'有别里古台之力，哈撒儿之射，此朕之所以取天下也。'其见称如此。尝立为国相，又长扎鲁火赤，别授之印。赐蒙古百姓三千户，及广宁路、恩州二城户一万一千六百三，以为分地。"参见宋濂等撰：《元史》卷一百一十七，《别里古台传》，中华书局，1976 年，第 2905 页。

部。14世纪80年代，北元丞相纳哈出带领20万军民，镇守辽东一代。① 纳哈出归顺明朝后，其军民的一部分留住此地。②

蒙古贞地区蒙古族的主体构成，则是历史上蒙郭勒津、土默特、喀喇沁、兀良哈等多个蒙古部落的融合体。明末清初，几者共同驻牧于蒙古贞地区，彼此间曾经有着极为密切而又错综复杂的历史关系。

早在阿勒坦汗时期，蒙郭勒津部落与土默特部落同处于一个万户，游牧在一起，居住在同一地区。而后，两个部落又一起从河套地区迁至宣府边外，且有联姻关系。随后，二者一同从宣府迁到朝阳、阜新地区，同牧一地，唇齿相依。蒙郭勒津与喀喇沁、兀良哈部落之间则是投靠与被统治的关系。明洪武二十二年（1389年）于潢水之北，置朵颜、泰宁、福余三卫，史称兀良哈三卫。后次第南移，到明中叶以后，已形成了"自大宁前抵喜峰近宣府曰朵颜，自锦义历广宁至辽河曰泰宁，自黄泥洼逾沈阳、铁岭至开原曰福余。"③ 的局面。兀良哈部落的势力强大后，便南下占据了喀喇沁。兀良哈部首领是成吉思汗的功臣者勒篾之七世孙朵颜卫左都督花当，花当有众六千户，游牧额沁河，号所部曰喀喇沁。花当死后，其子格热博罗特继承其业，格热博罗特之子格热泰勒的第四子莽古岱于16世纪末从喀喇沁右翼徙居至土默特。④ 因此，当蒙郭勒津部落迁居至今蒙古贞地区时，莽古岱

---

　　① 《明史》载："洪武八年，十二月，纳哈出犯辽东，指挥马云、叶旺大败之。"参见张廷玉等撰：《明史》卷二，《太祖本纪》，中华书局，1974年，第8页。
　　② 阜新蒙古族自治县地方志编纂委员会编：《阜新蒙古族自治县志》，辽宁民族出版社，1998年，第205页。
　　③ 陈子龙等辑：《皇明经世文编》卷三百三十二，三卫志，三卫，上海古籍出版社，1996年，第1458页。
　　④ 《蒙古游牧记》载："元臣济拉玛十三世孙善巴与喀喇沁为近族。祖莽古岱始由喀剌沁徙居土默特。"张穆撰：《蒙古游牧记》卷二，南天书局，1981年，第41页。

迁到这里已有三十多年了。兀良哈部落不仅迁居此地较早，还与土默特部落有联姻关系，由此，没有首领的蒙郭勒津部落便投靠了兀良哈部落，由莽古岱孙善巴接管之。明末清初，天聪三年（1629年），善巴、鄂穆布楚琥尔率其属众归顺后金。天聪九年皇太极诏编所部佐领。崇德元年（1636年），善巴被封为达尔汉镇国公。① 翌年，借土默特部落名建土默特左、右翼旗。主左翼者扎萨克为兀良哈人善巴，由土默特左翼管辖蒙古贞地区。② 经过漫长历史时期的杂居相处，蒙郭勒津、土默特、喀喇沁、兀良哈等蒙古族诸部落终于逐渐融合为一体。

二、生计方式及变迁：从"逐水草而居"到"日出而作，日入而息"

早在12世纪，在今蒙古贞这片土地上就有蒙古人过着季节性迁徙的马背生活。自清初至19世纪初的近二百年中，国家的统一和漠南蒙古地区战事的减少，给蒙古地区带来了一个相对和平稳定的发展时期。清政府在蒙古地区实行了"分土封疆"政策，设旗划县，开辟养息牧场，准牧民在划定的地界内放牧。③ 于是，牧民由早期的随季节逐水草游牧的形式，逐渐变成了有固

---

① 《蒙古游牧记》载："天聪三年，善巴率属来归。九年，诏编所部佐领，授扎萨克，掌左翼事。崇德元年，封达尔汉镇国公。"张穆撰：《蒙古游牧记》卷二，南天书局，1981年，第41页。

② 参见阜新蒙古族自治县地方志编纂委员会编：《阜新蒙古族自治县志》，辽宁民族出版社，1998年，第205—206页。

③ 《清史稿》载："天聪时，征服察哈尔，其地宜牧，马蕃息。顺治初，大库口外设种马厂，隶兵部。康熙九年，大凌河设牧厂一，边墙设二，曰商都达布逊诺尔，曰达里冈爱，隶上驷院。寻分设牧厂五，曰大凌河牧群马营、曰养息牧哈达牧群马营，曰养息所边外苏鲁克牧牛羊群，及黑牛群牧营，曰养息牧边外牧群牛营，并在盛京境。"参见赵尔翼等撰：《清史稿》卷一百四十一，志一百十六，兵十二，中华书局，1976年，第4173页。

定牧放地的形式，人口逐渐增加。牧业的生产秩序、生产技术、经营管理也都随之得到了改善，如打井、搭棚、筑圈以及牧草的保护，冬营地的固定等均日趋合理，促进了畜牧业的迅速发展。①

在游牧业经济长期稳定发展的同时，蒙古贞地区出现了早期农业。自顺治九年（1652年）开始，蒙古贞的细日他拉和阿丽玛图山一带的荒地被开垦。但那时的农业只是粗放型的早期传统农业，种植的作物品种仅限于蒙古米（黍谷）和荞麦，只是"春撒种子等待秋收"而已。不过正是从此以后，蒙古贞地区逐步进入了畜牧业伴有农业的经济形态。② 顺治十八年，清廷谕兵部，咸京边外居住的汉民移居边内；锦州以内、山海关以外汉民逐渐增多，应展边界。康熙二年，清廷令住在柳条边内的蒙古族首领移居边外，其遗下熟地分给新移入的汉民。雍正元年（1723年），随着山东、河北等地汉民族进入蒙古地区垦荒种田，蒙古贞的农业耕地日渐增多。雍正二年，山东、河北歉收，理藩院命昭乌达、卓索图等盟蒙古王公实行"借地养民"政策，允许汉民进入蒙古族地区造房居住。③ 从此，大量的流民和移民进入蒙旗地界内租地开荒谋食。在荒地逐渐得到开垦的同时，更多的农作物品种以及先进的耕作技术也引进而来，这在很大程度上提高了蒙古人开畦培垄和适时播种等田间管理技术。从此，蒙古贞地区的农业比重逐步加大，生活方式也逐渐转向定居，筑土屋、修圈栏等，依山傍水而居的村落日益增加。到了乾隆四年（1739年），进入东北地区的汉民人数已达四万余人。至乾隆十三年，

---

① 参见项福生主编：《阜新蒙古族自治县民族志》，辽宁民族出版社，1991年，第224—225页。

② 参见同上，第225—226页。

③ 参见阜新蒙古族自治县地方志编纂委员会编：《阜新蒙古族自治县志》，辽宁民族出版社，1998年，第12—14页。

仅卓索图盟土默特左旗和喀喇沁旗内汉民开荒承典的土地已达两千顷之多。① 然而，蒙古地区草原被日趋开垦，数量之大影响到了牧地的养护，这引起了清廷的注意。清廷于乾隆十四年发出禁令，阻止汉民继续进入蒙古地区开荒造田。② 但是，山东、直隶等地农民为了生存，不顾清政府禁令，从古北口、喜峰口进入东北，"像潮水一样涌入，一时不可遏止"，柳条边墙已阻挡不住汉民涌入东北的洪流。这样，汉民的大量进入，促进了蒙古贞地区农业的发展，使得该地区很快形成了半农半牧的经济形态。③

农业的发展加快了牧业经济的解体，蒙古贞地区的经济结构逐渐由半农半牧转向了农牧并举。清朝同治年间，出关外求生的逃荒者（包括流民）日渐增多，平原被大量开垦，清廷几经控制也未能奏效。于是，在交替推行了"放垦"与"封禁"政策后，自光绪二十八年（1902年）始对蒙古地区实行了全面放垦。④ 民国政府成立后，又颁布了一系列垦荒奖励措施，进一步推动移民政策。至"民国"八年（1919年），卓索图盟设过郡县的全部地方含蒙古贞地区，农业已占据了优势地位，蒙汉民族杂

---

① 《清史稿》载："曰屯垦。乾隆时，丈直隶马厂地振业贫民，命曰恩赏官地。在盛京者，奉天屯卫各地，八旗分作牧厂，自东迤西，本禁民垦，于定界所筑封堆制限之。然大凌河东厂、西厂荒地三十一万八百馀亩，养息牧馀地万四千六百晌，乾、嘉中陆续放垦。"参见赵尔翼等撰：《清史稿》卷一百二十，志九十五，食货一，中华书局，1976年，第3498页。

② 《清史稿》载："咸丰中，以大凌西岸垦妨马政，申禁如前。而同治二年，变通锦州、广宁、义州厂荒，西厂留牧，东厂招佃；其东北隅之高山子地数万亩，义州教场閒地万馀亩，并行租佃，以为城兵伍田。然是时西厂有旗领旧地，久而越垦妨牧。八年，命划弃之。于是大凌河垦议遂沮。"参见赵尔翼等撰：《清史稿》卷一百二十，志九十五，食货一，中华书局，1976年，第3498页。

③ 李品清、佟宝山主编：《阜新蒙古史研究》，辽宁民族出版社，1998年，第71—74页。

④ 参见阜新蒙古族自治县地方志编纂委员会编：《阜新蒙古族自治县志》，辽宁民族出版社，1998年，第2—3页。

居的比例大大增加，农民人数已多于牧民。①

从此，蒙古贞地区的经济形态完成了从牧业向农业的转变过程，其生活方式也由"逐水草而居"过渡到了"日出而作，日入而息"。该地区的蒙古族也由此被称为"农耕蒙古族"。

第二节　从笃信孛教到大兴藏传佛教

在生产、生活方式发生历史性变迁的过程中，蒙古贞地区的宗教文化也经历了一个从笃信孛教到大兴藏传佛教的历史转变过程。这一过程为当地带来了新的宗教活动——查玛，这种转变深刻地纠结在查玛日后的成长发展中。

孛教，即萨满教，是我国古代北方民族普遍信仰的一种原始宗教，产生于原始母系氏族社会的繁荣时期。孛教在蒙古史籍中的记载，始于11世纪成吉思汗远祖孛端察尔的家祭朱格录。到蒙合不勒汗、俺巴亥汗时期，对孛教的信仰已比较普遍。② 成吉思汗时期，据《史集》记载，主持祭典的大祭司已经与诸王有相同的待遇，穿白衣，骑白马，"坐于上座而行祭祀③"。至此，孛教登上了蒙古帝国国教的地位，并盛行至清初。④

---

① 李品清、佟宝山主编：《阜新蒙古史研究》，辽宁民族出版社，1998年，第74页。

② 参见暴风雨主编：《蒙古贞史》，内蒙古人民出版社，1998年，第70—71页。

③ 拉施特主编，余大钧、周建奇译：《史集》第一卷第二册，商务印书馆，1983年，第49页。

④ 《清史稿》载："跳神之举，清初盛行，其诵咒词曰萨吗。"参见赵尔翼等撰：《清史稿》卷八十五，志六十，礼四，中华书局，1976年，第2571页。

"蒙古敬信黄教，始于俺答。"16世纪后半叶，黄教由西藏经青海传入蒙古地区。明隆庆五年（1571年），蒙古俺答汗接收藏传佛教后，欲仿照忽必烈和八思巴建立经教入朝的故事，邀请高僧前来蒙古传教。是年，适遇索南嘉错派来的高僧阿兴，向俺答汗讲佛经，劝导他发展佛教，皈依"三宅"。从此，俺答汗、钟金哈屯（即三娘子）以下，举国部属开始皈依藏传佛教。[①]

一、蒙古贞藏传佛教文化三源头

14世纪中叶，蒙古右翼鄂尔多斯、永谢布、土默特·蒙郭勒津万户逐渐强盛起来，其中阿勒坦汗管辖的土默特万户势力尤其强大，为维护其自身利益，攻占吐蕃而皈依藏传佛教。万历六年（1578年），阿勒坦汗邀请西藏第三世索南嘉措活佛到青海察卜齐勒（仰华寺）庙讲经传法，并在法会上尊索南嘉措为"圣识一切瓦齐尔达喇达赖喇嘛"。当时，蒙古受戒者多达千人，其中土默特·蒙郭勒津万户就有108人出家为僧。而后，阿勒坦汗在归化城等地陆续建立寺庙，在其大力扶持下，藏传佛教开始在蒙古地区广为传播。17世纪上半叶，土默特·蒙郭勒津部落东迁至今朝阳、蒙古贞一带，宗喀巴的黄教也进一步向东传播，有

[①] 阜新蒙古族自治县地方志编纂委员会编：《阜新蒙古族自治县志》，辽宁民族出版社，1998年，第793页。

《清史稿》卷五百二十五载："达赖第一辈曰罗伦嘉木措，吐蕃赞普之裔，世为番王。二十岁至前藏，宗喀巴以为大弟子，年八十四。……时黄教尚未行于蒙古。元裔俺答兼并诸部，侵略中国，用兵土伯特，收阿木多、喀木康等部落。年老厌兵，纳其侄博硕克济农谏，往迎达赖，劝之东还。自甘州移书张居正，求通贡馈。万历年，遂纳锁南嘉木错之贡，予封赉。达赖应俺达之迎，至青海，为言三生善缘。诸台吉言：'愿自今将涌血之火江，变溢乳之静海。'俺达许立庙，一在归化城，一在西宁，于是黄教普蒙古诸部。"

部分喇嘛随至此地进行传教活动,藏传佛教文化由此携入。①

1582年阿勒坦汗逝世。1585年,索南嘉措前往呼和浩特为阿勒坦汗按藏传佛教礼仪举行丧礼,并趁势宣扬佛教,察哈尔的阿穆岱洪台吉代表图们汗邀请其前去传教。随后,最早管辖蒙古贞地区的北元最后一位可汗林丹汗组织大批人力将108函的《甘珠尔经》译成蒙文,并在白城子(今属泡子镇)府上供奉嘛哈噶喇佛,从而促使藏传佛教在蒙古贞地区有了新的发展。②

明末清初,内蒙古乃济托音呼图克图到东部蒙古地区大力传播佛教,蒙古贞地区的蒙古民族普遍信奉了藏传佛教。此后,乃济托音的三大弟子桑丹桑布、他本迪彦齐、麦德尔也相继来到蒙古贞传播佛教,广修佛经事业,对促进藏传佛教在蒙古贞地区的发展起到了一定作用。③

二、孛、佛之争

17世纪中叶,随着藏传佛教的大规模传入,孛教日趋遭受到排挤,与佛教展开了激烈的斗争。

由于藏传佛教在初传入到蒙古地区时,只是在上层社会中得到了广泛传播,因而孛教也只是逐渐丧失了其在统治者信仰中的主宰地位,但在民间仍有许多信奉者。④ 面对佛教的咄咄逼人之

---

① 参见赵尔翼等撰:《清史稿》卷五百二十五,列传三百十二,藩部八,中华书局,1976年,第14530—14531页;阜新蒙古族自治县地方志编纂委员会编:《阜新蒙古族自治县志》,辽宁民族出版社,1998年,第793页;暴风雨、项福生主编:《蒙古贞历史》,辽宁民族出版社,2008年,第66页。

② 参见暴风雨主编:《蒙古贞史》,内蒙古人民出版社,1998年,第79页。

③ 参见暴风雨、项福生主编:《蒙古贞历史》,辽宁民族出版社,2008年,第74—75页。

④ 《清史稿》载:"迄嘉庆时,罕用萨吗跳神者,然其祭固未尝废也。"参见赵尔翼等撰:《清史稿》卷八十五,志六十,礼四,中华书局,1976年,第2571页。

势,字教的职业者字额·乌德根们十分痛恨并发出哀怨,诅咒道:

> 祭品要被埋在地里
> 戒律要被挂在树上
> 唇舌要被乌鸦咬伤
> 献血要被吸净吮干
> 白骨要被铮铮作响
> 佛像是泥巴和涂料
> 喇嘛是手鼓脑魔鬼

然而,诅咒并没能改变字教日趋衰亡的悲惨命运。没有始祖、没有教义、崇拜多种神灵、没有组织、没有固定的庙宇教堂、没有专门神职人员的字教,在藏传佛教辉煌的庙宇、彩饰的绸缎、神佛画像及其深刻而系统的经卷理论、庄严的庙会、庞大的喇嘛队伍面前相形见绌,其弱势地位十分明显。从17世纪中叶到18世纪中叶的一百多年中,二者历经激烈的斗争,大约至清乾隆年间,字教逊于佛教的迹象终于显露出来。[①] 不过,尽管接受了藏传佛教,蒙古贞人却并未完全摒弃其自远古以来便信仰的字教。于是,两个教之间出现了和解相容的局面。

字教在其发展过程中分化成黑、白两派。白教接纳了藏传佛教教义,供奉佛教大莫斤却京,称之为列呈,并接受了佛教不杀牲的说教,改变了"人死之后,宰杀牛羊为死者行粮","人死时,要令死者妻妾仆从殉葬的恶习",而字·乌德根的说唱内容也融入了佛教经文。与此同时,佛教也吸纳了字教崇拜物的习俗,由喇嘛代替字·乌德根举行祭祀活动。大多数佛教庙宇堆起了字教的十三敖包,每年定期祭祀。有的佛教寺庙内还出现了祭

[①] 参见暴风雨、项福生主编:《蒙古贞历史》,辽宁民族出版社,2008年,第68页。

古日塔木却京的喇嘛孛，这在蒙古贞地区开始广泛流行。然而，尽管孛教与藏传佛教之间开始有所相容，但发展至后来佛教兴盛时期，孛教还是渐而销声匿迹了。大约在 18 世纪末叶，孛·乌德根所执行的祭拜跳神活动全部被喇嘛取代，孛教活动场所已然无存。孛·乌德根以孛列呈、查干叶力威的天母信仰东青嘎日布和跳安代等几种形式残留在民间。[①]

三、蒙古贞藏传佛教文化的繁荣

藏传佛教在蒙古贞地区的迅速传播，与当时清政府的大肆鼓励和提倡有着密不可分的关系。皇太极与乾隆皇帝都传圣诏"兴黄教即所以安众蒙古，所系非小"，"盖以蒙古奉佛最信喇嘛，不可不保之，以为怀柔之道也"。藏传佛教实行政教合一的体制，是清廷统治蒙古地区的有效措施。通过册封、赐予宗教首领，提高活佛地位，扩大宗教势力和影响；对信仰佛教当喇嘛者颁发催禄证书，免征兵役和赋税；由朝廷出帑资助修建寺庙；侮辱喇嘛者受到谴责或判罪；并准予各呼图克图，每年可轮班进京朝觐，给予优厚待遇。[②] 这些政策自顺治年间至嘉庆年间，持续了 100 多年，使得蒙古人对藏传佛教信奉的虔诚度越来越深。而历史上，地处辽西的蒙古贞地区是进关的重要通道，是清朝进关的后方基地，是蒙古族活动的重要地区，其安定直接关系到整个东北蒙古地区的稳定。因此，清政府对蒙古贞的藏传佛教给予了大力扶持，如对瑞应寺大加恩赐，封其活佛为"东部蒙古佛祖"（其中，一世活佛进京朝觐十二次，四世活佛朝觐九次），并于

[①] 参见暴风雨主编：《蒙古贞史》，内蒙古人民出版社，1998 年，第 73 页。
[②] 参见阜新蒙古族自治县地方志编纂委员会编：《阜新蒙古族自治县志》，辽宁民族出版社，1998 年，第 794 页。

道光四年赐予满、蒙、藏三种文字的"东土默特扎萨克达喇嘛察罕第颜旗呼图克图印",让活佛享有和王公贵族同等的权利,执掌寺内外一切政务和事务。此外,无论是康熙私访,乾隆来此,都密切关注,亲拨国帑广建寺庙。① 因而,蒙古贞地区的大部分藏传佛教寺庙都是在顺治、康熙、乾隆年间修建,一些寺庙由皇帝御笔题名,颁赐匾额。

顺治八年(1651年),在清廷资助下,蒙古贞土默特左翼旗第一任扎萨克——达尔汗镇国公善巴,于旗治南八华里处的土默特河畔,修建了旗庙,康熙皇帝御书"瑞昌寺"匾额,俗称"黑帝庙"。② 1650年,乃济托音来到该庙修炼,在一年多的时间里,他集结众笔切齐(缮写员)抄写复制108函的《甘珠尔》经,分别赠予各旗的王、公、大小诺颜、夫人、托音、喇嘛及官吏等,并把施主奉献的金银财物全部奖赏给背诵《大威德金刚经》和《密宗基础经》者,使得背诵《金刚》和《密宗》者日众。同时,他还用金银铸造高尺余的"道日玛"塔,分别赠予各旗王、公、大小诺颜及北京八旗都统供奉,大力宣传了佛教。③

从清顺治到同治200多年间,蒙古贞全旗开石场、烧砖瓦、伐木材、请工匠,修建了大批寺庙。旗有旗庙,村有村庙,贵族有家庙,形成"十里一寺,五里一庙"的壮观景象。据1947年出版的《阜新县志》记载:全县五个区共有36座喇嘛庙(实际远非此数)。据1947年土地改革前统计,县境解放区共有寺庙

---

① 参见李品清、佟宝山主编:《阜新蒙古史研究》,辽宁民族出版社,1998年,第106页;阜新蒙古族自治县地方志编纂委员会编:《阜新蒙古族自治县志》,辽宁民族出版社,1998年,第794页。

② 参见阜新市人民政府地方志办公室编:《阜新市志》(第一卷),中国统计出版社,1993年,第333页。

③ 参见李兵主编:《阜新历史文化》,科学普及出版社,2003年,第159页。

128处，其中绝大多数为喇嘛庙。1949年统计，全县共有喇嘛庙195座。① 据统计，土默特左旗在清代有蒙古族人口10万，其中出家的喇嘛就有2万人，占男性蒙古族人口的2/5，是成年人的半数。在当时蒙古户中，二男必有一喇嘛，有四男者必有二为喇嘛，有的到三个。蒙古贞庙宇之多、喇嘛之多，可谓当时蒙古地区各盟旗之最。② 此外，蒙古贞旗王为借助宗教势力巩固其统治地位，大力资助修建寺庙，实行优待喇嘛政策。为讨好清廷，把瑞应寺附近的17个村，包括人口、土地划归瑞应寺管辖，当时800户村民成为寺庙属民，免除旗丁、赋税，使之完全附属于寺庙，负担寺庙的劳役和一切物资费用。至此，藏传佛教发展至鼎盛时期，各寺院逐渐效仿西藏寺院的模式，出现了不少转世活佛，并拥有多少不等的土地、财产、牲畜，管辖数目不等的寺庙属下村庄，在蒙古贞地区形成了一个特殊的社会势力。③

同时，藏传佛教在蒙古贞地区的繁荣发展还具体表现在，蒙古贞地区蒙古族民众无论贫富、尊卑，普遍信仰藏传佛教，如经常去寺庙拜佛，几乎家家户户供佛，富裕的家庭专设佛堂，多数人家都有佛龛，有的还雕龙刻凤、漆金涂银。有的人家供奉"唐海宝日汗（画的佛像）"，日夜烧香磕头。供桌上早午晚立柱香，

---

① 参见中国人民政治协商会议辽宁省阜新蒙古族自治县委员会文史资料研究委员会编：《文史资料》，1985年8月第一期（内部发行），第78页；阜新蒙古族自治县地方志编纂委员会编：《阜新蒙古族自治县志》，辽宁民族出版社，1998年，第794页。

② 佟宝山、齐放：《藏传佛教在阜新》，载李品清、佟宝山主编：《阜新蒙古史研究》，辽宁民族出版社，1998年，第103—108页。

③ 《阜新蒙古族自治县志》载：政教合一后，仅瑞应寺活佛内馆和各扎仓直接经营的土地达13800亩，有马车15辆，牲畜1000多头，年产粮食达30万斤。此外，占有东荒（指彰武、绕阳河流域）、旧庙、平安地、哈达户稍、清河门等地四外土地4万多亩，还有清廷赐予活佛的喜峰口外洼尔土温泉一带土地800亩。据阜新蒙古族自治县地方志编纂委员会编：《阜新蒙古族自治县志》，辽宁民族出版社，1998年，第794页。

早晚两盏佛灯。① 各家各户大事小情都要请喇嘛念经，每年举行上万人乃至十来万人参加的诵经听经大会。从清朝到民国时期，蒙古贞地区民间信仰仪式种类甚多，祈福禳灾、超度亡灵、移营架屋、生诞寿辰、生老病死、婚丧嫁娶、问卜吉凶等都请喇嘛念经。每逢正月、四月、七月、十月，各屯请喇嘛念《甘珠经》，蒙古族家庭还要月月请喇嘛念《太平经》。由此，蒙古民族将几乎一生一世的生产生活都与佛教联系起来，甚至来世的福祸也要请喇嘛念经予以测定和安排。藏传佛教在广大蒙古族民众的心目中笃信至深，佛事活动及佛教文化已然充斥了全旗的政治、文化、生活等各个领域，对其产生了深远影响。② 从清代至民国年间，藏传佛教通过修建寺庙、扩大喇嘛队伍以及传经授法等方式在蒙古贞地区占据了显赫地位，呈现一派欣欣向荣的景象。

---

① 参见暴风雨、项福生主编：《蒙古贞历史》，辽宁民族出版社，2008年，第83—84页；第118—119页。

② 参见阜新蒙古族自治县地方志编纂委员会编：《阜新蒙古族自治县志》，辽宁民族出版社，1998年，第794页；辽宁省地方志编纂委员会办公室主编：《辽宁省志·少数民族志》，辽宁民族出版社，2000年，第228页。

第二章 从繁荣走向失落的"查玛仪式"

查玛，作为藏传佛教一项重要的法事活动，在17世纪传入蒙古贞地区。据当地学者分析，具体的传入途径很可能存在两种情况：一是由当年前来传法的高僧乃济托音传授；另一种则是历史上当地喇嘛去西藏塔尔寺学习而来的一个产物。因为尚缺乏相关的文献史料记载，该问题已无从考证。但毋庸置疑的历史事实是，查玛这一法事活动，自传入该地区后，便逐渐在大多数藏传佛教寺庙中得到广泛流行。

第一节 尘封中的"神圣"：繁荣发展的查玛

无论从文献记载还是民间的口头记忆中，我们都可以感受到查玛活动历史上的盛况，那"繁荣"曾因时间的流逝而模糊，曾因历史的尘封而被遗忘。一切都需要我们重新梳理和挖掘。

一、"庙宇林立"中的查玛

据县志记载，历史上，在蒙古贞地区的三百余座藏传佛教寺庙中，有六十多处跳"查玛"。其中，最先跳查玛的寺庙是海州庙,跳得颇具名气的寺庙有富荣镇黑帝庙以及大巴镇后朝阳庙。后来,查玛又在佛寺镇瑞应寺得到很好的发展。此外,王府广化寺、海棠山普安寺、阿日善奈曼庙、新邱阿金歹庙、他本扎兰乡巴斯营子庙、沙拉乡二郎庙、大巴的后朝阳庙和小喇嘛洞庙、大固本乡辅园寺以及长营子乡大岗岗庙等均有过查玛法会。①

历史上,一般较大规模的藏传佛教寺庙内都设有几大"扎仓",藏语意译为"院",即学部之意,分别学习因明经学、天文历法、密乘经学及医药学等。其中,有的扎仓就专门学跳查玛,跳查玛的喇嘛一般需经过严格的选拔,如"体格要好,相貌端正,看这个人咋样儿,稀里糊涂的、不像喇嘛的,不要你。尤其是鹿神和牛神的扮演者要选那些年龄大些、修行较高的喇嘛"②。然后由寺庙里专门的查玛舞师教授。法舞的动作有严格的要求:上身犹如狮子,腰部如盘绕,关节像幻轮,肌肉当放松,血脉似沸腾,举止应尊严,作舞亦缓慢,膝盖要弯曲,骨骼现安乐,皆勇显威猛。据当年一些跳过查玛的老喇嘛讲,"那时候学跳查玛很辛苦,师傅的要求十分严厉,走神儿的或跳错了的要挨鞭子。"查玛舞蹈动作的教授方式都是"口传身授",没有什么固定的舞谱,一般都是由师傅传给徒弟,再由徒弟传给下一代的喇嘛,如此"代代相传"。

---

① 参见李青松:《蒙郭勒津寺庙查玛》,中国人民政治协商会议辽宁省阜新蒙古族自治县委员会文史资料研究委员会编,1995年,第84页。参见暴风雨、项福生主编:《蒙古贞历史》,辽宁民族出版社,2008年,第122页。关于历史上举办过查玛法会的寺庙情况还结合本人的田野调查。

② 根据车吉道那日布口述整理。车吉道那日布9岁在瑞应寺出家,1961年还俗,1978年再次在瑞应寺出家,现为海州庙年龄最大的喇嘛。曾在瑞应寺查玛法会中扮演牛神的角色。

查玛的服装、面具或由当朝皇帝赐予,[1] 或者从其他地区的寺庙专门定做,而较大规模的寺庙也有自己制作的。"外蒙与内蒙当时从西藏输来这种文化,所以第一批查玛服饰正值佛法刚开始兴盛,就是把西藏的(羌姆)服饰拿过来,但后来真正到发展的时候,就有所改观了。比如料子已经和西藏不一样了,西藏主要是从尼泊尔、印度进口的,主要是尼泊尔的,尼泊尔面料是织金织银,在丝绸中加金丝银丝,但这种面料特别粗、特别硬,没有咱们南方的柔软。外蒙、内蒙,尤其是阜新,接近北京,接近汉族地区,所以查玛舞的服装具体样式仿造西藏,但面料和佩饰全部是结合北京或当地的绫罗绸缎或大布,布上有的是绣上的,有的织上去的,由当地的手工艺人自己做,有南方制造的印记。一般都是绣的,采用西藏的传统工艺'堆绫绣'。服饰图案大多是山河海水,上面有些龙纹、蟒纹。佩饰分几大类,最好的是象牙的,一般一点儿的是牛骨或鹿骨。此外还有宝石的,像珊瑚、松石、玛瑙、翡翠等,这都是档次非常高的,一般的小寺庙或档次低的寺庙都不能用。此外还有料,就是现在的玻璃和塑料,档次较低,比如'料珠'。面具档次最高的是金的,还有镀金的、银的、银镏金的、铜镏金的,此外还有一种'纸浆'的民间传统工艺,阜新地区的查玛面具多为纸浆的。总的来说,大寺庙与小寺庙因为有经济的差别,所以采用的(服饰)面料也都不一样,阜新地区的大寺庙都是采用绫罗绸缎,小寺庙一般以麻布、大布为主。大寺庙服饰工艺特别细腻,仿制清代官服,有寿山和海水,还有龙纹。小寺庙一般就是当地的一些罗、绫子那样的花纹。此外,佩饰也因经济条件不同而不一样,大寺庙用一

---

[1] 如康熙四十三年(1704年),康熙亲书佑安寺名,赐蓝地金字雕龙匾一块。册封于喇嘛为佑安寺一世活佛,并授予段文族(委任状)、印章、瓷碗、瓷盘以及查玛舞面具和袈裟等。

些珊瑚、松石或宝石、珍珠一类的。小寺庙采用当地的一些玻璃、塑料做的料珠"①。

举办"查玛法会"前，跳查玛的喇嘛都需要闭关，并修本尊和护法，其中鹿神、牛神的扮演者则要多闭一段时间，至少一个月。"多闭（一些日子）的话对自己身体好、也对自己的家人好，对各方面都好。如果闭关闭不好的话，跳查玛时身体会承受不了，那样跳完了身体就不行了。闭关还有一个作用，就是跳查玛时处于无意识状态，能做出很多平时做不了的高难度动作"②。

法会头三天，"跳查玛的喇嘛就要注意身体，搞好个人卫生，保养好"。而且法会举办前一般都要进行演练，"每年从正月初七开始到十三，要天天上庙里头念经，十二那天开始训练，训练到十三不戴那各种各样的帽子（指查玛面具）跳"③。据老喇嘛们讲，"查玛的服装、面具一般是不能随意穿戴的，穿上了，就不能乱蹦、乱说，因为穿上那套行头，佛身就来了。"④ 因此，平日里，查玛的服装、面具都由庙里严格保管，"那帽子就在东边庙里头天棚的架子上摆着，蟒袍（指查玛服装）锁在一个大箱子里，到日子才能开开拿出来。不到时候不行拿"⑤。

庙会当天，查玛舞场庄严、肃穆，气氛格外凝重、神圣，喇嘛们都提前扮好装束，严阵以待。

就查玛种类来讲，在初传入蒙古地区时，查玛因秉承原型"羌姆"的大体形式，⑥ 种类样式较为繁多。而后在漫长的历史

---

① 根据塔子沟积庆寺主持海春生口述整理。
② 根据于寺佑安寺管家香巴成来口述整理。
③ 根据富荣镇黑帝庙丁朝文口述整理，他7岁到黑帝庙出家，17岁还俗。
④ 在几次田野调查中，很多老喇嘛都如是说。
⑤ 根据丁朝文口述整理。
⑥ 羌姆的种类繁多，各教派寺庙都有一定的规范程式，这也直接影响了查玛的种类样式。

发展过程中，大多数查玛种类都已消失殆尽，留存下来的十分有限。在蒙古贞地区，根据查玛活动的规模及角色种类，可分为大型查玛、中型查玛及小型查玛，角色从100余种到20、30种不等，这主要是每个寺庙依其各自不同的人力、财力状况而定；从内容上划分，查玛则有哑剧类和话剧类两种。其中，哑剧类查玛又包含两种：一是"却尔吉乐"查玛，表演者头戴面具，因其人物面孔凶恶，舞蹈动作剧烈，故又被称为暴烈神舞；另一种类为"丁科尔"查玛，表演者无面具，只带大檐凉帽，菩萨装束，舞蹈动作缓慢柔和，俗称菩萨神舞。话剧类查玛只有一种，即"米拉"查玛，表演者无需戴面具，要化妆，人物间有对话。[①]

历史上，蒙古贞地区跳哑剧类"却尔吉乐"查玛的寺庙有海州庙、黑帝庙、瑞应寺、岗岗庙、敖瑞音苏木庙、于寺佑安寺等；跳哑剧类"丁科尔"查玛的寺庙有王府前庙广化寺；跳"米拉"查玛的寺庙较多，有新邱阿金歹庙、大巴镇后朝阳庙、平安地那汗土庙、巴斯营子庙、旧庙新邱庙、朝阳泊力格庙、国华镇娘娘庙及甘珠儿庙、十家子乡阿立闪庙、佛寺牛心屯普康寺等。各个寺庙举行查玛法会的时间不尽相同，一般多在每年的农历正月、二月和七月，演出时间一般持续2天到3天。[②]

（一）"却尔吉乐"查玛

"却尔吉乐"查玛属于"大查玛"，人物角色众多，场面宏大，以面具舞蹈为主要表现手段，整个仪式过程十分隆重。

"却尔吉乐"查玛共有十一场次，人物角色有菩萨、度母、吉祥天母（拉哈姆）、海螺神（阿修罗）、护法神（贡布）、蝴蝶

[①] 参见暴风雨、项福生主编：《蒙古贞历史》，辽宁民族出版社，2008年，第121—122页。此项内容也综合了本人田野调查中访谈到的一些内容。

[②] 此项内容主要根据本人田野调查中的访谈资料搜集、整理。

神（额尔布亥）、阎罗王（却尔吉乐）、鹿牛二神、骷髅神（豪麦）、鹰神（嘎如迪）、财神、狮子、多子仙、仙童、仙女、侍者等。受喇嘛人数、场地面积及财力的局限，一般较小规模的寺庙只选跳其中的几场，瑞应寺能相对完整地跳下全场。此外，佑安寺的"却尔吉乐"查玛在故事情节及人物角色等方面与其他寺庙有些出入。

1. 瑞应寺查玛

历史上，瑞应寺于每年正月十四、十五，二月二十九或三十，十二月三十举行"查玛法会"，其中以正月十五和二月三十日两次法会最为隆重。① 每次法会的主题都不尽相同：正月十四的"查玛"会是"在新的一年开始之际，为人世间消灾除恶"而设。正月十五，众喇嘛推拉着坐在大象车上的"麦德日"（弥勒）佛，绕寺巡礼，祈祷未来走好运。蒙古贞地区的"查玛"仪式崇奉"未来佛"弥勒，这与藏族的"羌姆"仪式有所不同。羌姆法会多逢释迦牟尼的诞辰日举行，在有些地区，羌姆仪式的举行就是为了纪念释迦牟尼，因此羌姆所崇奉的是"现在佛"释迦牟尼。二月末的"跳查玛"是为了向诸佛献祭，保人间平安。腊月末的查玛会则是为新年政教无害而设。不过总体来说，几次查玛法会的主要目的都是通过"寻妖斩魔"，为人间祈福，以保国泰民安。

瑞应寺的"却尔吉乐"查玛一般要跳三天，每天的内容相同。第一天称"剑特波额"，即彩排，观众可以观看。第二、第三天统称"额热格热"，第二天相当于预演（有的庙只跳两天，就免去这一步骤），邀请社会名流、达官贵人参加，也允许平民百姓观看。第三天是跳查玛的正日，不公开举行，只限于本寺喇

---

① 辽宁省地方志编纂委员会办公室主编：《辽宁省志·少数民族志》，辽宁民族出版社，2000年，第80页。

嘛参加。① 但据有关文献资料及本人田野调查显示，这种所谓"不公开"的内部表演在蒙古贞地区后来的历史发展中已逐渐消失，各种查玛法会都属于开放性质的。

瑞应寺的查玛舞场位于三旋门楼前，设有两个表演区。第一个表演区位于殿前的露台上，布局为：活佛或德高望重的主持大喇嘛面南而坐于正中央，寺庙内较有地位的喇嘛于两旁呈八字形席地而坐，其左右各有两个"蟒筒"（吹管乐器），每个蟒筒由两名喇嘛抬着，由另一名喇嘛吹奏。蟒筒前有两排鼓乐手，每组有立鼓两面、大钹四个，轮流交替演奏。领舞者均在露台上表演。第二个表演区位于台阶下的广场，为群舞的表演区。② 场地四周竖立着旗、幡、罗、伞，中间高悬蓝色八角旗，守旗的喇嘛立于旗下。两排鼓乐手一对吹唢呐、一对手持香炉、一对持净瓶、一对手持柄炉从左侧上场，排立台阶左右，继而查玛表演者登场。

第一场："借献神钦"（借用地盘），八个喇嘛吹着唢呐，平举香炉，排两行缓缓入场。接着，头戴帽盔、身着彩色布块对成的长袍、手持金铃的"度母菩萨"舞步入场，伴着鼓、钹的冬锵声翩翩起舞，做打扫地面，左右点播挥洒圣水的动作，以迎接众佛神的到来。

第二场：在锣鼓声中，七个拉哈姆（吉祥天母），五个头戴五色三眼、巨口、人头面具，一个头戴巨口狮子，一个头戴狐面具，舞跳出场。他们头顶瓦其尔（一种花翎装饰），身披不同色

---

① 中国民族民间舞蹈集成编辑部编：《中国民族民间舞蹈集成（辽宁卷）》，中国 ISBN 中心出版，1998 年，第 764—765 页。

② 参见中国民族民间舞蹈集成编辑部编：《中国民族民间舞蹈集成（辽宁卷）》，中国 ISBN 中心出版，1998 年，第 765 页。据文献资料及作者田野调查，一般寺庙的查玛表演并无"领舞者"，而瑞应寺查玛法会分为两个表演区可能是因为其喇嘛人数多、场地宽阔的缘故。

彩蟒袍，袖上有叶片，肩上披披肩，脖戴串珠，脚蹬黑靴，手持锤、叉、刀、钩、剑、锁斧、钺刀等兵器欢舞，意在寻找妖魔，进行镇服，丢下一只骰子。

第三场：两位阿萨尔（阿修罗），头戴螺头面具，身着红、黄色水纹蟒袍，脚蹬红色靴子登场起舞，舞姿刚劲而雄健，随锣鼓点节奏而越跳越轻快，意为奉吉祥天母之命，寻找骰子。

第四场：贡布（即六臂护法神）寻查妖魔情景。五个头戴三眼骷髅人头面具、狞眉怒目、耳垂大金环、脖子环绕毒蛇、身穿绣花蟒袍、左手执金刚橛、右手持短钺斧的护法神登场起舞，做各种降妖除魔的动作。

第五场：四位蝴蝶神身穿白衣、白裤、白靴，头戴骷髅人头面具，面具上还镶有五个小骷髅，手戴长指甲手套登场。他们手搭凉棚、到处巡察，在欢快的舞蹈动作中将妖魔捉住。

第六场：却尔吉乐（即阎罗王）审讯妖魔的情景。头戴三眼猪头、红发面具，一手持"布鲁（棒）"，一手持绢索，身披五色缎披肩、银色铠甲的五个却尔吉乐出场。他们的舞蹈动作刚柔相济，变化多端，以示对妖魔的审讯和惩处。

第七场：表现鹿神、牛神镇伏妖魔的情景。头戴鹿头、牛头面具，身穿五色蟒袍，手持刀矛的鹿神牛神出场，欢快的舞步中既有曼舞抒情，又有刚勇矫健、粗犷有力的动作，灵活多变。欢快而优美的舞蹈表示斩杀妖魔、清除鬼怪，弘扬了佛法而欣慰的神态。这一场可算作整个"却尔吉乐"查玛表演的高潮部分，鹿神、牛神扮演者的舞姿要勇武刚健，具有较强的雕塑感，表现较高的舞蹈表演技巧。

第八场：尸林之神出来丈量土地。

第九场：二十一位身穿蟒袍、手持兵器的伽兰神（护法神）出场，清除妖魔鬼怪、护持佛法，舞蹈表现尽情欢乐的情景。

第十场：大查玛二十一位，也称集体查玛。有菩萨一位、拉哈姆七位、阿修罗两位、贡布五位、却吉扎拉布五位、高尼格尔一位。内容表现众神为祛除鬼魅而欢舞。

第十一场：头戴神鸟面具、喙中叼蛇、身穿彩色蟒袍、手持兵器的金翅鸟神出场，杀掉了最后一个妖魔（用白面制成的裸体男人形面塑代表鬼，面内放置猪胆，鸟神砍时作流血状）残余，将其肢解，并抛向四方（有的寺庙仪式的最后则将面鬼烧掉），向宇宙世界弘扬佛法，规劝八方民众要安分守己，弃恶从善，信奉神灵，切不可叛教作恶，否则将受到极刑的惩罚。露台一侧，弥勒菩萨，领其子六位压阵示威。

查玛表演时间大致持续多半天，据当地一些老人回忆，查玛法会后，庙里还会舍肉粥，众人吃完肉粥后方散去。

次日凌晨，当太阳即将升起时，绕寺活动开始。这一日又称弥勒转寺日，意为接未来佛弥勒到人间清除邪祟，确保人间的每块土地、每个角落都平安洁净。绕寺的队伍庞大、壮观，以主持大喇嘛为首，后接乐队和查玛中所有角色，再后是按等级排列的全寺喇嘛，以及自愿参加的善男信女。绕寺一周后，回归寺院，仪式即告结束。[①]

2. 佑安寺查玛

佑安寺表演的查玛又称"驱魔神舞"，于每年的农历正月十四、十五两天举行，是正月初七至十六共八天祈愿大法会的一部分。

在表演人物上，该寺查玛在保留了部分角色外，新增入了神舞翁与神舞妪（亦称赛音姐）夫妻二人的角色。

[①] 关于"却尔吉乐"查玛的表演内容主要参见刘抒华、陈僖：《查玛舞简介》，见王哲主编：《蒙古贞文史》，中国人民政治协商会议 辽宁省阜新蒙古族自治县委员会 文史资料研究委员会，1988年，第349页；李青松：《蒙郭勒津寺庙查玛》，中国人民政治协商会议 辽宁省阜新蒙古族自治县委员会 文史资料研究委员会编，1995年，第89—90页。此外，也结合了本人田野调查中访谈到的一些内容。

法会开始时，众僧先念《阎魔护法礼供成就仪》，小半个时辰后查玛仪式表演开始。大经殿翁色达居中击钹，乐队敲立鼓、击铜钹，吹长筒大号与海螺号，笙管笛箫齐鸣。五十多位表演者头戴各式面具（也有不戴的），身着各种神祇服饰自山门列队而入。

首先，四位阿修罗手持蛇鞭，四名由年轻喇嘛饰，头戴骷髅头面具，俗称"小鬼"的好德沁手持尺把长短棒，进场维持秩序。而后，两位菩萨出场，双双起舞一场后，立于面制的魔鬼塑像旁。接着，护法神和吉祥天母出场作舞。再是魔羯面和狮面护法出场。然后，鹿神和大鹏出场。此时，两位菩萨舞回原地，众僧念经。而后，阎王与牛神出场，围转面制魔像而舞，稍后阎王从西南方向用利剑向魔鬼刺去，以示驱鬼状。接着，神舞翁手捧弓箭走到活佛或分僧院首席喇嘛法座前，请求加持，而后作拉弓射箭状而起舞，向鹿神刺去。四位阿修罗扶倒神舞妪使其佯死，神舞翁回首大惊，忙向活佛或堪布喇嘛献哈达求救。阿修罗作击鼓诵经状，救活神舞妪。大鹏出场单舞，先是作发现一妖魔转吃惊而转来转去窥视状，继而跪舞作砍"莲花"（面制魔鬼）状，并将碎片抛向四方。四位好德沁出场而舞，意为将抛出去的碎片拾回放入盘内。接着，四位蝴蝶神及四位阿修罗先后出场。最后，全体送鬼，把面制魔鬼送到寺南河边，将"魔鬼"投入火堆做掷"索拉"法事。十四日法会结束。

十五日，早座祈愿法会结束后继续跳查玛。首先，众僧到大殿请米勒菩萨，在菩萨像前念《活佛礼赞经》，然后请出慈氏菩萨铜像供于广场桌台之前，全体起舞，舞毕回原地。接着，四位阿修罗出场作舞，其中一位阿修罗忽然佯死，其余三位去请神舞翁，神舞翁向活佛问卜，活佛赐予一哈达，神舞翁回转起舞，中间有与阿修罗辩经的情节，然后跳神并念咒救佯死的阿修罗，天人复苏，共同起舞。接下来，众僧抬着慈氏菩萨像全体舞，并转巡整个寺院，东西南北处各诵一遍《活佛礼赞经》并跳舞，最后回到山门前，再打场欢舞，而后进入庙院再诵经一遍。最后众僧将菩萨像请回大殿，两天的查玛会就此结束。①

（二）"丁科尔"查玛

"丁科尔"查玛又称"达茹哈额吉"舞，即度母舞。实际上，它的部分内容包含于"却尔吉乐"大查玛之中，但因表演者不戴面具而演出，故将其分类出来。"丁科尔"查玛法会主要以诵经为主，目的是将众生来世超度到"北香巴拉王国"②。在蒙古贞地区的历史上，表演该种类查玛的寺庙只有广化寺，时间为每年的农历三月十五。

"丁科尔"查玛的人物角色只有一种，即二十一度母（一绿、十青、十白）。他们头戴听王经灌顶时的帽（亦称黄色鸡冠帽），帽顶用薄铁制成，顶杆头为"额其尔"（金刚镢），帽顶两侧如同烈火燃烧之火焰，有镜和铃铛。服装为黄色内衣，红色偏衫，黑缎子长袍上有红、黄花纹，沿衣襟有"额其尔"法器纹，五彩衣袖宽约两尺，长约三尺，上有红色花纹，衣面上挂有"也苏尼其木格"（用串珠串成的三角形和八角形骨片），跳跃之时发出"哒哒"响声。脚穿青缎子红靴，一手持"普茹布"（镢），一头是"额其尔"，另一头是叉，长约一尺五寸，另一手持"套

---

① 关于佑安寺的查玛表演内容参见了辽宁省地方志编纂委员会办公室主编：《辽宁省志·宗教志》，辽宁民族出版社，2002年，第81页。也结合了本人田野调查中访谈到的一些内容。

② 传说在青藏高原雪山深处的一个隐秘地方，有一个被双层雪山环抱的王国，那里有雪山、冰川、峡谷、森林、草甸、湖泊、金矿及纯净的空气，这个王国就是香巴拉王国。在藏经里，香巴拉王国是作为藏传佛教的最高理想——"净土"而存在，它是菩提修成的清净之所，为佛陀居住之地。对于藏传佛教的虔诚信仰者来说，他们相信香巴拉王国的存在，并且相信它是人间至今存在的唯一一块净土。

德瓦"(盛血头骨碗)。

受人物角色种类的局限,"丁科尔"查玛的表演内容较为简单。首先,一领头度母手捧木碗(碗中盛水、奶、酒)出场,慢舞至舞场中央,向空中挥洒碗内之水,献祭酹。随后,其他度母手持摇铃鱼贯而入,舞成一个圆圈后移至舞场西侧列队。领经师起经,众喇嘛同声诵经,边诵边慢舞。约诵经三小时,舞三小时。

远道而来的上千名信徒,手指戴金、银、铜做的指套(据说,要想来世托生到北香巴拉王国,必须射箭,所以戴指套),脑门上带有红色缨子,虔诚聆听丁科王经。①

(三)"米拉"查玛

"米拉"查玛属于"小查玛",其原型是"米拉"羌姆,表现米拉日巴②劝化猎人贡保多吉戒杀生而皈依佛门的故事,该故事在藏区以戏剧《米拉日巴劝化记》的形式演出。

当年,后朝阳庙及普康寺跳的"米拉"查玛在整个蒙古贞地区都享有盛名。

"米拉"查玛的主要角色由一个米拉神携两个徒弟、一个绿度母、两个黑白老头(猎人)、两个阿修罗、两个阿热(小鬼)、两只鹿和两条狗、一个凤神、一个天神、一个龙王爷组成。舞蹈以道白、诗歌、舞蹈为主要表现手段。

第一场:绿度母舞。绿度母头戴一尺半高红黄相间的帽子,

---

① 主要参见戴瑞山翻译的蒙文资料《时轮金刚查玛舞》一文;同时参见暴风雨主编:《蒙古贞史》,内蒙古人民出版社,1998年,第83—84页。
② 西藏著名高僧、学者诗人。其父亲早逝,伯父强占他家土地家产,致使他和母亲、姐姐生活无着落,流离失所,到处游历乞讨,受尽人间苦难。他为了报仇,学会黑巫术,并以此杀死伯父家53口人,终于报了仇。事后他悔恨自己造了恶业,改信佛教,苦修苦行,精通了教法,成为西藏佛教的著名高僧。

身着凤凰花纹绿蟒袍,手持颅器漫步入场,显示菩萨的大慈大悲。两位阿修罗手端净壶而来,将净壶递与绿度母后,舞一圈即回庙院。绿度母献祭,向空中挥洒圣水,口中有词"献给菩萨,献给老天爷",向地面挥洒,说"献给土地山神"。此时,乐队向佛献乐曲。而后,绿度母慢舞回庙院。

第二场:公、母鹿头戴绛紫色冠,身着绛紫色衣,一跃而出,快速舞一圈回庙院。

第三场:阿热二人头戴黄脸白发的魔鬼狰狞面具出场,沿场内画线做跳跃动作一圈,边走边喊"往后、往后"以维持秩序。该角色由庙内约十岁左右小喇嘛扮演,舞蹈动作灵巧活泼,逗人发笑。

第四场:凤、天二神出场,手持碧蓝色呼风小旗,舞姿雄健有力。

第五场:这一场可算作查玛法会的一个小插曲。一名头戴九头冠、身着蓝花衣服、手持念珠的值年班天神出场,于舞场南侧椅子上就座,面前铺一块大黄布。这时,周围观看的百姓、信徒及施舍者纷纷拿出银两置于黄布上。

第六场:一龙王爷(当地百姓称"懒蛋王")头戴老人面具,身着白色蟒袍,左右手各领六个小孩出场。老人边走边喊"今年风调雨顺!没有虫灾!五谷丰登!人无灾病!国泰民安",每喊一句,孩子们也照喊一句。

第七场:米拉神身穿萨斯查喇嘛服,披红色沿白边的袈裟,手扶挂铃鼓的龙头拐杖,背佛经,带领两个徒弟慢步入场,并将写有红色"米拉日巴乔"经的五尺长黄绸挂在树上。米拉神走到舞场中央,坐在铺有垫子的地上,开始诵经。两个徒弟跑前跑后,打扫椅座,侧身翻筋斗。

第八场:在猎人的喊声中,身着梅花长袍、戴鹿头面具的两只"梅花鹿",跳跃舞蹈出场,跳毕在米拉神前,安静地坐下来，聆听他诵经，感化而入道。

第九场：两个身着褐色长袍、戴狗头面具的两只"猎狗"，"汪汪"大叫着跳出来，追击两只鹿，见了米拉神面前的鹿后，凶猛地扑上去企图撕咬。当听到米拉神的诵经声后，乖乖地蹲下，聆听佛经，接受感化。

第十场：两位猎人（黑、白老汉）出场。二人头戴黑白面具，身着紫色长袍，白老汉系腰带佩剑，黑老汉手持大刀。两人相遇后互报事由，坐下休息吃喝，说笑逗乐。而后，走到米拉神前，见到鹿、狗坐依在米拉神处，二猎人大怒，要动武威胁。米拉神全不理会，依然诵经。二猎人终于在米拉神的诵经声中受到感化，并给米拉神叩头，将鹿、狗全献给米拉神，净身受戒，削发为僧。

最后，以喇嘛绕场齐诵长调玛尼真经咒而结束表演。①

"米拉"查玛深刻表现了佛教的"普度众生"、"因果报应"及教人"弃恶从善"等思想，宣扬了教义，弘扬了佛法，具有重要的教育意义。

二、"民众记忆"中的查玛

"在传统凭借记忆而展现的过程中，记忆成为传统的载体。记忆在由人们构成的聚合体中存续……"② 辗转于各个村落和寺庙，听老人们讲述那些尘封已久的故事，消失了半个世纪的"查玛"，在老人的记忆中依然那样鲜活。美国社会学家刘易斯·科

---

① 主要参见戴瑞山翻译的蒙文资料《米拉日巴查玛舞》一文。此外，还参见李青松：《蒙郭勒津寺庙查玛》，中国人民政治协商会议 辽宁省阜新蒙古族自治县委员会 文史资料研究委员会编，1995年，第85页。

② 陈庆德：《人类学的理论预设与建构》，社会科学文献出版社，2006年，第189页。

瑟说："通过和现在一代的群体成员一起参加纪念性的集会，我们就能在想象中通过重演过去来再现集体思想，否则，过去就会在时间的迷雾中慢慢地飘散。"① 我想说的是：记忆其实与"纪念性集会"具有相似的功能，它同样是对过去的"重演"与"再现"。每一次回忆都是穿越时空，回到过去，与过去的人和事一起重温历史。

（一）"人山人海"赶庙会

在我的田野调查计划中，历史上跳过查玛的"寺庙"无疑是一些极其重要的"点"，它们不仅是历史有力的见证，更是承载相关记忆最多的地方。但当我通过文献梳理、口头询问做好准备后真正地走入田野，伴随一次次奔波和寻找的，却是接踵而至的失望。那些昔日的庙宇如今大致有三种情形：一是被拆毁他用，除了有的地方还可以看见一两棵老树，其他的遗迹几乎消失殆尽，取而代之的是村卫生站、学校、村委会等；另一种情形是衰败，冷清的寺院里只有几个年轻的喇嘛和落寞缭绕的香烟，物是人非，历史已不必多问；还有一种情况就是正在修复或已修缮得十分壮观的庙宇，它们几乎被彻底翻新，陌生、遥远得无法辨认。但值得庆幸的是，有的寺庙还可以找得见几个高龄的喇嘛。于是，查玛的记忆就在这些老喇嘛及当地一些老人缓慢而断断续续地讲述中渐渐舒展开来。

据老人们回忆，历史上，蒙古贞地区每个寺庙的"查玛法会"都人潮涌动、热闹非凡。前来赶庙会的老百姓不顾路途遥远，竞相云集，尤其对当时几个颇具名气与规模的寺庙来说，人气更旺。

---

① 莫利斯·哈布瓦赫著，毕然等译：《论集体记忆》，上海人民出版社，2002年，第43页。

"要说黑帝庙,那可是咱们这儿建的第一座(藏传佛教)庙,那是汉王庙,当年康熙皇帝亲笔题名赐的匾。我小时候,这儿乌鸦成片成片的,听老人们讲那乌鸦还救过驾①。想当年,庙里头有名的喇嘛两千多,农舍八千多。那查玛跳得好,京城都挂名儿。(附近)五六十里地的老百姓都来看热闹,头两天就来,各家都有住的,四十里地新立屯的人一早上五六点钟就到了。街里头都是人,走道躲都躲不开。大家伙儿玩啥的都有,保驹了、嘎剌哈……(各种游戏)的都有,做买卖的也多"。②

"跳查玛在过去就是大型演出,广化寺的查玛庙会热闹,过去啊不像现在,有一个聚会啊,那就是几百里地的都来,哲盟的都来,那人员就多了,少说也有五六万人吧"。③

"那两天外头做小买卖就多了,旧社会,别的热闹没有,就这个庙会,来看看,神乎其神的"。④

"当时每年赶庙会的人都非常多,骑马坐轿的、推车挑担的、还有背粮讨饭的,有的是来拜佛进香,有的是来积善施舍,有的是来做小买卖赚钱的,大部分人还是来看热闹的。整个于喇嘛寺(即佑安寺)十几口井水都供不上来赶庙会的人喝,那泉眼很旺的。当时老百姓编的有名的顺口溜'去巧基庙赶会,没赶上跳鬼,望了一阵脊背,喝了几口凉

---

① 相传在三百年前,明朝万历年间,清太祖努尔哈赤与明军交战,吃了败仗,于是领败军潜逃到黑帝庙村附近,躲入密林隐蔽。明军乘胜追杀到密林处,派探马巡视时,见林中成群的乌鸦栖息于树上,便回马禀报主将,"林中无兵马之疑……"明军于是收兵远去,汗王得以危中脱险。这就是在当地流传甚广的"乌鸦救驾"的故事。
② 根据富荣镇黑帝庙丁朝文口述整理。
③ 根据王府村齐成林、张齐祥口述整理。齐成林曾在王府广化寺当过喇嘛。
④ 根据大巴镇后朝阳村张瑞林口述整理。

水'"。①

"每年农历正月十五于喇嘛寺查玛会,据说当年北到内蒙古的天山（今阿鲁克尔沁旗）、鲁北（今扎鲁特旗）、奈曼、库仑；西到内蒙古赤峰、敖汉以及平泉、朝阳；南到锦州、义县、北镇；东到沈阳、双辽等地都有善男信女、达官贵人、豪绅前来寺庙进香,舍银两、衣物、粮谷、土地、牲畜,拜佛,纳贡,看热闹,经商的,卖艺的……不惜千里迢迢云集于此,摆摊、设帐……有买有卖,搭台唱戏,一连好几日,热闹至极,不下一两万人"。②

"二郎庙的查玛舞庙会很隆重,舞的花样繁多,看热闹的群众上万人,其中有本县（旗）群众,还有外县群众,前来献香拜佛、施舍、看热闹,一连几天"。③

"佛寺'庙会'规模仅次于西藏,每年阴历二月三十日为'庙会',规模极大,热闹非凡。前来参加庙会的有海拉尔、王爷庙、承德、西藏等方圆几千里（的人）。佛寺的生活方式模仿西藏,连做饭的火种都是从西藏取来的"。④

---

① 根据于寺镇陈广海口述整理。
② 参见刘宪国：《于喇嘛寺与康熙帝》,见王哲主编：《蒙古贞文史》,中国人民政治协商会议 辽宁省阜新蒙古族自治县委员会 文史资料研究委员会,1988年,第408页。同时也综合了本人部分田野访谈内容。
③ 参见中国人民政治协商会议 辽宁省阜新蒙古族自治县委员会 文史资料研究委员会编：《文史资料》,1985年8月第一期（内部发行）,第86页。同时也综合了本人部分田野访谈内容。
④ 参见王淑云：《建国前瑞应寺的喇嘛生活——访雍和宫喇嘛宫高加尼格尔加卜》,见王哲主编：《蒙古贞文史》,中国人民政治协商会议 辽宁省阜新蒙古族自治县委员会 文史资料研究委员会,1988年,第357页。同时也综合了本人部分田野访谈内容。

(二) 听老人讲"那过去的故事"

如果说，通过文献梳理能勾勒出查玛历史画面上一些已经模糊的主线条，那么那些随时间而褪去的色彩、隐逝的韵律则只能在老人们无数个凌散、陈旧的记忆碎片中逐渐明晰而鲜活。

"听老喇嘛说，咱们这地区的查玛舞是从西藏传过来的。西藏有一个塔尔寺，那时候咱这儿的僧人去西藏学习，然后就把塔尔寺的整个建筑用秫秸缩小的模型带过来，根据模型建的瑞应寺。塔尔寺里面的一些宗教活动也原封不动地带过来了。以前大多数寺庙都跳查玛，当时有个说法，对于喇嘛们来说，乐器可以不作要求，但不能不会跳查玛。以前跳查玛都是从北京雍和宫开始循环到这儿，那都有指定跳的日期。日本人在的时候也跳，新中国成立后也跳过几场，但不全"。①

"那场子（查玛舞场）装点得挺漂亮，每个喇嘛抱一个毡子，卷起来，排完后，整成菱形花，代表吉祥。僧人戴着面具，披着各种袈裟，也挺神奇的。有白衣裳的、红衣裳的、绿衣裳的，一共21个，都是度母，度母就是观音菩萨，观音菩萨有很多形象。先是白度母、绿度母出来，把场子护理好了，完后才出来四大天王，都带着大头面具，还有五大护法，然后出来一个挺胖的老头，领着一帮小孩儿，人间有幸福、祥和的感觉。最后，有一个面供就是小鬼，魔王式的，里面放上猪胆，鹿神砍四斧，血出来了，斩妖了，砍成四块，小神往四处拿，人天合一，为一方百姓造福了。然后喇嘛们念经，那是藏文，咱们也听不懂啊，就是看个热闹。

---

① 根据车吉道那日布口述整理。

"广化寺每年正月十五跳,佛寺四月跳,二郎神庙七月跳,七月以后,就'挂锄了'(当地谚语,意为'老百姓有时间了')。各个庙有各自的时间,有各自的意思。在过去,大型的庙才能办查玛会,不是一般的庙都能办得起的,那得需要有点实力的。跳查玛是庙里头组织,但是王府的令,得向上头请示,政教合一。我13岁看的,今年74,六十年喽。"①

"大岗岗庙是五个村——南新邱、七家子、小岗岗、大岗岗、查海——组织一块儿自发修的,他家拿粮食,他家拿石头,他家出车,他家出人工,他家有木匠、他家有瓦匠……就这么着修起来。大岗岗庙当时在北京雍和宫都有名,匾是上头赐的,叫'阜兴寺大岗岗庙'。你们说是查玛,我们这叫'跳鬼',历史上正月十七、十八跳两天。那喇嘛都穿着肥肥的、长长的袍子,带着帽子(即面具),看不出来谁。记的有数,心里有经,嘴里念那经,手脚跳,不是乱跳的。我当年还跳过呢,穿的是绿的和黄的衣服。那衣服代表的是护法神,我们做面供、驱魔靠的就是护法神的力量。大岗岗庙跳鬼跳得好,当年黑帝庙跳的时候,喇嘛人数不够,每年都上这借人来,三个五个的,帮他们跳"。②

"查玛,汉族老百姓叫'跳鬼',蒙族叫'查玛查玛'。黑帝庙历史上跳得最出名,衣服都是绸子、缎子做的。当时教我们跳查玛的是大巴镇来的喇嘛。黑帝庙每年正月十四、十五跳两天,内容不一样。我跳的是蝴蝶神。当时跳的喇嘛人数有七八十人,奏乐器的还有十几个。每年从正月初七开始到十三,喇嘛就天天上庙里头念经,十二那天开始训练。

---

① 根据齐成林、张齐祥口述整理。
② 根据长营子乡大岗岗村齐树青口述整理。

跳的时候，跳错了，那就打你多少鞭子，那都有数。看的人要是横穿场子，也挨打。训练到十三不戴那各种各样的帽子跳，十四十五再戴那帽子，穿蟒袍、靴子跳"。

"这黑帝庙，以前后面一个庙，正殿现在改成小学了，然后东边一个庙，西边一个庙，前面是四大天王，四大天王的前面是转经筒，转经筒前面有一个房子，跳鬼就搁那屋里往外跳。听说这以前庙址的图在日本。黑帝庙跳鬼两天有三十多场，第一天跳十三四场，第二天跳十五六场。人物有菩萨、吉祥天母、阿修罗、护法神、蝴蝶神、阎王爷、鹿神、牛神、鹰（等）。还有一个白胡子老头（指白老翁），带着粉红的大帽子，冲北坐一天，左右各有二个小喇嘛，白衣服、白帽。跳完了，四个小喇嘛维护场子。十五那天，还有一个小车子（类似小轿子），喇嘛们吹着喇叭等各种乐器把正殿里的佛爷（铜像）请过来，拿到跳鬼场子里，搁东面小车子里坐着。前面是佛爷，后面是主持老喇嘛，跳鬼时，老百姓有人给他磕头。十五下午送鬼，那鬼用花花绿绿的纸做的，眼珠子都当啷着，把六七捆秫秸戳起来，正殿老喇嘛拿着，绕几下，扔里面烧了，然后绕庙"。①

"过去正月十四、十五，瑞应寺有庙会，跳查玛。十五那天，有一辆套白色木象的车，让一尊五尺高的麦德日，就是弥勒佛坐在车上，那象的四只脚有轮子，众喇嘛拉呀推呀的，寺院的法乐队、喇嘛、老百姓都跟在象车后头，一路上，还有人向麦德日献哈达、磕头跪拜，顺着环四路转这么一圈，为来年求好运啦。回来后把那象车推进车库里，那仓库大，就现在中心殿大门右边那五间庙宇都是。"②

---

① 根据丁朝文口述整理。
② 根据齐成林、张齐祥口述整理。

"后朝阳庙的喇嘛都是这儿附近几个蒙古族屯子来的，最多的时候有 90 多个吧。从我懂事起，就看这个查玛舞，那时候我们这个地区叫跳鬼，实际上它是藏舞，汉族人给起个名字叫跳鬼，都是假面具。那服装非常漂亮，跟过去唱戏那个服装似的。听老喇嘛说，那服装、面具、法器啥地（地方方言，"等等"之义）都是我们这个庙上喇嘛自己做的，那庙里头都有专门画画的、雕刻的，还有银匠、铜匠。"

"小时候，也看过老喇嘛做过那么一回（查玛的道具），把纸打成纸浆，然后做模子，把纸浆贴模子上，晾干再贴，贴完再晾，通过几次的贴，贴到一定厚度，最后外面画彩画。那服装都很漂亮，都是蟒服，上面有江河海洋，那料子都用绸子、缎子作，布都不用。"

"（后朝阳庙查玛法会）规模还挺大，需要的人挺多，不够就从村里借十七八岁的孩子，必须是男孩，蒙族。每年阴历二月十四、十五跳两天。跳这个舞以前，头三天开始训练，第三天上不戴面具试跳。我们这跳的是弥勒查玛（即米拉查玛），有两只鹿、两只狗。查玛场外头有一个喇嘛坐在椅子上，是多子神，开始跳时他就坐那，挺胖的、光脑袋、半卧着，多前（即"什么时候"）结束他再走。懒到什么程度吧，大饼给他套脖子上，前边吃完，他也不往后面转。领着六个孩子，左边三个，右边三个，有抱脚的、有抱腿的、有抱胳膊的，前面铺个布，有扔钱的、有扔糖的、有扔果的。村里的小媳妇、刚结婚的就给小孩钱、糖块，小孩乐了，赶明儿她也想有一个小孩。"

"第一天上午四场，下午四场，第二天上午四场，下午都出来一起跳。最后砍面鬼，在秫秸上一接骨（段）一接骨的，一米多高，那眼睛做得跟活的似的。面鬼得用秫米面做、水活，外面用黄油粘，没有黄油做不了，不粘手，软乎，咋摆弄咋是吧。最后烧了，吹打弹拉，那还不是一般喇嘛能送出去了，得是庙上的大喇嘛，要不送不出去。结束时围着庙转一下。"

"哎呀，这两天跳啊，这个庙装得挺满，附近的、百八十里的都搞车来，都得看这个跳舞，世界上这些个牛鬼蛇神多了，就是对农民、对民间都有害的，那弥勒佛下来，念经，把这些妖精一个个都收回去，消除民间的疾苦，坏的都成佛了。"

"那（查玛）动作简单，如果有那些玩艺儿（服装、面具）的话，那些个跳法儿我现在心里头都有，都能跳。那动作虽然简单，简单也得齐啊，要有学的，我现在就能教。我的记忆都是伪满洲国的时候，那时村里有保长、甲长，跳鬼这么大场合他们得给维持。①

积庆寺的属庙长哈达当年有喇嘛10多个人，那每年正月二十五也得跳（查玛），人不够就从积庆寺借。那庙上头跳鬼跳的是金刚舞，当年我就被借去跳过，跳牛神，那场跳得最厉害了，那跳下来都能昏倒。②"

"佑安寺每年正月十三、十四跳两天。我老家是大五家子的，小时候去那看了1954、1955、1956三年的查玛。我们家离佑安寺三十华里，那时候小孩儿，不知道累，早上吃完饭，就跑去了，太阳出来的时候就到了。溜达一会儿看看这个，看看那个，（查玛法会）就开始了。"

"乐队在庙台上，喇嘛从庙台上下来的时候像飞似的，到舞场上开跳。角色有白鹿、黑鹿。白鹿跳得比较欢，最活跃，王府前庙的白鹿是我大哥跳的。四个豪麦拿着鞭子维持

---

① 根据大巴镇后朝阳村张瑞林口述整理。
② 根据占巴木勒玛口述整理。8岁到积庆寺出家，土改时还俗。

秩序，老百姓认为：'谁被那鞭子打着，谁一年背幸（不顺当）'，大家都躲着，秩序就得到维持了。别人跳的时候，豪麦就到商铺子那，那聚很多商人，别的玩意不要，就要吃的，好比你卖红枣呢，他也不说话，一伸手，一般都给。中间出场的是老头、老太太。老头不带面具，红脸，挺长的胡子，带着挺高的帽子，腰上有铃铛，走起路来叮当直响，那个角色的人物必须是能说的，民族语言丰富的，用这种方法到那敛钱去，他说啥呢，'我这老婆没孩子，我想要个孩子，大伙行行好。'然后那头就有个人拿着个盘子，转圈，那时候都一分钱、两分钱的。转这一圈，然后再演。演到最后是送面鬼，面是老百姓出的钱。当地汉族有个说法'老鞑子（当地汉族对蒙族的称呼）送鬼百楞面。'（蒙族称'送鬼'为'百楞'。）跳完鬼了，喇嘛就把面鬼往于寺东南边扔出去了，于寺这个地方保平安。①"

"历史上，跳米拉查玛的庙挺多，后朝阳庙、牛心屯普康寺都跳得不错。普康寺的活佛是红色大威德金刚的化身，那儿跳（查玛）的喇嘛虽然比别的庙少几个，大概就有13个，但内容比较完整，当年比较有声誉。"

"白老汉、黑老汉那场（表演）是最精彩的，有情节，有对话，老百姓最爱看。白老汉性格好，黑老汉性格暴烈。俩人出场后，后边跟着两条猎狗（喇嘛扮演）。白老汉、黑老汉各占一个山头，谁路过谁都得交钱，他们让猎狗咬死獐狍野鹿，捕杀其他动物，是造孽的两个人。两条猎狗在黑、白老汉的指挥下去寻找猎物，一路上闻闻这个，闻闻那个，最后跑到了米拉日巴面前，虽说是牲口，但听到米拉日巴念经，受到了法韵灵气的佑护，忘了去追杀猎物，听着听着还

---

① 根据戴瑞山、陈广海口述整理。

两眼滴眼泪。这时公鹿、母鹿出场,吃草、喝水、慢走、撒欢,也来到了米拉日巴面前,边吃草边听经,后来竖起耳朵听,忘走了。中午了,黑白老汉开始吃饭,他们把酒先向四方洒,恭敬土地山神。吃完后,俩人分头找狗。后来没找着,白老汉问:'你从哪找了?'黑老汉说:'爬过须弥山,跨过东海,都没找到。'俩人继续找,看见前面一个黑东西,黑老汉拿出箭,使尽全身力气把箭射出去了,以为射中黑物了,没想到,等俩人走到近前一看,剑落在地上,觉得很奇怪,再走近些,就看到一个像佛菩萨的人。黑老汉要接近米拉日巴,两条狗认出了主人,一边摇尾巴,一边舔主人的衣摆,绊住他的脚,不让往前走。两只鹿也跑到黑老汉面前,一会儿跪下,一会儿跳起,阻止他靠近。黑老汉很奇怪,就问哥哥:'这是怎么回事?'白老汉回答:'当哥的我曾多次劝你,不要造孽,那是佛菩萨,你不能砍他,牲畜都知道造孽与积德,弟弟你不如它们,你分辨不了黑白,更不懂十黑孽是什么。'黑老汉听了很生气,说:'哥你太小看我了,世上人哪有不知道十种黑孽的,我清楚地分清黑白。太阳出后为白,太阳落后为黑。'白老汉哈哈大笑说:'不对,人造福为白,造孽为黑。弟弟你却是不知十黑孽事。'黑老汉更急了,说:'十黑我知道,一黑是天上飞的乌鸦,二黑是地上跑的猪儿,三黑是煮饭的锅,四黑是锅掌子,五黑是黑布,六黑是黑腰带头儿,七黑是黑帽子,八黑是黑靴子,九黑是黑衣服,十黑是我的脸。'白老汉听了,笑着说:'你说的这十黑大都是你身上的,人家说的十黑是造孽的十黑,身造的三种、口造的三种、意造的四种。造这十种黑的人,死了会落到十八层地狱最底层,到劫末都出不来。我是皈依佛法了,灭罪奔白色的光明。'在白老汉的劝说下,俩人就一同皈依了三宝。"①

"'米拉'查玛故事还有另外一个版本，就是说有两个成精的野鹿在人间横行霸道，残害生灵。有两个打猎的老头，一个叫哈日额波根，是黑脸，一个叫查干·额波根，是白脸，两个人带上两条神狗去捉拿两条鹿精。经过一番较量，鹿精为了逃命，去求麦来活佛（即米拉）搭救。麦来口念佛经，两条鹿表示愿意改恶从善、归顺佛门。然后，两条猎狗和两个猎人先后赶到，都被佛经感化、归顺（佛门）。这样，一场鹿与狗的厮杀就得到缓和，友好了。此外，有的传说还把鹿说成是猎人的心爱之物，和狗一起走失，猎人一路辛苦去寻找他心爱的鹿、狗，最后来到米拉神前，发现它们都已经皈依，于是一同归于三宝。"②

实际上，"历史"在很多时候是由文字与记忆共同书写而成的，只不过，相对于文字记载的固定形式来说，人头脑中的记忆显得多变而充满了不确定性，于是很多情况下，我们往往只是把文字记载的历史当成一种"事实"，而将口头中的记忆当作一种"创造"。赫兹菲尔德说：我们必须警惕文字和口头文化之间的差别的刻意夸大，因为这种夸大本身实际上暗示着社会底层群体的次要地位和微不足道。口头叙述从来没有遭到读写文化的彻底排斥，"历史"和"故事"这两个词同源，"逸闻趣事"一词的希腊词根意为"尚未出版"而不是"不可靠的"或"愚蠢的"。③ 就蒙古贞查玛来说，老人们生动而富于情感的讲述不仅

---

① 根据戴瑞山口述整理。
② 根据白音搜集、讲述整理。
③ 参见麦克尔·赫兹菲尔德：《什么是人类常识——社会和文化领域中的人类学理论实践》，刘珩、石毅、李昌银译，华夏出版社，2005年，第67页。

部分地复原了历史，同时这些记忆的片断拼凑、接合在一起，也使查玛昔日繁荣兴盛的景象得以生动地重现。此外，由于口头叙述往往可以为我们提供有关过去的另一种视角，而其中所包含的社会情境又能够弥补结构分析无时间的抽象和空洞的缺陷，[1] 因此民众记忆中的查玛显得更加鲜活和富有人情味。而更为重要的是，这些口头形式的记忆碎片在某种程度上还成为日后查玛恢复工作中举足轻重的传统素材。

第二节 查玛兼容性蕴涵阐发

文化的流动性表现在，文化处于既外在于又内在于地方场合的广阔影响过程之中，保持着一种永恒的、具有历史敏感性的抵制和兼容状态。[2] 藏传佛教在传入蒙古社会后，经历了一个与当地本土宗教"孛教"相抗衡的百年历史阶段，尽管这一过程中充斥着强烈的对峙与仇恨，但我们仍不能忽视其中纠结着的妥协与相容。所谓"润物细无声"，表面上是这场"文化之争"的硝烟弥漫，暗地里却蕴含着二者之间的悄然互渗。孛教的最终败北实际上并不是全然的消逝，而是一种无奈的隐退。佛教最终能够生存下来，并深植人心，其实已无可避免地打烙上蒙古族文化的深刻印记。同时，在藏传佛教本土化的过程中，蒙古贞地区的经济形态正处于一个从游牧到农耕的转型过渡期，这又使该地区文

---

[1] 参见麦克尔·赫兹菲尔德：《什么是人类常识——社会和文化领域中的人类学理论实践》，刘珩、石毅、李昌银译，华夏出版社，2005年，第67页。

[2] 乔治·E·马尔库斯、米开尔·M·J·费彻尔著：《作为文化批评的人类学》，王铭铭、蓝达居译，生活·读书·新知三联书店，1998年，第115页。

化日益具有蒙汉杂糅的地域性特质。希尔斯说：信仰的传统，或行为规则的传统在其发展进程的每一个时间点上，都是一种混合物，它由长期延续下来的各种因素、新增成分和各种创新构成；这些东西已成为这一传统的一部分。[1] 在漫长的历史过程中，查玛文化将上述种种错综复杂的宗教的、民族的历史交融性特质演绎得生动而鲜明，可以说"消弥与重构"是其发展中所蕴含着的显著特点。

一、传说故事中的"起源色彩"与"本土再造"

台湾学者李亦园认为：神话传说是众人的梦，这梦不仅是梦想而已，它经常是心理困境的下意识表达与解脱。[2] 它以一种不完美的方式代表智力和生命过程。在神话与普遍的生命力量之间，有一种交流，有一种相互的吸引力，有时它因为缺乏恰当的表达方式而越发显得不同寻常。[3] 尤其是当神话传说与某个仪式发生关联时，其内涵、意义或功用往往就更为复杂。一般来说，几乎所有的仪式都包括两个层面，即作为表演的行事层面和作为叙事的话语层面。动作先于语言，叙事源于仪式。叙事是用以叙述和说明仪式表演的，而关于宗教祭祀仪式的叙事，就是所谓的神话。[4] 神话是使宗教信仰和实践合理化的解释性传说，它在维持超自然信仰中起着重要作用。神话与仪式相互印证，缺一不

---

[1] E. 希尔斯著：《论传统》，傅铿、吕乐译，上海人民出版社，1991年，第59页。
[2] 李亦园：《宗教与神话》，广西师范大学出版社，2004年，第284页。
[3] 勒内·基拉尔著：《双重束缚——文学、模仿及人类学文集》，刘舒、陈明珠译，华夏出版社，2006年，第213页。
[4] 刘宗迪：《译序》，见简·艾伦·哈里森著：《古代艺术与仪式》，刘宗迪译，生活·读书·新知 三联书店，2008年，第2页。

可。但倘若真正探讨起二者间的关系，又"每每被同置于一畴——仿佛'鸡与蛋'的关系"①，尽管自泰勒始，仪式与神话就进入到人类学者的研究视界，以至于后来发展成为一个学派，但二者之间孰先孰后的问题至今仍令人费解。不过，我将深信利奇所言："神话与仪式都是对同一种信息的不同交流方式，二者都是关于社会结构的象征性、隐喻性表达。"②

在蒙古贞查玛的几种传说故事类型中，既包含有对"郎达玛灭佛"历史史实的隐晦叙述，又有对仪式本身合理性存在的鲜明阐释。并且由于神话传说像人类文化的所有其他要素一样，……存在于时空之中，从而受到它们所流行的地方的自然状态、人们语言和社会的交际，以及岁月推移和历史变迁的影响。③ 因此透过它，我们不但可以寻得见岁月在历史消磨中遗留下来的印痕，还可以窥见查玛在发展过程中的"本土化"踪迹。

在蒙古贞地区，历史上大致流传有三种类型的查玛传说故事：

（一）青牛（大象）转世说

这一类型传说故事在各蒙古地区广为流传，大致由以下情节单元构成：

ⅰ 在一次建庙竣工的表彰会上，一头曾经出过力气的青牛被忘掉，它气愤之下顶倒寺庙一角，撞死在庙前。

ⅱ 高僧占卜，由于此青牛怀恨而死，来世势必要转生为人，搅乱佛门。

---

① 彭兆荣：《人类学仪式的理论与实践》，民族出版社，2007年，第35页。

② Leach, E. R., *The Political Systems of Highland Burma: A Study of Kachin Social Structure.* London: G. Bell & Sons, 1954. 13–14.

③ 斯蒂·汤普森：《世界民间故事分类学》，上海文艺出版社，1991年，第23页。

iii 青牛转世为人，名朗达玛，并当了皇帝。执政期间下令毁坏寺庙，焚烧佛经，驱逐和杀害喇嘛，发动了西藏历史上的"禁佛"运动，激起了佛门的痛恨。

iv 一名喇嘛立志要杀死恶王朗达玛。于是乔装打扮，将一匹白马用炭涂为黑色，身穿白里黑面的舞衣，在舞会上射死朗达玛后逃跑。

v 朗达玛的护卫追杀喇嘛，该喇嘛在渡河时，用河水冲刷掉马身的炭黑，并把黑舞衣翻穿为白色舞衣，追者不见黑人黑马而归。

vi 为庆祝这一胜利，佛教徒和俗众戴上各种神、人、兽面具，跳起了除恶降魔的舞蹈——查玛。①

上述列项是"青牛转世说"类型的基本叙事程式。在蒙古贞地区，该类型故事文本中的"禁佛运动"、"乔装除害"、"异装而逃"的关键性母题及主要人物都有所保留，但故事地点被置换掉，西藏拉萨庙变为蒙古贞寺庙。在内容方面，有的故事文本不借助动物而直接以人物"朗达玛"叙事，也有的故事文本在结尾处略作改动，附加上"主人公逃跑后躲在一座大庙中，以袈裟和灰尘乔装，但被追兵的首领识破，由于其为民除害，首领放行，并允许其去愿意去的地方，进行传教、跳查玛活动"的情节。不过，无论这一故事文本因时间、地点或讲述者的变换而发生了怎样的变异，该传说故事类型中涉及的历史事件

---

① 该类型传说故事根据蒙古贞原文化馆馆员郭永清讲述整理，在蒙古贞地区流传很广。

"朗达玛灭佛"①、基本叙事架构及其表现主题都与"拉隆·白格多吉射杀朗达玛"②的羌姆传说紧密相关，它正是"青牛转世说"的基本原型。

（二）阎王托梦说

该传说类型主要流传于蒙古贞地区，而很难见诸于其他蒙古地区的相关文献典籍。

相传，藏传佛教大师宗喀巴曾经做过一个奇怪的梦，梦中阎王却尔吉乐预言，他在55岁之后的三年里将会有一场久治不愈的大病，同时民间也将流传可怕的瘟疫，这都是鬼怪作祟的结果。于是，他告诫大师要遵照其旨意办事方可化险为夷，解除危难。宗喀巴在梦中清晰地看见阎王戴着奇怪的面具。梦醒后，他按照阎王授意，制作了许多面具，扮成各路神灵搜寻鬼怪，并在寺院前殿将此仪式施行三天，这样三四年内果真没有灾祸发生。宗喀巴为确保天下永享太平，便把搜寻和降伏鬼怪的过程编成法舞"查玛"传授给后人。③于是，查玛就这样流传下来。

---

① 郎达玛是吐蕃末代赞普，唐开成三年（838年）下令禁止佛教，封闭寺院，强迫僧众还俗，毁灭佛教经典。《布顿佛教史》中载：朗达玛长大成人，心中魔障，打击所有僧人：对于有成就者加以驱逐；对信仰佛教者，令彼等持弓箭、鼓、钹、被派前往狩猎，凡不听从者均加杀戮。（破坏者）撼不动释迦牟尼佛像，随将像弄到沙滩埋掉；寺门砌起来，表面用泥抹平，上画高僧饮酒逻佛图；桑耶寺、小昭寺等寺门均涂上稀泥；大部分佛经均被埋于此山崖之内。

② 据《西藏王统记》记载：拉隆·白格多吉愤于朗达玛杀僧灭佛，而激起舍身刺杀朗达玛之誓愿，以炭涂白马，身穿外黑里白之大氅，面涂油抹炭，头戴黑帽，两袖暗藏弓箭，骑炭涂黑马，自称无畏黑魔王，乘朗达玛于大昭寺前观看碑文之机，拉隆·白格多吉上前伪装与王顶礼，默祷本尊，做跳跃狂舞，吸引朗达玛专注观赏，袖内潜取弓箭，一礼箭上弦，二礼引满弓，三礼突射王面而逃，王双手拔额上之箭而卒……于是，众人为庆祝这一胜利，跳起了羌姆。

③ 该传说故事由原瑞应寺喇嘛高尼根尔扎布讲述，整理于八十年代民族民间舞蹈集成。

(三) 杀妖祛魔说

1. 于喇嘛庙（即佑安寺）上做了一个大威德金刚，做成后还没来得及开光，里面就钻进入了一个魔。喇嘛们想尽各种办法除魔，都无济于事。最后，众僧在寺庙内跳起了查玛舞，这个魔鬼听说后，很好奇，心想看看去吧，它刚一出去，喇嘛就把大威德金刚开光了，这个魔回来后就再也进不去了。①

2. 佛有一天说了，咱们这儿的藏传佛教还要兴旺，于是就发展出一套故事。众僧为消除妖魔鬼怪，四处搜寻。有一天，妖魔鬼怪在关山②山洞里聚会，进来一个人，用的是荆轲图穷匕首见办法，只见他打开包裹拿出匕首刺杀掉妖魔的头领，而后逃跑，小鬼们开始追刺客（以后的故事情节同青牛转世说）。这是小时候在庙上（大巴同善寺）听老喇嘛讲的。③

在以上三种类型的传说故事中，"青牛转世说"带有鲜明的"起源说"色彩，从人物角色、故事情节等方面都可以明显看出，它是历史上随藏传佛教传入蒙古贞地区的产物，故事文本除在地点上有所变更外，其他主要情节程式都得到了较为完整的保留。后两种类型的传说故事则土生土长于蒙古贞地区的文化土壤中，或源于当地文化精英的一种创造，或属于一种民间智慧的结晶。

二、神祇角色中的"文化杂糅"性

在蒙古贞查玛表演中，保留了羌姆仪式中的主要护法神及鸟

---

① 该传说故事根据佑安寺管家香巴成来讲述整理。
② 关山是雄居于医巫闾山东北终端的一座高山，坐落在大巴镇西北部，森林植被独甲辽西，被蒙古贞人誉为"圣魂之山"。
③ 该传说故事根据暴风雨讲述整理。

兽神祇角色，如吉祥天母、贡布、蝴蝶神、却尔吉乐、骷髅神、鹿牛二神等，新增入了白老翁、多子仙、寿星、龙王爷等人物角色，其中很多神祇角色的功能发生了置换。我们说这种新增与置换决非偶然，而是有着深刻的历史意义与蕴涵。

从新增置的角色来看，查玛仪式中烙有鲜明的文化杂糅印记。首先，蒙古族文化特征表现得十分鲜明，如白老翁的出现。白老翁，蒙语音译为查干·额布根，他是孛教的崇奉人物之一，这位老者并不经常现身，当人们向他祈求帮助时，他通过某种方法和形式为其排忧解难。① 据载，历史上，科尔沁部蒙古人几乎家家户户供奉白老翁，人们以此种形式崇拜一种主管畜群和丰收的神，因此该人物形象出现在查玛仪式上自然在情理之中。此外，在"米拉"查玛表演中，两猎人形象由原来"米拉"羌姆中戴赫色面具、翻穿灰黄色皮袄的形象变为一白须白发老翁与一黑须黑发老翁，故事情节也在原来基础上新增了"黑翁在白翁的诱导下皈顺佛教"的内容。在此，黑、白二翁的出现可能是对孛教发展至后来派别分化现象的一种影射。其中，黑翁是蒙古孛教中抵抗派的代表，白翁则代表孛教中向佛教妥协的教派。② 而表演情节中所穿插的黑白老翁关于"十黑孽"的讨论，更是隐晦地反映出孛、佛之间既有斗争又有融合的历史现象。不过，这段充满着说教色彩幽默而通俗的对话，完全是当地查玛表演为丰满故事情节而臆造的，这无论在原来的藏剧"米拉日巴劝化记"还是"米拉"羌姆中都实属难见。但该段情节增设的最终目的还是在于宣扬佛法，劝化世人明辨是非，弃恶从善。其次，汉民

---

① 参见斯琴：《蒙古英雄史诗〈江格尔〉与萨满教》，中央民族大学博士学位论文，2007年。

② 参见白翠英：《科尔沁的傩型戏剧〈米拉查玛〉》，载《黑龙江民族丛刊》，1992年，第2期。

族文化的标记也十分明显。如身着道袍的多子仙表达了汉族"多子多福"的传统观念,星神寿星的加入则符合了汉民族一种"长命百岁"的传统心理需求,而主司农业命脉的龙王爷的出现更是体现了农耕民族祈求"风调雨顺"的美好心愿。此外,在查玛表演中,男仙童的形象完全是一副斜襟衣、宽袍大袖的汉地和尚打扮,而女仙童的花布大襟衣、花布裤、便鞋及双丫髻发式也全然是汉式的装扮。

同样,在角色的置换中也隐含有文化杂糅性特点。如羌姆仪式中,敬献神饮者也即净坛迎神者多为"黑帽咒师[①]"。黑帽咒师的表演多在开场,他们头戴黑色法帽,身穿咒师衣,表情愤怒而威严,手持金刚杵和骨碗,向本尊、菩萨、护法及各路天神奉献神饮,并发愿祈祝。而在蒙古贞查玛仪式中,该角色的功能意义换由"度母"承担,这一变化在其他蒙古地区的查玛表演中并不常见,而针对该现象的阐析也很难见诸于相关历史文献。因此,我们只能从度母这一神灵本身去揣测。一些学者指出,度母崇拜在民间影响巨大、广受欢迎,这可能与其典雅端庄、仁慈祥和的形象有关,在佛教密宗的万神殿中到处充斥着面目狰狞、威厉凶猛的神的形象,这样一来度母便显得十分具有亲和力。此外,度母为观音菩萨的化身,而观音崇拜在民间,尤其在汉民族的精神信仰中尤为盛行[②]。因此,用这样一种神灵去替代黑帽咒师的角色便不难理解,它既体现了蒙古贞查玛仪式中对于角色形象的一种"去恶相化"特点,也十分可能是该地区汉文化信仰

[①] 据说该角色起源于西藏历史上的"禁佛"运动,当时一身穿白里黑面咒师袍服的僧人成功刺杀吐蕃君主朗达玛,从此"黑帽咒师"便成为藏族心目中的英雄人物,后来成为坚定而强有力的护法者。

[②] 这一现象与汉族信仰的杂糅及功利性密不可分,在汉族中,人们认为菩萨神通广大,无事不能解决,因此不断地赋予这一神灵以各种各样的功能意义,从而使得观音信仰颇为盛行。

影响改造的结果。此外，羌姆仪式中"大鹏"的角色也被"鹰"所取代，该角色一改以往表演中伴舞的地位，而是作为独立场次出演。在萨满文化中，鹰（布日古德）被视为萨满化身的神物象征，它与蒙古萨满的起源有着密不可分的关系。① 而蒙古民族对鹰也有着特殊的感情，认为其勇敢、桀骜不驯，将之视为生命的象征。因此鹰不仅出现在查玛表演中，并且担当着斩魔、肢解"面鬼"的重要职责功能，而这在羌姆仪式中是由尸陀林主来完成的。尸陀林主的角色意义在查玛中也有变动，作为天葬的执行者和天葬场的守护人，它在羌姆中主要承担"转心"、勾召鬼魂、警戒妖魔的重要职责。而在查玛中，尸陀林主也称骷髅神，却扮演着丈量（祛除妖魔后归还的）土地的角色，有时还维持舞场秩序，戏谑愉悦观众，取代了羌姆中阿扎热的角色，职责功能弱化了许多。阿扎热意为"印度游方僧"，这一形象是在雪域弘传佛法的印度僧人代表，而该角色在查玛表演中的"缺席"是羌姆传到蒙古地区后印度文化色彩减弱的表现。此外，从当地民间讲述的一些查玛故事文本中，我们还看到鹿的形象偶尔会发生变异，由原来斩魔的正义之"神"或猎人的"心爱之物"变为在人间横行霸道、残害生灵的"妖精"，这一骤变让人颇为费解。因为在蒙古民众的心目中，鹿是吉祥的象征，在蒙古先民的神话传说中，更有着"苍狼白鹿"的古老图腾观念。在此，鹿以反面的形象出现，似乎就存在两种可能性解释：一是在佛本生故事中，鹿为佛陀的化身，因此在"苯佛之争"的历史文化背景中，这样一种"形象丑化"的现象就似乎变得可以理解；二

---

① 萨满传统的说法是"鹰是天的神鸟使者，它受命降到人间和部落头领成婚，生下一个美丽的女孩，神鹰便传授给她与天及众神通灵的神术，并用自己的羽毛给女孩编织成一件神衣，头上插上了羽毛做的神冠，让她遨游天界，把她培养成了一个了不起的世界上最早的'渥都根'（udugan）"。

来这一变化也极有可能传达了汉民族精神信仰中一种根深蒂固的传统神灵观，因为在汉族民间传说故事中，以"动物成精"为母题的叙事文本并不鲜见。不过，尽管故事情节在传播过程中发生了变异，但该类型查玛赞颂佛法"普度众生"、"教人向善"的主题仍未改变。

此外，通过老人们的回忆讲述，我们还了解到，在这一历史时期的查玛表演中，已经有一小部分"俗人"加入参与进来，扮演其中一些不太重要的小角色，这表明查玛仪式历经岁月的洗礼，其宗教神圣性色彩已有所弱化，世俗化趋向初露端倪。

三、面具形象的"善相化"、"写实化"

对应佛相有愤怒佛与安息佛之分，藏地面具也包含怒相面具与善相面具两种。怒相面具形象狰狞、恐怖，表情严厉、威猛，它们头戴人头骨冠，牛头马面、青面獠牙，手执人骨制成的法器，腰扎人头串珠，或身绕毒蛇，面具造型夸张奇特，表示对妖魔的镇压，具有强大的威慑力；而善相面具的形象则端庄、静善、慈祥。[①] 在蒙古贞查玛表演中，原来羌姆仪式中的大多数怒相面具，其造型轮廓、表情都趋于柔和，具有善相化特征的发展倾向。如却尔吉乐（阎王），即密宗中的本尊神——大威德金刚，在保留了原来基本的牛头、三目、骷髅头饰外，面部的怪诞、狰狞状已温情了许多。又如吉祥天母（又称吉祥天女），作为藏密中一个重要女性护法神，她有文静型和愤怒型两种形象。在羌姆仪式中，吉祥天母为红发竖立，三目圆睁，张口、龇牙、卷舌，有的口角还悬吊一人头的凶恶愤怒相。而蒙古贞查玛表演

[①] 参见格桑布益：《藏传佛教"羌姆"面具艺术探秘》，载《贵州民族研究》，2004年，第2期。

则选择了文静型，即白拉母的造型，嘴微微张开，三只细长的眼睛流露出和善的目光，明显不同于羌姆中的恐怖凶狠形象。此外，蒙古贞查玛中动物角色的面具造型也在一定程度上有所出入，如鹿神、牛神、狮神、海螺神及鹰神等面具形象中的抽象寓意成分被抽离掉了许多，倾向于以动物的本来面貌进行写实化设计。

四、舞蹈动作中的交融性意蕴

在查玛表演中，舞者手部的基本形态有捏指、波指、交叉手、扛手、上抓手、甩手、遮阳手、双推磨及扠手等；肢体其他部位的基本动作有吉格尼、摆手跳转、端腿摆手、端腿斜推掌、端腿提襟、顺风旗转、抬腿辗转、前磋步、弓步绕腕、跨腿推手、商羊腿扠手、摆手半蹲、甩手蹲、山膀碎步跑、展翅碎步跑、顺风旗碎步跑、晃臂步等。这些基本形态、动作舞法的各种重复再现性组合，形成了刚柔并济、富于雕塑感的查玛舞步。具体来讲，所有角色基本上都拥有一套共同的表演程式，首先都以"碎步小跑"出场，双臂配以"顺风旗"、"山膀"或"双展翅"等动作，然后做"吉格尼"、"端腿摆手"、"端腿提襟"、"顺风旗转"等一些基本的动作，继而沿圆圈顺时针而舞，而每个角色自身又往往有几个专属动作。总体而言，查玛在保留了羌姆仪式中的大量基本动作基础上，又揉入了一定的蒙古民族舞蹈语汇。下面仅选取其中几个较为典型，也是在日后复兴创作过程中保留得最多的角色为例，对该舞蹈动作特点进行阐述、解读。

首先是蝴蝶神的角色。在查玛传入蒙古地区以前，蝴蝶神只是作为一种"助兴表演"出现在某些羌姆仪式种类中，用以展示"除妖祛魔"后，人间太平，鸟兽鱼虫普天同庆的欢乐场景，因此该角色在羌姆中的舞段以"集体舞"为表现形式。而在查玛仪式中,蝴蝶神的表演是一个独立场次,舞蹈动作特点明快、轻巧。主要动作有:"颤步晃臂",舞者两脚靠拢,脚尖对前方,重心在双脚上,站正步,双腿每拍屈膝颤动一次,双臂稍屈肘,抬于头两侧,以腰的左右拧动带动双臂交替画圆;"波指碎步转",舞者双手除拇指外四指交替上下弹动,双脚左右碎步转动;"端腿分掌",舞者身体重心转换,作左右端腿,双手打开掌心向里抬至额前上方,然后向左右两侧分开,掌心向上;"前磋步分掌",舞者双手叉腰,双脚保持右前弓步,脚底顺势向前,脚尖煞住重心做磋步,然后左转半圈成左前弓步,双手做上述对称动作;"波指辗转",舞者双手同上,身体左右转动;站马步,双臂同"晃臂步",这一动作主要用于巡视妖魔;"硬肩",舞者双手叉于腰际,左肩头向前推出,左肘稍向后,右肩头向后,右肘微向前,双肩一个前摆,同时一个后摆,交替进行。硬肩动作快发力、幅度小,顿挫感强。

其二,阎罗王角色在查玛仪式表演中占有重要的地位。该段舞蹈动势舒展稳健、幅度大,给人以豪迈的感觉。主要动作有"捧手蹲转",首先舞者左脚旁点地,两臂展开高举过肩,掌心稍向上扬起,成"山膀",然后身体重心转移,以左脚为轴左转半圈,右脚向右迈步,两脚跟相距一脚半,成"大八字步",深蹲,右手甩至头右侧"扛手"位,掌心向后,同时左手平甩至旁,掌心向上,作"甩手蹲"。接下来,上左脚作右跨腿向左转一圈,双手经上分掌旁落,顺势收成交叉手。落右脚成正步,双手自身左下方甩至右上方。身体重心右移,作左端腿,落脚成正步半蹲,双手在身前从右向左画"∞"字形。最后左腿抬起,快速落地作"跺泥",右端腿,顺势转向右前。然后左手经上向左摆,右手从旁摆至"扛手"位,左脚跳起,向右跳转一圈,做摆手跳转完成"捧手蹲转"动作。另一主要动作是"历数鬼",舞者左腿半蹲,右腿抬起成"商羊腿"状,双臂在左下平伸，距离同肩宽，在身前垂直经左上向右划圆，上半圆掌心渐旋向前，下半圆掌心渐旋向后，作"晃手"。然后双臂举至旁斜上方，掌心向斜上方，肘微屈，作"斜托掌"。随后，双手收回，向旁平抬，掌心向下作"旁展翅"。同时，舞者上身右拧右倾，正步。最后，舞者以"下分掌"和"遮阳手"完成"历数鬼"动作。还有张牙舞爪，舞者右脚起做"端腿前后摆手"，顺势左转半圈。然后左转旁落，右腿勾脚前踢45°，左脚跐起，身体右拧，收腹稍前倾，双臂抬至头两侧，向上推直，双手顺势扣腕，五指张开，作"上抓手"。此还，有商羊腿 扤手，舞者做"商羊腿"，双手五指张开，以腕带动，由外向里做用瓢舀状，为"扤手"。

其三，鹿、牛二神是查玛仪式中不可或缺的重要角色，该角色的舞蹈动作刚健有力，多跳跃，幅度大，需要较高的舞蹈表演技巧。主要动作有"弓步双∞字"，首先舞者左脚旁迈成旁弓步，双手在身前从右向左画"∞"字形，然后收至自身右下方，甩至左上方，作"上甩手"；双手收回，做"旁展翅"和"扤手"；双手原位，落左脚，两脚跟靠拢，脚尖分开，成"小八字步"，双手叉腰，然后做"摆手跳转"；身体重心右移，上左脚作右跨腿向左转一圈，双手经上分掌旁落，顺势收成交叉手；落右脚成正步，双手自身左下方甩至右上方。站马步做 扤手；腿不动，双手掌心向下，从左腰旁经前向右推一个平弧，收至右腰旁，做对称动作，成"双推磨"，该动作意为将剁碎的魔尸磨成肉酱。然后舞者双手做右"上甩手"，意为将魔尸抛得远远的；站大八字步，双臂举旁斜上方，掌心向斜上方做"扬掌"，肘微屈，肩部做"碎抖肩"。其他动作还有"盖掌跪地"，双膝跪地，双臂由旁上抬，掌心向上至"扬掌"位，屈肘，掌心向下经额前下按；"山膀按掌"，臂成弧形，掌心向下，按于胸前，于胃平，相距一掌余。

此外在查玛表演中，其他一些较具典型性特点的角色动作还有：度母的"端腿提襟"，舞者左脚前迈成左"前弓步"，双手掌心相对平伸于身前，向左右摆，身体重心后移，作左"端腿"，双手打开掌心向后至"提襟"位，上身左倾右拧；尸林之神的"绕腕转尺"，舞者右手握尺，转动手腕，画小平圆，其他动作重复上述的"旁弓步"、"山膀"，"斜托掌"等。

从上述几个角色的舞蹈动作组合中，我们可以窥见查玛表演中鲜明的杂糅性特征。其一，原来羌姆仪式中的一些舞蹈语汇已消弭不见。例如在查玛舞者众多的"手"势动作中，我们已经看不到羌姆表演中纷繁神秘的"手印"姿态。所谓"手印"即是诸佛菩萨"以两手十指种种之相"来象征本誓的一种手的姿势，密宗称之为"密印"。① 《大日经释·六》曰："——歌咏，皆是真言，——舞戏，无非密印。"② 可见，"手印"是佛教舞蹈中十分常见的手部姿态之一，而该动作特征在查玛仪式中已然消失。此外，羌姆表演中大量的云手、撩步等基本动作也在查玛仪式中难以寻见。其二，尽管有所摒弃，但查玛表演仍继承了羌姆仪式中一些基本的舞蹈语汇，如"∞"字形、摆手、晃手、盖掌、斜托掌、展翅、山膀、颤步、蹉步、颤膝、跨腿、商羊腿，及下腰等动作，尤其是"顺手顺脚"的特点在查玛仪式中表现得十分明显，其体态动律特征十分具有藏舞的"颤"、"开"、"顺"、"左"、"绕"等典型意蕴。其三，在摒弃与继承的基础上，查玛表演动作中还逐渐融入了其他一些独特的民族韵味。较之于羌姆表演中手部的变幻多端，腰部的柔婉扭拧、前弓后倾，腿部的跨、吸、颤、屈伸等特点来说，查玛舞者的动作多注重肩

---

① 高历霆：《藏传佛教寺院舞蹈羌姆探源》，载《西藏艺术研究》，1988年，第3期。

② 丁福保：《佛学大辞典》，台北华严莲社，1956年，第2472页。

部、手臂及腕部的运用,而这些动作特点正是查玛在蒙古地区本土化过程中不断吸收、融入蒙古族舞蹈艺术元素而形成的,其中最鲜明的舞蹈语汇有蝴蝶神角色的"硬肩"动作,鹿、牛二神的"碎抖肩"动作以及尸林之神在"绕腕"中对于"压腕"、"提腕"、"硬腕"等动作的使用。此外,从整个舞蹈的动觉形状来看,蒙古贞查玛表演还逐渐具有蒙古族舞蹈中"画圆"的动律特征。

五、功能意义的多元化趋向

在每种文明中,一切习惯、物质对象、思维和信仰,都起着某种关键作用,有着某些任务要完成,代表着构成运转着的整体的不可分割的部分。[①] 正如一根木棍可以当手杖,也可以当蒿杆,还可以当锄柄或者武器;它在不同的用处中,都进入了不同的文化布局,或者讲,它不同的功能都包含着不同的环境,都具有不同的文化价值或文化整体背景。[②] 当一个物体进入到不同的文化空间,其功能意义必然发生相应的改变。作为一项宗教法事活动,查玛在最初传入之际,其功能意义十分纯粹,即"宣扬佛法"、"调伏恶鬼",完全秉承了宗教法舞"羌姆"的主旨。而在后来的发展过程中,由于各种文化元素的不断揉入,查玛的功能变得日益多元化。在米拉查玛表演的台词"今年风调雨顺!没有虫灾!五谷丰登……"中,我们可以窥视到"祈雨"、"保丰收"等传统农业文明思想的植入。而查玛仪式中所穿插的老头、老太

[①] 卡尔迪纳、普里勃著:《他们研究了人》,孙恺祥译,生活·读书·新知三联书店,1991年,第249—250页。

[②] 夏建中:《文化人类学理论学派——文化研究的历史》,中国人民大学出版社,1997年,第130—131页。

太取笑、逗乐及收钱的情节又带有了鲜明的娱乐、经济功能。此外，求子、求财、治病、免灾等极具个人化的功利性目的也在不断地融入。传统查玛仪式沟通人、神以及"娱神"的色彩已悄然趋于淡化，开始朝着解决日常实际问题、"娱人化"的方向发展。

六、文化整合中的"选择性"与"重新解释"

美国人类学家克莱德·M·伍兹认为：变迁在所有社会文化系统中都是一个永恒的现象。它通常由社会文化环境或自然环境的改变而引起，是一个漫长而复杂的过程。在这一过程中，"选择"与"重新解释"是其主要的特点。首先，人们并不是完全接受他们与之接触的一个或几个群体的文化内涵中提供的或已有的所有东西。一般说来，文化特质的被接受与排拒，视其效用、适应性以及对接受一方的文化有无意义而定。其次，文化特质和丛体完全按照其原初面貌传递的情形很少。它们通常要经过在形式、功能和意义上的改变，以适应接受一方文化的特殊需要。① 换言之，在进行文化整合过程中，必须对传统文化与外来文化作出符合当前需要的解释，只有经过重新解释，异地的文化方能进入当下文化的结构之中，成为新文化有机体的一部分，形成文化在空间上的叠合。同样，也只有经过重新解释，传统文化方能进入当下文化的结构之中，成为新文化有机体的一部分，形成文化在时间上的叠合。文化的层叠和整合就是这样通过"选择"和"重新解释"达到的，这个过程就是文化变迁（新的文化生成）

---

① 克莱德·M·伍兹著：《文化变迁》，何瑞福译，河北人民出版社，1989年，第31页、第38页。

的方式。① 这一方式特点鲜明地体现在查玛文化的传说故事、人物角色、面具形象、舞蹈动作及功能意义中。

其一,"羌姆传说"的故事类型仍可以在蒙古贞地区觅得见踪迹。这一方面说明了查玛与羌姆都是藏传佛教文化的产物,所谓"万变不离其宗",因此不论"青牛转世说"在故事地点及情节程式上如何变更,与佛教文化紧密相关的"起源说"色彩是挥之不去的;另一方面,该种故事类型叙述的关键性母题都得以保留,也表明了文化在变迁过程中顽强的传承性,即无论文化融合经历过多么漫长的时期,接受主体想要完全吞噬、消化掉外来文化的企图和野心仍是很难实现。接受主体只有在一定程度上包容、接纳外来文化,对其作出一系列本土化的合理性解释,方能很好地实现文化整合。这就是为什么在蒙古贞地区会出现与"羌姆传说"类型毫不相关的"阎王托梦说"及"杀妖斩魔说"传说,而从故事发生的地点和情节来看,二者形成的原因都是出于对查玛仪式本身的阐释需要,这十分符合人类趋于将所有外来新奇事物都置于自身文化框架的本土化解释的思维及习惯。

其二,在蒙古贞查玛仪式中,我们发现,所有类型中的人物、鸟兽神祇等都与原来羌姆中的角色有所出入,这看起来似乎是一种无意识而为,但其实却是被精心筛选过的。查玛中得以保留的角色都是藏传佛教中较为重要的神灵,而且它们在羌姆仪式的表演中是无可取代的,如镇服妖魔的鹿神、牛神,审讯妖魔的却尔吉乐等。而对于那些新增设的或被赋予了崭新含义的神灵角色来说,则是一种有意识地融入,它反映了文化主体具有吸纳及同化外来文化特质的积极能动性。

其三,就查玛仪式表演的功能而言,在传入初期主要还是以

---

① 朱炳祥:《论"经济全球化"与"文化多元化"的并置》,见方铁、何星亮主编:《民族文化与全球化》,民族出版社,2005年,第308页。

宣扬佛法、驱魔除妖为主。然而，随着蒙古贞地区蒙古族生活方式的日趋改变，农耕文化不断地渗入以及汉民族信仰中杂糅性、功利性特点潜移默化的影响，查玛仪式的功能发生了一定意义上的转变。人类学家亚当森·霍贝尔在《人类学：人的研究》一书中举过一个"太阳舞"的案例，① 在这一个案中，我们看到"太阳舞"这一文化事象在不同的时空场景、不同的民族文化语境中，在被不断地解读阐释中或积极运用或遭受摒弃，性质意义上发生了根本变迁，文化主体的"选择性"与"重新解释"力在这一案例中得以生动体现。而对于查玛来说，在从藏区传入到蒙古社会的漫长岁月里，它的社会功能及意义也同样一直处于动态的变化之中。在藏区，查玛的原型——羌姆是一种纯粹宗教意义上的仪式行为，其功能目的都与宗教性紧密相关；而在蒙古社会，这一仪式活动不断地发展演变，逐渐成为一种融宗教、娱乐、经济多元功能于一体的富于农业文明色彩的文化活动。

实际上，文化主体在进行有意或无意的文化整合过程中表现出来的"选择性"和"重新解释"，是与其自身的文化生态性密不可分的。因此，尽管查玛本身属于一种寺庙舞蹈，从人物角色、服装面具、表演情节到舞蹈动作都应具有较强的传承性及封

---

① "太阳舞"是一种复杂的仪式，由阿拉帕荷族和齐恩尼族传播到西部平原地区的其他部落。太阳舞的基本核心在各地一样，但在从一个民族传播到另一个民族的过程中，其形式、功能和意义都得到不断的重新解释。在萨珊人和尤塔人中，太阳舞被抽去军事的色彩，因为这些民族基本上是爱好和平的，没有军事性组织，相反，他们把它当成一种斋戒和治病的仪式。对于高度穷兵黩武的科罗人来说，太阳舞是战争集会的序幕。而对于齐恩尼族，它成为一种世界复活的仪式。科芒奇人一度跳太阳舞，想使自己刀枪不入，但后来在战争中大败，就不再跳了，因为这种仪式不能为他们发挥作用，对他们没有意义。而目前，印第安各居留地跳太阳舞，目的则在于消除由于与非印第安人社会接触所引起的分化力量的影响，以增强民族的内聚力。引自 E. Adamson Hoebel, Anthropology: The Study of Man. New York: McGraw-Hill, 1972. 653-654.

闭性，然而在蒙古贞地区长期的历史发展过程里，其表演中却渗透着鲜明的多民族文化特征。这正如有些学者在分析内蒙古查玛时所指出的，由于去寺庙当喇嘛者绝大多数是本地的牧民或是农民子弟，他们对乡土的风俗习惯、娱乐形式都非常熟悉，于是他们就大力运用本民族喜闻乐见的形式为宗教服务。因此内蒙古民间舞蹈曾一度被喇嘛教的查玛所吸收与删改。[①] 这一阐释十分适用于蒙古贞查玛的发展情形，在当地藏传佛教寺庙中，当喇嘛者都是蒙古族，从小便浸染在蒙古族的文化艺术中，当他们进入寺庙学习及传承查玛时，必然会有意识或潜意识地带入一些蒙古族的文化元素，更何况学习及传承本身也是一种"再创作"过程，它与行动主体的习俗惯性紧密相关。同时，事物所置身的文化氛围与环境对其整个成长、发展过程来说也至关重要，于是查玛在农耕社会生活文化潜移默化的影响渗透中，又不免被日益地涂抹上汉民族的文化色彩。

于是，在从一种外来文化到本土化过程中的不断适应，在经历了从游牧社会到农耕社会的过渡转型，查玛在充分保留了藏传佛教文化主体蕴涵的基础上，不断地进行自我调适，在蒙古贞独特的地域文化土壤中落地生根，并成长得枝繁叶茂。

第三节　从衰落到失落：
　　　　"命运多劫"的查玛

作为藏传佛教的伴生之物，查玛的兴衰演变不可避免地要与其历史命运紧密相关。近代开始，藏传佛教在蒙古地区的繁荣景

[①]　仁·甘珠尔：《内蒙宗教舞蹈点滴介绍》，载《舞蹈》，1962年，第2期。

象日趋衰败,而重要的法事活动查玛自然在劫难逃。

一、接踵而至的历史性"重创"

藏传佛教在蒙古地区历史上的繁荣与凋落都与清朝政府的政策密不可分。清朝前期,清政府对藏传佛教予以大力扶持和尊崇;而至清晚期,自1840年鸦片战争和1851年太平天国革命运动发生后,清廷内外交困,国力衰弱,国库亏空,无力顾及佛教,藏传佛教逐渐丧失其政治支持和经济依赖。尤其在1919年五四运动影响下,蒙古民族中的一些进步人士开始逐渐觉醒,兴办新式学堂,上学读书的人开始增多。[①] 光绪二十六年(1900年),天主教堂在今东梁乡哈达户稍村创办第一所小学。光绪三十三年,蒙古贞地区土默特左翼旗旗扎萨克在"废科举,兴学堂"思潮的影响下,按理藩院规定,在王府创办一所维新学堂(小学),县内始建高等小学3处,开启了近代蒙古贞官办蒙古族教育的开端。[②] 清朝末期,旗扎萨克在蒙古族贵族和官宦的要求下,在王府"毕其根格尔"(文书房)办了书馆。蒙古人民日益认识到学习文化知识的重要性,在有的村落还出现了私塾。[③]

与此同时,藏传佛教在蒙古地区广泛传播所造成的一些消极影响也逐渐显露出来。如藏传佛教的教义是不娶妻,不繁育后代。于是,在藏传佛教所统治的近三个世纪时间里,蒙古贞地区人口的锐减现象达到了惊人的程度。而喇嘛又是专门从事宗教活

[①] 参见阜新市人民政府地方志办公室编:《阜新市志(第一卷)》,中国统计出版社,1993年,第334页。

[②] 参见阜新蒙古族自治县地方志编纂委员会编:《阜新蒙古族自治县志》,辽宁民族出版社,1998年,第3页、第17页。

[③] 参见暴风雨、项福生主编:《蒙古贞历史》,辽宁民族出版社,2008年,第127—128页。

动脱离生产的人,于是出现了这样一个情况,在人口近10万的蒙古贞地区,男性人口中2/5的喇嘛不参加生产劳动,1/5的人口是老人、小孩,只有剩下的2/5劳动力参与社会生产。而这仅有的劳动力一方面要承受统治阶级的剥削压迫,还要养活两万喇嘛和全社会的人,蒙古贞的社会生产力遭到了严重破坏。劳动力资源枯竭,无力扩大再生产,社会生产力处于崩溃的边缘。大部分地主破产,贫苦蒙古百姓过着苦难的生活,有的逃荒到北沙坨子。① 而这也在一定程度上阻碍了蒙古贞地区传统文化、艺术等方面的发展。由此,藏传佛教在蒙古贞地区的影响日趋淡薄。

到了新旧军阀混战的民国和日伪统治时期,内外反动统治阶级出于对蒙古族统治的需要,对藏传佛教采取了"限制、利用"政策,政治上绥抚、拉拢上层喇嘛,经济上对寺庙苛收捐税,削弱财力。下层喇嘛与贫苦蒙古人民一样,处于受压迫、受剥削的境地。到1935年,蒙古贞地区的喇嘛已由中华民国初年的15148人减少到4700人。而后,在1946—1947年的国民党统治时期,蒙古贞的佛教更是处于自流状态,寺庙经济每况愈下,喇嘛人数减少到约3000人。国民党的反动军队对寺庙肆意破坏,对喇嘛横加摧残,一些寺庙已荒无人烟,导致了佛教的衰落。② 1948年,阜新解放。广大中下层喇嘛得以翻身,400余喇嘛积极参军作战,千余名喇嘛还俗。喇嘛在土改中分得了土地,过着自食其力的生活。庙产归公,有的寺庙改办成学校、供销社、粮库,有些寺庙闲置,由于多年失修而被拆除。③

---

① 参见佟宝山、齐放:《藏传佛教在阜新》,见李品清、佟宝山主编:《阜新蒙古史研究》,辽宁民族出版社,1998年,第107—108页;阜新蒙古族自治县地方志编纂委员会编:《阜新蒙古族自治县志》,辽宁民族出版社,1998年,第795页。

② 参见辽宁省地方志编纂委员会办公室主编:《辽宁省志·少数民族志》,辽宁民族出版社,2000年,第227页。

③ 李兵:《阜新历史文化》,科学普及出版社,2003年,第161页。

1960年，在极"左"路线影响下，蒙古贞地区开展了"喇嘛教肃反运动"，由于运动的扩大化，部分民族宗教干部、信教群众也遭受牵连和迫害。1962年，阜蒙县对错划的"肃反"对象予以甄别、纠正，并召开喇嘛大会，落实党的宗教政策。至1963年，蒙古贞的喇嘛人数已锐减到591人。到了"文化大革命"时期，在"消灭宗教"的极"左"口号下，县境内喇嘛再次遭到迫害，许多喇嘛被打成"牛鬼蛇神"，蒙古贞的佛教再次受到冲击。残存的寺庙、经卷、佛教遭到毁灭性破坏，相关的宗教活动完全中断。[1]

二、痛楚的"民间记忆"

尽管，一系列的政治运动影响了当地社区生活的自在性。不过，这些影响没有彻底推翻传统。地方传统可以在某些强制性的改造中暂时在社会地平线上消失，但是，作为一种文化模式，其在当地的社会记忆中，历来都存在。[2] 对于民众来说，记忆所保存的与它遗忘的几乎一样多，记忆的制约作用和改进作用同样巨大。在文化处于政治高度控制的背景下，民间的历史叙事和记忆就会受到制约和压抑，民间的记忆与历史也会基本上处于暂时的尘封状态。而一旦这种文化的政治环境相对宽松，各种民间的社会组织和叙事声音则又会纷纷浮出历史的地表。[3] 由于这段历史的特殊性及敏感性，在老人们的记忆中，它显得格外深刻而沉重，这使得我的田野访谈历程疲惫而曲折。有的老人很乐意倾诉

---

[1] 参见辽宁省地方志编纂委员会办公室主编：《辽宁省志·宗教志》，辽宁民族出版社，2002年，第57—60页。

[2] 王铭铭：《村落视野中的文化与权力：闽台三村五论》，三联书店，1997年，第149—150页。

[3] 参见刘晓春：《民族—国家与民间记忆》，载《文艺争鸣》，2001年，第1期。

那段历史,似乎是一种积压已久的心绪情感的再次释放和宣泄。于是很多时候,我便成为承载苦水和怨恨的盘钵;而有的老人则自始至终都保持着神情及言语上的高度警醒,一种"一朝被蛇咬,十年怕井绳"的无奈与痛楚。于是很多时候,我又成为一个苦口婆心的循循善诱者。与此同时,由于访谈对象年龄及身份的特殊性,我还要不时地向那些不断进屋窥探、打断我们谈话的老人的孙男弟女们予以解释,屡次澄清我的来访目的,并信誓旦旦地表白我定无"不良用心"。

"大岗岗庙1947年被拆了,那时关山成立绵羊场,庙里的木头、条石兀地(地方方言,"等等"之义)就都拉那去了,房子(寺院)分给没房子的穷人了。庙台底下原来东西方各有一棵大松树,每棵松树底下都种花,后来东边做了厕所,那棵松树就干巴死了,现在只剩下西边那棵了。庙址现在盖成兽医站了。庙上以前有70多个喇嘛,(阜新)新中国成立后,年轻的有的回家种地了,有的扛枪上前线去了,老的有侄小子、外甥的就接回家了。"

"大岗岗庙当时在北京雍和宫都有名,匾是上头(北京)赐的:阜兴寺大岗岗庙。这个牌子后来被一个老喇嘛拿家去搁着,一直搁到文化革命,那是运动,老喇嘛因此被斗争了,'你因为啥把这玩艺儿还留着,喇嘛是牛鬼蛇神,你还留着有啥用?还想组织起来?盖庙啊?'这喇嘛给扣大帽子了,老喇嘛回家就把匾劈了烧火了,一个70多岁的老人没多长时间就连憋气带窝火地闹病死了。咱家那会儿也有一个老喇嘛,黑下都不敢脱衣裳、脱鞋睡觉,多前(什么时候)来也得跟着走,上办公室,黑天去也得劳动。"文化革命"时讲'喇嘛人是二蒋介石,剥削阶级,一辈子剥削人,吃人家,拿人家,不劳动'。新中国成立后,农会把查玛的

第二章 从繁荣走向失落的"查玛仪式"

服装、面具都分给个人家（穷人）了。现在八成（可能）有的人家还留着呢吧。"①

"以前，黑帝庙门前头东西各有一个大石狮子，二三十米的六个旗杆。"文化大革命"期间，庙和所有的东西都被毁了。1947年不跳了，1948年上头号召又跳一回。然后儿童团就来了，把佛爷推倒，经给烧了。后来藏帽子（查玛面具）的人也挨收拾了。伪满洲国的时候也跳，小日本也来看，看见小喇嘛，也'喇嘛爷，弥陀佛'的。那查玛的服装、面具都是从五台山拿过来的。以前我们黑帝庙这儿的乌鸦黑压压的，后来庙没了，乌鸦也没了"。②

"后朝阳庙新中国成立后就不跳（查玛）了，庙做农会了，正殿做它仓库了，六几年的时候全都被拆了，现在那庙址改成小学和村委会了。"③

"小喇嘛洞庙到民国后期、日伪的时候就不跳（查玛）了，那时候庙就渐渐衰败了，警察、汉奸经常来庙里边勒索，要这要那，吴活佛和大喇嘛们对他们进行说服，多次顶了回去，但庙里还是遭到了很大的损失和干扰。寺庙破落了，不少喇嘛就投奔他乡或还俗了，到新中国成立前也就剩三四十喇嘛了"。④

"王府广化寺1949年是最后一次跳，后来破除迷信，喇嘛就还俗了，佛爷像扒倒了，就不跳了。我现在就经常可惜它那服装和帽子，那现在要是还有的话，那可是个宝啊。对啦，现在海棠山的摩崖造像上还留着一些神佛、查玛舞帽子

---

① 根据齐树青口述整理。齐树青：1927年生人，长营子乡大岗岗村本村人。
② 根据丁朝文口述整理。丁朝文：1928年生人，7岁到富荣镇黑帝庙出家，17岁还俗。
③ 根据张瑞林口述整理。
④ 根据韩宝麟口述整理。

和头饰的像呢"。①

"瑞应寺查玛的服装在"文革"期间,自己人没烧。后来1967年,东梁镇中学的校长领着中学生去砸四旧,瑞应寺最后的一批佛呀、经呀彻底被毁,其中就包括查玛舞的服装、道具"。②

大凡提起本村历史上被毁掉的寺庙,老人们都会扼腕叹息,并为庙宇的辉煌过去而歔欷不已,"这庙当年在北京都出名……,世界都有名……;你上外边儿,人家问你哪儿的,你说别的地方,人家根本不知道,你要提××庙,那谁都知道……"质朴的话语间不乏流露出夸耀的味道,但却不难感受到老人们对所生之土地的厚重情感,那是一种源自于内心深处的血液中静静流淌着的赤诚。

随着藏传佛教在蒙古贞地区的衰落,喇嘛的地位也一落千丈,从以前的"权威者"沦为了"迷信者",生活境况十分窘迫。十一届三中全会以后,蒙古贞全面落实了党的宗教政策,做了一系列努力工作,1982年,喇嘛过上了正常的宗教生活。此后,当地政府又将占用的寺庙陆续返还给喇嘛,用以进行正常的宗教活动。藏传佛教在蒙古贞地区得以慢慢复苏。

---

① 根据齐成林、张齐祥口述整理。
② 根据戴瑞山口述整理。

第三章 复兴中的"查玛"艺术

第一节 复兴伊始:全国第一次民族民间舞蹈艺术普查

如果说查玛活动本身自始至终都是一种"仪式"与"艺术"的糅合体,那么中断以前的查玛则拥有更多宗教的、仪式的特征,而查玛在其恢复后,即自20世纪80年代全国第一次民族民间舞蹈艺术普查始,这一古老的宗教仪式被明确地定义为"民族民间艺术"。可以说,这一定义不仅从根本上改变了查玛活动的性质,也为其日后的恢复工作明晰了方向。

一、点燃"复兴之火"——《延安文艺座谈会上的讲话》

1942年5月,毛泽东同志在延安召开了文艺工作座谈会,并发表讲话。1943年10月19日,《解放日报》正式刊登了《延安文艺座谈会上的讲话》一文,这在文艺界引起了巨大反响,成为中国文艺史上一个重要的里程碑。延安的群众文化活动空前活跃,一场著名的"延安新秧歌运动"蓬蓬勃勃地开展起来。自此,全国各地纷纷掀起了民间舞蹈采风和学习的浪潮,从而揭开了中国舞蹈艺术史崭新的一页。

50年代始,在党和政府"抢救遗产,深入生活"的文艺政策指引下,一大批舞蹈工作者走进田野,进行采风,做了大量的搜集、整理工作。但由于当时缺乏组织规划,大都分散进行,而后再经过"十年动乱"一场风暴,当时搜集的资料大都丧失殆尽,民族民间舞蹈处于风雨飘摇之中。①

"四人帮"粉碎后,党中央开始了拨乱反正的工作,提高了人们对繁荣和发展民族文化的认识。1981年9月,文化部、国家民族事务委员会、中国舞蹈家协会向全国发出联合通知,决定成立《中国民族民间舞蹈集成》编辑部,动员和组织全国力量进行民族民间舞蹈艺术的普查、收集和整理编写工作。从此,这项工作就在统一的领导和组织下,有计划地开展起来,这在我国历史上是第一次。1983年1月,经全国艺术科学规划领导小组审定,《中国民族民间舞蹈集成》被列入"六五"跨"七五"计划期间国家重点科研项目。这次编写的原则是:准确、科学、全面,主要对民族民间舞蹈的动作、音乐、场记、服饰、道具、历史演变、有关传说和文史记载、艺人情况等方面进行搜集、整理。②

无疑,上述每一次国家文艺政策的出台都牵动着蒙古贞查玛复兴的神经。

1956年,正值国家民族民间舞蹈勃兴之际,蒙古贞政府文化部门挖掘、整理出"查玛"的部分场次,指派佛寺查玛代表队,参加辽宁省群众业余艺术观摩演出大会,演出了大查玛中的"却尔吉乐"和"鹿神、牛神"两场,受到原文化部副部长刘芝明同志和歌唱家郭兰英同志的接见,并与全体演职员合影留念,

---

①② 参见中国民族民间舞蹈集成编辑部编:《中国民族民间舞蹈集成(辽宁卷)》,中国ISBN中心出版,1998年,第13页。

给予了很高评价。1959年，辽宁省歌舞团李瑞林等六名同志，到佛寺乡拜查玛艺人高尼根尔扎布为师，学习了"却尔吉乐"和"鹿神、牛神"两场。与此同时，蒙古贞民族歌舞团的部分舞蹈演员也学习了大查玛中的部分场节。① 此后一度搁置。70年代末，在党中央文艺政策的号召下，蒙古贞农村社队本着"业余、自愿、小型、多样、节约"的十字方针，开展了民歌演唱、曲艺、歌舞、阅览蒙文图书、报刊等多样化的民间文化活动。佛寺、沙拉、大板、大巴、王府等蒙古族较多的公社和一处朝鲜族生产队，先后建立了文化站、民族文艺演出队，40多个大队建立了民族文化室。蒙古贞民族歌舞团根据查玛故事情节编排了新编舞剧《神箭除魔》。1981年1月和1982年9月，县里举办了两次大型少数民族业余文艺调演，佛寺乡业余剧团自己整理出查玛的部分场次参与演出，并获得优秀奖。② 1983年，由市艺术馆和县文化馆联合，将大查玛的十一场节全部动作学会，并记了场记和蒙、汉两种文字的资料本。③ 不过总体而言，这一时期的查玛恢复工作还是一直处于缺乏组织的断续性的萎靡状态之中。直到20世纪80年代全国民族民间舞蹈集成工作的展开，"查玛"作为蒙古贞地区民族民间艺术遗产之一，才受到了极大的重视，并被列入省级重点项目。

　　1984年始，由市艺术馆及县相关群众文化部门一起承担了挖掘、整理查玛的艰巨任务。自此，蒙古贞查玛的恢复工作终于得以有组织、有计划地开展起来。

　　市艺术馆原馆长王力清回忆说：当时恢复查玛舞主要还是从

---

① 参见李青松：《蒙郭勒津寺庙查玛》，中国人民政治协商会议 辽宁省阜新蒙古族自治县委员会 文史资料研究委员会编，1995年，第91页。

② 参见参见暴风雨、项福生主编：《蒙古贞历史》，辽宁民族出版社，2008年，第301—310页。

③ 根据李青松口述整理。

挖掘、整理民族民间文化遗产的角度，虽然它是庙上的活动，但文化馆、艺术馆及艺术工作者们也有把它抢救、保留下来，延续下去的义务和责任。同时这也是一个任务，上面从省里、国家有这个要求，不能失传。查玛舞作为寺庙上的一种东西，新中国成立后基本上就中断了，建国初期偶尔还有一点儿，但是从大跃进、人民公社以后，它就基本上消失了，文化大革命期间就彻底消失了。80年代的时候，文化活动比较少，广播、电视、演出都比较少，都被文革禁锢了。蒙古贞民间文化遗产很多，查玛舞是一种，咱们还搞安代舞，当时还想搞蒙古族的婚礼舞，其中查玛是比较久远的。所以我们当时的那个过程就是挖掘整理，保留一些过去的东西，提取它的精华，为现代服务。我们当时也是出于这种思想、这种目的开展这项工作。

然而，蒙古贞查玛的第一次大规模恢复工作，在一开始就面临着诸多困难，寻找查玛老艺人、组织查玛队伍、查玛道具的制作及其音乐的搜集等都十分成问题。

二、重拾"濒危"的查玛舞步

（一）寻找老艺人

自查玛传入蒙古贞地区以来的300多年间，其舞技以师傅带徒弟的方式，一代代地传下来。这期间出现了很多舞技高超的人才，如佛寺镇的高尼根尔扎布、黑帝庙的海虎、岗岗庙的根敦扎布等人。[①] 但到了20世纪80年代，"当时的（查玛）老艺人其实已经没有多少个了，只是看过的人很多，知道查玛的人也很

---

① 参见暴风雨、项福生主编：《蒙古贞历史》，辽宁民族出版社，2008年，第122页。

多，但真正能跳的，特别特别的少，有的是只能跳一场，有的是只能跳几个动作。因为跳查玛呢，在寺庙里面的说法挺多的，你要是没有一定的功力，没有一定的威望，它不允许你跳，这就限制了你的一个年龄。最后，我们确定了原来瑞应寺的老喇嘛高尼根尔扎布，当时高老师也七十来岁了，但在他们那个跳查玛舞的年龄段的人里来说，相对比较小，所以他才能记住。别人，都失传这么多年了，有的都记不住了，有的会跳但动弹不了了，所以就促成了当时那样一种情况。那个时候，唯独高老师能把查玛舞从头到尾都完整地记下来，在东北地区，也就是他了"。①"当时，高喇嘛已经被聘请到北京雍和宫了，因为当时雍和宫的主持高全寿，老家是咱们这儿红帽子人，对佛寺的情况很了解，知道高喇嘛会跳查玛，就把他请去，给小喇嘛们教授查玛舞。我们知道这个信儿后，又把高喇嘛从北京请回来"。②

高尼根尔扎布是阜蒙县佛寺乡巴族营子村人，1920年生人，蒙族，幼年家境贫寒，为生活所迫，八岁到瑞应寺当喇嘛，在丁科扎仓学习天文历法，并开始学跳查玛。"那时候他学的是小角色，就是里面蝴蝶神那场，那全是8岁的小孩。一直都跳'小孩'，后来他总看着别人跳，记忆力也挺好的，就把整套的动作都学会了。以后哪个（角色）缺了，他就补哪个。最后他就跳技巧、难度较大的鹿、牛那场了"。③ 1957年，在辽西民族民间艺术调演中，高喇嘛表演的查玛选场《鹿牛除害》曾获得优秀演出奖。

---

① 根据阜新市群众艺术馆马连清老师口述整理。
② 根据李青松口述整理。李青松，阜蒙县文化局副局长，20世纪80年代民舞集成时，在蒙古贞查玛艺术的恢复工作中担任文字记录。
③ 根据阜新市群众艺术馆马连清老师口述整理。

（二）印象中的高喇嘛

"高喇嘛性格急躁，为人直爽，外号'洋铁锅'，就是热得快、冷得也快。那时候成立一个'三老会议'，由老党员、老干部、老贫下中农组成的，高喇嘛是其中的成员"。[①]

"高老师曾经在"文化大革命"时期受过很大的迫害，但他很少提，只说过曾经两次想自杀。就我们那次把他请来，他从来不说跳查玛舞，更不说是'跳鬼'，似乎还有那种担心。高老师是喇嘛出身，所以对这些东西就特别特别谨慎。除了跳舞这点儿东西，别的很少说。我跟他接触多了，（如果）没有任何官方的人在场，他会说他会看星星。他讲他第一次上北京好像是五几年，那时北京有个什么活动，让他专门去跳鹿、牛那场。

"高喇嘛1984年被聘到雍和宫，在那里生活了5年，任"格斯贵"（掌堂师），并教授查玛舞。我当时也在北京学习，就去雍和宫看望高老师，高老师当时不太爱教，因为小喇嘛们太笨，也不爱学，那时候寺庙似乎受社会上的风气影响很大，喇嘛的流动性也很大，（年轻喇嘛）一般进去后，等几年看不能解决北京户口，就走了。所以，高老师很看不惯宫里的有些小喇嘛。而且高老师故土观念特别强，住的也不习惯，后来雍和宫把他户口都解决了，还给了房子，但他还是坚持回来了。回到佛寺以后，跟一个侄儿一起生活。高老师在佛寺特别受尊重，从佛寺走，从北京回来，全村的男女老少几乎都去他家，让他摸头。"

"他自己就在农村，在佛寺庙的外边有一个小房，他一

---

① 根据戴瑞山口述整理。

辈子没结婚，虽然名义上跟他侄儿一起生活，但其实还是自己过，他的生活全部能独立，也能在地里干活挣工分。高老师急性子，而且这不是离家嘛，他故土观念特别强，就没见过像他那么强的人。把他请到这来教查玛舞，10天他就急着回家，满嘴起泡，就是想家。当时文化局专门把他安排在招待所里，全吃的小灶，生活应该挺好的，但他就是想回家，回家自己煮高粱米吃去。"

"高老师那时已经70多岁了，但跳得特别棒，身体特别好，个子小，跳那鹿，剽悍潇洒"。①

"1981年县里第一次少数民族业余文艺调演大会上，佛寺乡组织的业余剧团就在舞台上演出过鹿、牛专场。高喇嘛跳的时候，我看到了，哎呀，那么大岁数了，精神抖擞，做起动作来步履轻盈，身手不凡，就这么大点儿地方，那跳得咔咔的，都带风，刚劲有力"。②

"高喇嘛就在石鼓上跳，他说了，小时候练得特别苦，不能下去，下去就挨揍。就鹿、牛那场，比的是耐力，最多跳两个多小时。牛不有犄角嘛，都能把地上的砖给挑上来"。③

查玛教授者确定以后，由艺术馆党支部书记郑潞和舞蹈干部马连清向高喇嘛拜师学艺。而后，郑潞、马连清又把查玛动作教授给由艺术馆组织的查玛队，这支队伍由市、县舞蹈骨干、专业舞蹈干部及社会青年几十人构成，其中，社会青年全部是从王府、佛寺村挑选的18、19岁的男孩。为了保持民族性，查玛队伍的成员都为蒙族。"当时馆里为这项

---

① 根据马连清口述整理。
② 根据马爱国口述整理。
③ 根据白音亮口述整理。

恢复工作做了很多努力,具体组织、调人、抽人,再集中起来,量很大,农村的、哪的都有,吃饭、住宿,还给补助"。①

三、查玛道具的重新制作

查玛恢复工作面临的另一个艰巨困难是道具的制作。由于查玛的服装、面具、法器在几次历史"劫难"中遭到全部销毁,"这些头像面具、道具买不到,借不到,又没有图样,一般人连什么样儿都没见过,困难很大"。② 一筹莫展之际,市文化馆原科长只好到沈阳、大连等地收集相关素材,十分幸运的是,大连旅顺博物馆陈列有日伪时期在东北收藏的查玛头面,辽宁省博物馆也存有伪满时期日本特务组织"南满铁路株式会社"在东北拍的一些查玛法会照片。这样,查玛道具就具备了重新设计的图样。

接下来的设计工作由蒙古贞地区集美术绘画与雕刻艺术于一身的蒙古族干部白玉承担。"照片拿来后,我就跟高喇嘛一起研究。高喇嘛从小在佛寺跳过查玛,所以场次由他敲定。场次有了,人物形象都有了,就开始设计。我主要根据照片及高喇嘛的讲述,又到处查了不少资料,寻找一些有效线索,还跑去征求了不少当年跳过查玛的老人的意见,一遍又一遍地画出试样,最后终于设计出了我自己和大家伙儿都比较满意的十一场人物的头像图样。然后设计服装,最后是设计法器。草图画完,就开始制作。我们分成三组,分别负责制作面具、服装、道具。服装、道具的制作相对容易些,

---

① 根据白音亮口述整理。
② 根据白玉口述整理。

有了图样，工作人员们照着做就行。面具的制作程序是最复杂的，西藏跳的（羌姆）面具只是脸，平面的，咱们的是立体的，帽子式的，里面有带子，跳的时候系上不晃。我先用泥巴雕刻出各种人物面具的模子，然后工作人员从造纸厂拿来纸浆拍上，一层一层，大概半公分厚，然后刷胶，烘干，然后用刀刺，刺完，泥的原座就不要了，对回去，再粘上，然后开始画，涂颜色，再安上一些头饰，就这样，经过制作纸浆、成型、上色等几个步骤，四十多个面具头像基本上就做出来了。现在我跟你这么说好像没那么费事似的，当年实际操作的时候，可是费了不少人力、物力和时间呐，那工程浩大啊"。①

此外，同一时间县文化馆还展开了对查玛音乐的搜集工作。数名文艺工作者重点对佛寺、王府、二郎庙、大巴后朝阳、于寺、他本巴斯营子等寺庙进行了调查，走访了当年跳过查玛的老喇嘛，最终搜集、整理出整套大查玛舞音乐一部。

就这样，制作道具，培训舞蹈演员，筹措经费，反复排练，经过近三年的努力，蒙古贞查玛的恢复工作终于基本完成。最后，经阜新市文化局和北票市文化局协商，决定借用北票惠宁寺作为查玛表演场地，并由省文化厅、省音乐舞蹈集成办公室派出录像队担任摄制工作，于1986年11月2日完成了查玛艺术的全部录像工作，并纳入到国家《民间舞蹈集成》。

四、复兴——以"艺术"之名

历史是一条奔腾不息的河，在它时而舒缓、时而湍急的流动

---

① 根据白玉口述整理。

节奏中,一些东西被悄然地涤荡掉、席卷走,了无痕迹;另一些东西则选择了淤积和沉淀,成为弥足珍贵的传统见证之物。实际上,"任何叫做传统的东西都不是一个整体,它的每一个成分都要经过接受、修改或抵制这样一个过程。对传统的反应带有选择性"。① 自20世纪40年代查玛活动在各个寺庙中断到80年代的大规模恢复,时隔40余年之久,历史的沧海桑田不可避免要在复兴后的查玛文化上打烙下深刻印记。

首先,在保留了传统查玛表演中的主要角色、道具及寻鬼、捉鬼、砍鬼三段式程序的同时,此次查玛恢复工作具有鲜明的选择倾向性。在蒙古贞历史上的三种类型查玛中,唯有"却尔吉勒"查玛脱颖而出,成为被挖掘、整理、抢救的对象,而以诵丁科王经为主的"丁科尔"查玛与讲述佛教故事的"米拉"查玛两种类型则被搁置一旁。我们说,这种选择行为绝非历史的偶然,尽管其中确实存在着寺庙的典型性、教授者本人局限性等方面的因素,但祛除迷信思想、弱化宗教色彩应该是导致该选择的主要原因。也因此,传统查玛仪式中"砍鬼"情节在恢复的表演中被动作化、虚拟化,而不再专门制作一个形象丑陋而凶煞的面鬼实体。因为80年代的中国,无神论思想正深入人心,如果说存在着"妖魔鬼怪",那也是心中"魔"与"怪",全然被隐喻化,而绝非那样一个可见可触的实体。其次,本人在田野访谈中还了解到,此次查玛恢复中,民众喜闻乐见的"多子神"角色被有意识地剔除,尽管"多子多福"的传统观念早已在中国人思想中根深蒂固,然而与国家70年代以来提倡的"计划生育政策"相违背直接导致了该角色的缺场。总体来讲,在20世纪80年代的查玛恢复工作中,宗教性被极力地回避和隐匿,成为

---

① E. 希尔斯著:《论传统》,傅铿、吕乐译,上海人民出版社,1991年,第60页。

主要消失的元素,从查玛的角色到服装、面具、法器等一切与宗教相关联之人与物完完全全地被符号化、艺术化,宗教象征意义被架空。同时在表演内容方面,恢复后的查玛演出已经被抽离掉了大部分宗教内涵,而全然地"故事化"。

此外,此次查玛恢复工作中也有创新元素的融入,如"仪式歌"的出现。

跳"查玛"

鼓和钹正在敲, 　　七凶煞出来了,
查玛舞开始跳。 　　跳得勇猛更叫好。
白蝴蝶出来了, 　　菩萨神出来了,
翩翩起舞跳得高, 　动作稳,缓缓跳。
鹿和牛出场了, 　　却吉勒出场了,
手脚耍的都说好。 　威风劲,很活跃。
阿修罗出来了, 　　二十一对出来了,
绕着圈儿可劲跷。 　满场跳,转圈绕。[①]

这首"仪式歌"是以民间的视角,结合查玛的表演场次及动作特点而创作,创作背景即是国家民族民间舞蹈集成工作展开之际,是此次蒙古贞查玛恢复工作的产品之一。

这是一场以"艺术"之名的复兴,更重要的是,它引领着查玛日后恢复工作的发展方向。

---

① 说唱者:召文吉土,男,蒙古族,六十三岁。采录者:通乐歌。采录时间:1987年7月。

第二节 恢复工作在"分道扬镳"中步履维艰

在蒙古贞查玛第一次大规模恢复工作结束后，接踵而至的却是人们的惊奇与疑惑，这项耗时近三年的挖掘、整理及抢救工作似乎并没能赋予查玛以顽强的生命力，20世纪80年代后，查玛的生存状况依然是"昔日难再现"。那些付出的辛苦与努力似乎只是让查玛从一张支离破碎的历史"拼图"成为一个被重新拾捡、拼凑后精心制作的"文本"。不过，这一精心的"制作"过程毕竟还是激发了散落于民间埋藏已久的记忆，也激起了众多文艺工作者的浓厚兴趣，更获得了政府文化部门的关注与重视。查玛由此开始进入新一轮的复兴进程中，而这其间的断续性及艰辛是人们始料未及的。

在查玛第一次恢复工作中，市里的角色是组织、协调者，负责拨款、调配人员、安排食宿等，而具体的工作实施过程，如查玛的教授、查玛队伍的组建、服装及面具等道具的制作，都是由县里面出的人力。因此，第一次恢复工作的成果是市、县双方共同合作的一个结晶。然而，民舞集成工作结束后，二者之间却出现了不可调和的分歧。原因在于，双方都很想拥有这套重新制作的查玛道具的所有权。争执之下，市里面提出条件，要求县里负责查玛道具的成本费用，由于已经在过去的恢复工作中投入了大量的人力与物力，故县里面十分委屈和恼火，加之当时财政比较困难，这件事情就只好不了了之。但从此以后，双方的查玛恢复工作开始分道扬镳。

恢复后的查玛活动曾一度陷入一种"身份模糊"的尴尬境

地。作为一种传统寺庙仪式,查玛本身具有独特的神圣与庄严,它在根源上应从属于宗教文化,然而在当时来看,各个破落衰败的寺庙自身都已无力重建,宗教活动的恢复与承继更无从谈起。既然如此,查玛要想生存下来就必须依靠政府文化部门的力量,就必须走进民间,转换角色,以"民间艺术"的身份扎下根来。于是,如何让这一古老文化活动重新焕发生命的活力,如何使这一宗教艺术在民间获取新的生存土壤,又如何将这一传统文化打造为蒙古贞地区的民族文化品牌,就成为查玛日后恢复工作的重点。于是,在一个不断地被创作过程中,查玛由一种传统宗教仪式日益地蜕变为一种社会展演。赫兹菲尔德说:社会展演需要众人的参与,这些参与者彼此的意见虽然常有分歧,但都是这一过程的主体。①

一、市里恢复工作——创新不断

经相关政府文化部门研究商讨,市里决定要把查玛活动发展为一种群众性广场舞蹈,并将其作为一项地域文化特色而推出,具体工作交与市群众艺术馆负责。

表面上看来,市里的查玛再恢复工作已具备一切成熟条件,如刚刚制作完成的录像以及一整套尚有余温的服装道具,而实际上,该项工作的展开仍面临着一个较难解决的困难,即队伍的组建问题。原阜新市艺术馆暴馆长回忆说:"为此,我做了很多努力,就是想在阜新市组建一个查玛舞队伍。我们先是找到庙上,住持说这个不是随随便便跳的玩意,它是有日子规定的,而且那时候庙里的喇嘛人数也有限。所以,咱们是一脚门里一脚门外,

---

① 参见麦克尔·赫兹菲尔德著:《什么是人类常识——社会和文化领域中的人类学理论实践》,刘珩、石毅、李昌银译,华夏出版社,2005年,第64—65页。

也只能从艺术的角度去看它。后来，我又找到辽宁省蒙古族师范学校。为什么想到学校呢？因为学生走一茬又一茬，能保证队伍的存在。我就跟他们校长谈，想让他们抽40名学生，然后把全套查玛舞教给他们，把这个东西保留下来，以后如果市里、省里搞大型活动，一打招呼这支队伍不就来了吗，结果当时的校长很不认可，说我们是高等学府，这个查玛舞是封建迷信的东西。无奈之下，我们又想到佛寺，因为它是蒙古贞地区蒙古族人口最多的一个乡。这样找一个村子，就可以把查玛保存下来。当时是我跟村书记亲自谈的，把合同都签好了，我们阜新市群众艺术馆负责提供服装、道具、老师，你们负责出人。结果后来还是没弄成，原因是年轻人都来市里打工了，你想每家也就有十亩、二十亩地，三五天就种完了，不像我们过去种地，三铲三趟，田间那些劳作很多。现在种地很简单，种完了，剩下时间干啥去？上市里打工去，做力工还一天四五十呢，谁老实在家里呆着啊。这样就没组织起来，最严重的问题就是队伍。"

于是，在这样一种"没有一支固定队伍"的情形下，市里的恢复工作蹒跚起步，具体的编排创作交由艺术馆舞蹈干部马连清负责。从此，马连清就成为市里查玛恢复工作的主要负责人，并由此开始了她艰辛而饱受争议的创作之路。

与马老师的约见一波三折，但当年逾五旬却浑身透着青春活力劲儿、颇善言谈的她坐在我的面前，将其多年来的创作心路娓娓道来时，我暗自庆幸自己当初的坚持与执著。于是，在多次的访谈中，查玛昔日的恢复历程也渐而明晰起来。

首先，马老师讲述了她个人的学习和工作经历，可以说这对她日后的创作有着深远的影响及意义。"我是1970年参加的工作，当时市里有一个'样板戏学习班'，其中有一个歌舞队，我是按照歌舞标准招来的歌舞演员。大概在71到73年，我到辽宁芭蕾舞团（现辽宁歌舞团）二连学习，它的前身是搞民族舞，后来又分出一个芭蕾舞团。我当时学的是芭蕾，里面有一个学员班，学员天天练功，那时候没有舞校，全是按照芭蕾的训练。后来随着知青大批返城，芭蕾就开始少了，民族舞就多了。

"从辽宁芭蕾舞团回到阜新后，市里要成立歌舞团，我就进去了。但在那个时候，文艺工作的随意性很大，很大程度上凭领导的爱好，领导爱好什么，就成立什么团。我回来后不久，领导可能是改变主意了，调走了，那时军宪队说的算，军宪队不介入到地方了，这个团就解散了。没办法就把我们分到评剧团，我又唱了五年评剧，后来我又从评剧团到艺术馆，艺术馆每年都有培训，那是我第一次接触民间舞，教我们的是辽宁舞校的一个老师占贵荣，那时候占老师很有名气，给我们的感觉可神秘了。当时我满身芭蕾的范儿，就知道在辽歌学的那点儿东西，就是井里的蛤蟆，就知道那（芭蕾）叫舞蹈，别的都不知道。记得当时占老师上课教踏步，那是我第一次跟她学舞蹈，我当时还纳闷，这么权威的人，咋后腿还不伸直呢，芭蕾不全是这样直的吗，那时就不知道除了芭蕾舞还有别的（舞蹈）风格。"文化大革命"时就看《白毛女》、《红色娘子军》，当时就觉得这就是舞蹈，最神圣的舞蹈，不知道还有民间舞。那时候不像现在的学生，刚开始就给你上理论课，讲舞蹈分几大类。像我那个年代，除了芭蕾就是芭蕾，以后才逐渐接触其他舞蹈。"

"后来，北京舞蹈学院成立一个进修班，我又去那里上了两年。那时候在北舞学的全是民间舞，它那是100例民间舞，从中专一直到大专的课程全都是民间舞，从那时起，我开始从芭蕾真正转向民间舞。我最开始学的是秧歌，基本上就是50年代时的教材，变化特别少。现在感觉舞蹈风格动作大了，民间舞受现代舞风格影响很大，现代舞就要张、要扬。而且原先是这个民族就是这个民族的东西，现在是一个民族里的好多东西都在用"。

同时，我在访谈中还了解到了马老师是怎样与查玛结缘的。

"其实我搞查玛舞创作也特别偶然,那时候就想一心一意去民族学院上学去,在我们那个年代没有文凭,刚刚注重文凭,到哪儿学习特别的费劲,但是单位就是不放我,后来领导可算同意了。但正好赶上民舞集成,领导就说我什么时候学会什么时候再走。当时其实是我们书记先学的,他可能对这个东西比我理解得深,他自己去搞的这个查玛舞,他跟高老师学了半个月,但就是记不住,查玛舞跟别的(舞蹈)不一样,它不是按照8拍来计算这一个动作,可能这个动作是13拍,下个动作就是15拍,再下个是17拍。我们书记15天就学了3场,还有7场在那等着呢,他就学不会,后来实在没办法,他把我叫去了,我从那时候才开始学的查玛舞。我一共学了7天,一天一场,其实它那个动作比较简单,大多数动作都是反反复复。学完后,我把这全套动作教给查玛队,就去民院上学去了。

"1987年,我从民族学院毕业回来,因为刚毕业,特别急于想搞出点儿成绩来,那种心情就是抓住一个东西就想把它做好,当时恰好领导就把查玛的创作任务交给了我"。

最后,马老师十分动情地向我讲述了她这么多年来"饱受争议"的创作之路:

"因为之前民舞集成时,我不是查玛舞的教授者嘛,而且舞蹈脚本也是我写的。接到任务后,我就先跟咱们省舞蹈家协会副主席一块儿商量,大方向怎么改,她给了我一些建议。我之前跟高喇嘛学习过,接触了瑞应寺的查玛舞。但阜新地区历史上大大小小的寺庙有三百多座,其中很多寺庙都跳查玛,各个庙里跳的种类、风格是不一样的。我们就下去搞调研,了解一些其他的查玛(种类)。我们在各个村子里头走,找70多岁的老人,一般女的知道的很少,就找老头。他们就回忆:'我小的时候七八岁或者10来岁的时候看过查玛舞,然后我看他(喇嘛)是怎么跳的。'然后,他们就每人跳一两个动作,我就跟着学,收集了一些动作。刚开始我只是把它当作一个任务来完成，就真没把这个东西当成一个研究的东西，好多东西都给扔掉了。之后搞创作的时候，我才想起来，那个小查玛教给我这样一个动作。我需要这动作我就想起来了，那时有个什么动作，给我印象特别深。那时候根本没有笔记，全凭记忆，那是将近30年前，我年轻，脑子特别好使，所有东西看一遍基本就能记下来。

"后来根据这些，我就进行创作，但主要还是根据瑞应寺的查玛。动作元素呢，因为我不是搞研究的，我是搞创作的，所以这里面的角度就很不一样。而且一开始对于（查玛）历史的东西我研究得不太多，创作呢，我只是根据自己当时掌握的一些东西。不过那时，我还是查了很多资料，查玛最初是从印度传入西藏的，它也不是中国本土生长出来的东西，印度的舞蹈一招一式就非常典型。西藏的舞蹈呢，我以前中央民族学院的老师给我们讲述，藏舞的风格都是'在运动中形成姿态'，一直是以这样的观点来教授，我也接受这样的观点。但就我自己对查玛舞的观察，查玛到了西藏这么多年，它很少在运动中形成姿态，这样的风格还不是特别明显。所以我感觉，查玛舞到了西藏以后，它不是一下子就把当地的东西全部糅进去，它保留了很多自己原来的风格。但（查玛）舞蹈是一个言传身教的东西，它没有影像资料，不像是有一个模式，它总是这样一个模式，所以不同的人跳，就有不同的变化，大的没有，但多多少少还是有变化。比如它传过来，到我这，我还有我自己的习惯动作、习惯规律，我还有自己的力度。所以尽管在学的时候一模一样，但在发挥的时候，肯定有他自己的东西糅在里面，力度不一样，节奏不一样，都形成了这个动作的风格，它都有所变化。所以我觉得查玛传到这以后，经过历代的表演和传承，它里头还是揉进了很多藏族的民族元素，比如藏族顺拐的起范儿？连接动作都是顺手顺脚的方式，还有哈腰幅度特别大，这跟蒙族、汉族的动作都不一样，你看汉族所有的动作都是腰腰挺挺的,要蹲也是膝盖蹲一下子,他的腰很少大幅度地下来。"

"从服饰上,查玛到了阜新地区三百多年了,它融入了这个地区,被这个地区所接受,它肯定跟阜新这个蒙古族地区有融合的东西。我个人觉得它里头也多少加入了一些满族的元素、萨满教的东西。我考察了服饰里头有一个,蒙古族的摔跤手腰间都围着那个小裙,其实萨满教里头以前就有,就是各种各样的小裙。从现代看,蒙古族舞虽然有这个一小条一小条,但它没有小铃铛,萨满教里面,腰间有这个小铃铛,一甩一甩的,它要的是那种金属撞击发出的声音,有伴奏的作用。这在查玛舞里头也有,我觉得这是这么多年糅合的结果。萨满教从这个地区撤了以后,肯定有些东西还留在里头。另外,查玛里头也有动肩、马步等蒙族舞的动作,蒙古舞现在形成的风格其实都是贾作光,他把蒙古族人一些日常生活中的,比如骑马、摔跤、射箭、挤奶等动作,提炼为舞蹈语汇,奠定了蒙古族舞风格的基础。另外,满族的东西可以从秧歌里体现出来,还可以从民间的敲鼓里头体现,我又把这些东西往里头揉了一些。还有就是跳小查玛,小查玛舞的动作特别灵活,跳跃性非常强,它也是一招一式,但就没有这么明显了,里头有好多连续动作。"

"我就根据这几点,把藏族、蒙古族以及满族的文化元素融合到一起,放在了我的创作之中。不过我对查玛舞的创作,主要还是把它作为一种舞台上的东西来改编,而且我的创作也经历了一个很大的变动过程。"

据马老师讲,她的具体创作共有四稿。

(一)第一次创作:参加第一届"沈阳文化艺术节"

"1987 年,第一届'沈阳文化艺术节'在沈阳北陵公园演出。这是我第一次把查玛这个东西搬上舞台,当时没有特别明显的（创新）。因为任何一种创作都受当时一种社会环境的影响，87年那个时候，人的思想和现在还不一样，"极左"的观念挺强挺强的，舞台上都要求工农兵形象。而且那时候人的出身也很重要，我不害怕在哪呢，我家出身是贫下中农，我要是历史上有什么问题，根本不敢接触这些东西。那（查玛）是'牛鬼蛇神'的东西，所以我当时就极力避讳把'牛鬼蛇神'搬到舞台上，特别避讳那种感觉，所以就只想借用查玛的服装、道具和几个典型的动作。因为查玛舞一共有十一场，像舞剧似的，表演起来要四个小时左右，但它里头的动作其实并不太多，只不过是反复反复，我们就把那反复的动作全都去掉，只要了几个典型的动作。主要思想就是：不要把'牛鬼蛇神'搬上舞台，千方百计地去掉这种概念。比如有的面具中，那个恶的劲儿，给它柔和了。龇牙那样的，我们都给变成大方嘴了，哈哈大笑的，反正给人的感觉不是那么狰狞了。人们看完后，反响还是不错。这么多年了，总觉得它挺神秘的，因为那个时候都觉得它是一个古老的东西。一搬到舞台上，给人的感觉挺新鲜，动作也挺新颖的，没见过这样的动作，你说它是什么呢，不是藏族舞，也不是蒙族舞，似乎什么都不是。但那个时候，我自己的东西加进里面的很少，基本上是原来的动作，就是在原来的动作风格上，把那个狠劲儿给去掉了，没要那个吃人、吓人的那个感觉，那种力量给去掉了。但张扬的还是一种力量，是一种伸张正义的感觉。比如同样是'抓'的动作，我们变换一下，幽默一点儿。一样的动作，但从表情上，从力度上不太一样了。"

"因为当时在我们那个年龄（三十几岁），没有人见过（查玛舞），但五十多岁、六十多岁的人，他们看过，他们都知道，每个人物，是个什么样的人物，有什么样的故事。第一次出去的时候，我们其实也没想到它能有什么（反响、影响或者受欢迎）。因为我是搞创作的，我就感觉，当时有那么多需要学习的，需要展示的东西太多了,尤其是改革开放之后,外来的东西(太多了),比如迪斯科,刚开始人们谁都不认识,新奇的东西太多了。所以这个东西(查玛)对我当时来说,并没有什么特别大的兴趣,尤其是那种观念(避开牛鬼蛇神)的影响,比较受限制。所以,我当时的想法只不过是把它当成一个任务去完成,把它展示出来。等到我们演出的时候,我就在底下看,观察观众有什么反响,结果听到了好多的声音,就听见有些人在议论,以前小时候怎么怎么看过,说什么角色是跳得最好的,是哪个人跳的,当时我都觉得挺奇怪的,这些老人的记忆可深刻了,而且给我的感觉就是,他们的记忆就像咱们对《西游记》的感觉一样,对《西游记》那种感情是一样的。就每一个人物,他是怎么来的,他有什么说道,他们都一样一样能记得。但他们看着这个形象,还是以一种神的感觉来看。后来,我就跟那些五六十岁的老头、老太太私下里聊天,他们就给我讲各种各样的故事,因为查玛里的各个角色都有很多故事,而且民间都很崇拜,比如鹿神能保佑你做官,谁做了坏事,牛神能为他宣判,人们认为这些神能伸张正义。其实他们说的我以前也听过,但就没引起我的重视。当时我就想把这个东西搬上舞台,根本没想那么多。"

"现在回过头来,我自己看我当时的那个创作,都是很可笑的。比如因为那时候流行双人舞,我就把那双人舞俩人拉一圈的动作加(查玛)里头了。受那种流行观念的影响,又极力想避开'牛鬼蛇神',所以(当时一些流行的元素)全都给揉进去了。除了戴着面具以外,跳的跟现代人的舞蹈也差不多。如果去掉面具看,也就是当时流行的舞蹈。而且查玛舞的音乐全是锣鼓点、打击乐,比较单调,一开始我把打击乐全都去掉,加上现代音乐,结果特别特别不好,气氛、效果都没了,风格都变了。我就只好在保留打击乐的基础上,又加进去一些民乐、蒙族的民歌啊,反正在当时很流行、很悦耳的。实际上一看,查玛舞已经都不像样了，真的不像样了。可以说我的第一次创作中有贴切的、也有很多不贴切的东西。而且冷静下来之后，要按照查玛舞那种风格去看，实在是太不贴切了。从尊重历史，尊重它原来的风格，然后在此基础上再有发展的时候，要是遵循这个原则来说，它（第一次创作）连我自己都觉得太不成功了"。①

（二）第二次创作：参加第三届"龙潭杯"全国优秀花会大赛

"第二次创作是第一次参加北京龙潭庙会。89年二月份接到的大会邀请。当时辽宁省舞蹈家协会给咱们宣传了，说阜新搞民间舞蹈集成搞出来的查玛，适合在广场上展示。我觉得前一次创作离题太远了，我就吸收了那些（经验教训）。我把什么东西加进去了呢？每个人物的故事，我收集了很多。但看的人可能还是不知道，年轻的也就凑凑热闹看看'牛头马面'。所以，我再创作的时候，就在场外配了一个解说词，因为舞蹈它不可能讲话，这样每个人物出来后，我就把老百姓的各种传说加到里头了。然后我按照（咱们辽宁地区不是以秧歌为主吗）秧歌的套路，把这个查玛舞揉在里头了，这样看起来比第一稿要强多了。第一稿没有情节，第二稿把故事情节放进去了。但就是把人物单独提出来了，场次没分。刚开始是一个大场次，大家一起来跳，然后中间分成几个小场，因为是按照秧歌的套路嘛，大场，然后小场，小场完后是大场，按照这种模式套下来了。基本上就是到这个人物，这个人物来演，到那个人物，那个人物来跳。但我把第一次创作时我自己加进去的音乐部分全都给去掉了，全部用的是打击乐，这样你看了呢，查玛舞原来的那种威严、庄重、非常有力度的那种劲头就又恢复了，又出来了，不像以前那种轻飘飘的。这

---

① 根据阜新市群众艺术馆马连清口述整理。

一稿，在原来基础上，应该说更贴近原来的那种风格了。那种刚力、神圣的气氛有一些了"。①

（三）第三次创作：参加第四届"龙潭杯"全国优秀花会大赛

"第一次参加北京龙潭庙会，没获奖。第二年我们又去了，这回捧回了一等奖。这也是我第三次改这个稿子。这次稿，我注意的就是，查玛舞本身就像一个舞剧，它有一些情节，但情节不是很连贯，整个叙说了一个故事。刚开始，是一个天神下来了，搜寻一下（鬼）。第二场天母来了，要清扫场地。然后一个神接一个神来了，来了之后，抓了鬼，杀了鬼，判了鬼，然后全走了，大致是这样一个情节，但它每一场的故事好像又不太连接。那我在我的舞蹈创作中就把故事情节大致串了一下。刚开始，众神从天上降下来，降临在一起，大家围着一个主神，就是菩萨。原先是一个菩萨，我给设计成了三个菩萨，三个菩萨指挥着这些众神，一会儿往这边去，一会儿往那边去，目的是来找鬼，把大致情节这样发展了一下。寺庙的查玛目的在于驱魔，舞台上的查玛目的在于讲故事。蝴蝶神，实际上是一个骷髅，它在天上飞，发现了鬼，把这个鬼给抓来了，由鹿神、牛神（始终是拿着绳子）给它绳之以法，然后判了，杀了，扔了，然后所有的神来庆贺，人间铲除了妖魔，最后众神离去。这一稿不像第二稿那样，我就这些人，我就跳一圈，一个个，一圈圈跳完就走了。这一稿中始终用一个主神，就是围绕着菩萨，菩萨来指挥着这一切，菩萨离去之后，众神就尾随着离去"。②

---

① 根据阜新市群众艺术馆马连清口述整理。
② 根据阜新市群众艺术馆马连清口述整理。

（四）第四次创作：参加第二届"中国沈阳国际民间舞蹈（秧歌）节"

"这个大赛连搞了四年，我参加了第一届、第二届。第一届参加的是安代舞，第二届（1990年）参加的是查玛舞，获得了一等奖。应该说这一稿我还比较满意。这一稿中，我注入了很多动作，我把好多藏族舞、蒙古族舞、秧歌里的好多动作揉到里头了。我又把音乐加了一小部分，比如菩萨舞里加了音乐。在服饰方面，我把它整个改进了一下，改变挺大。"

"首先，我觉得查玛舞原来的服装特别笨拙，根本不适合舞台上表演。也许原来那么多年受衣料、加工业那些限制，但已经到八九十年代了，它不可能再穿那种冗长的大袍子。所以，我就把查玛舞的服装往飘逸、简洁的方向发展了一下。服装的面料都是用纱，纱本身就飘。它的装饰物呢，我也用的是轻纱。挂饰呢，我把它们全都变成现在这样材质的，感觉上也不一样了。像铜镜，我也给它装饰了，原先是单独挂了一个镜子，我把它设计成四周是好多菱形的会旗，然后中间加一个护心镜。还有先前脖子上的珠子是一圈，我在这个基础上又加了两圈。因为这是舞台上的（查玛），就不是原来寺庙上的了，它怎么美观，我就怎么给它加这些东西。我就根据敦煌舞蹈壁画，敦煌舞的装饰不是有各种各样的嘛，我就根据那些东西把它的装饰整个改了一下，我把它的服装变成了裙子，上衣是掐腰的。查玛舞本身是用大腰，就是整个用一块布给缠过来的。以前蒙族舞跳的时候也都是用布缠，后来发展的就是一个腰带，到现在，蒙古族舞发展就不要腰带了，就做了一个布，中间像腰带似的，就变成了一个装饰。我呢，也就按照这种路子下来了，把腰带全去掉，变成了一个装饰物。查玛舞还有一个最大特点，就是长袖子，我就在这基础上，把袖子更宽大了，夸张了一些。因为我觉得一个人的头夸张了，查玛舞的面具都像大头娃娃似的，它的服饰呢，你要按照正常人稍稍宽松一点呢，感觉好像不成比例，不协调。那么大的大脑袋，人都显得特别小。所以，我就把服饰整个给夸大了一些，腰细细的。整体效果挺好，尤其一转，全都飘起来了。除了有大长裙以外，我还设计了小短裙，实际上像萨满教里头那样，一条、一条，每个上面都挂个铃铛。还有就是民装的蒙族舞，有的把裙襟抿过来，底下穿贴身裤子、靴，我就把鹿和牛的服装设计成了这样一种风格，因为它本身在劳作，要杀啊，穿那么大的东西肯定是不方便，上身我都加了一个云肩。然后我又把蝴蝶神（的服装改进了），它是一个骷髅，原先服装也是白的，我就把它设计成整个一身白颜色的紧身服，我给它穿了红靴子，裤子到脖子两边全都用火苗的装饰。然后我给它带上长手套、长指甲，那时候也没有现在的指甲，只是在手套上贴了一个 X 光片，剪下来给粘上边。因为是白颜色，白颜色在远处看不出来，用 X 光片后就看出来了。"

"然后在动作上改进。比如蝴蝶神，我就按照它的形象设计、创作的，它全是在那飞啊、跳啊。因为小查玛舞，它里面有一个鹿神，鹿神的动作就是一直在那跳啊、跳啊的，我就把那里的动作和这个蝴蝶神的动作揉到一个里头了。总的来看，蝴蝶神是在那飞呢、是在那跳呢，总是落地就飞起来，落地就飞起来。还有一个牛神，我给它设计的是大长袍子，大云肩，始终挥舞着绳子，我想要给人的感觉，或者我想要说明的是，它是个判官，它拿着绳索，要给你绳之以法。始终是围绕着绳子、宣判来设计。这一稿里头，我的动作，所有都是按照"意思"来想象的，来创作的。以前是这个动作怎么好看我怎么用，没有任何的一点寓意，这回我就挺注意动作的意思。我就力图想用我的动作来说明一点什么东西，把我想的这些东西用我的动作表现出来，但表现到多大程度，反正我是努力往这上靠了。"

"后来市里第几届运动会里头也有这个查玛舞，当时排练，那是在晚间，在广场上，周围漆黑，然后四个大探照灯，那时候就特别想要一种意境，好像回归到好多年前的那个感觉。"

"再后来我们又去庙里跳过几次，那都是原来是什么样就是什么样，没要创新。以后拍了好几次电影也用到查玛舞的镜头了"。①

接连四年的查玛创作让马老师在当年当地的文艺工作圈内小有名气，但同时也招引来众多质疑的声音及目光，对此，马老师有着她自己的想法和反思：

"查玛一共改了这么几稿，最后这一次在那个时候，我觉得挺满意。但是现在回过头来看，里边还是有很多不贴切的（创作），查玛舞本身原汁原味的东西，比如它的力度、粗犷的风格等，好多的东西我还是给忽略了，扔掉了。这也是不尊重原来的历史事实，不尊重原来的风貌。"

"我在中央民族学院学习的时候，每年都到民族地区去采风，是什么样的原貌教一下，以后课程是课程。刚开始就有一个比较，我觉得这个挺受益。这个思想在我日后查玛舞的创作中有很大的影响。掌握了原貌，就知道在一个什么样的基础上去发挥。这样在创作的时候就觉得特别有依可据。所以我当时往里面揉东西的时候特别自信，胆子也挺大的。其实，任何一种创作都受它当时那种环境的影响，也受那种局限。你看现在好长时间也不搞这个东西了。有时候我自己也想，学习的时候，在理论上有很多道理，但是一搞创作，这些东西就都忘记了。如果我现在要是再搞（查玛创作），可能同样是一种舞蹈动作，同样是一种表现方式，我会更贴近原来的那些东西，即使把别的元素揉到这里头，也要更贴近它原来的风格。因为力度不一样，表现方式不一样，你想要追求的东西不一样，它就会与原来的东西产生很大的

---

① 根据阜新市群众艺术馆马连清口述整理。

不同。"

"我跟你说的这些是我个人的一些体会，在这几次查玛舞的创作过程中，县里那边反响挺大的，他们觉得是我把查玛舞给改得不成样子了。但我现在始终坚持一种什么观念呢？群众文化的特点是赶潮流，而查玛舞是与现代审美脱离的，它原先是一个寺庙的东西，它就那几个动作，翻来覆去得跳四个小时，现在年代的人不可能给你坐下看四个小时。哪一个舞蹈七分钟就是到头了，要是把它原来的东西原封不动地搬到舞台上，它根本不能够生存下来，要想生存，它只有发展。但像我这样，在不尊重原来事实的基础上发展，走得太偏远了，走得太大了，也肯定存在很多问题，因为我现在自己都发现在这几稿中都存在一些问题。但我觉得是我给它发展了，尽管在这一过程中，我给它加入了很多不严肃的东西，但这也是我自己当时的理解，尽的最大努力。"

"查玛里面有很多我自己的东西，但我所说的这些东西也不是我自己的，是我所学过的一些知识，我把这些东西揉到这里头了。作为一种艺术，它受当时那个年代所欣赏的东西影响很大，不同年代（审美眼光）不一样。你看现在欣赏的东西，回头再看那个年代欣赏的东西，绝对是不一样的，它里头有好多好多（时代性）的元素。那个年代，查玛舞断了好多年，刚恢复也不流行，又远古，它就属于寺庙，离开寺庙，就没有味道了。尽管我们把它作为一个舞蹈创作，搬到舞台上，揉到什么里都可以，但整体效果也不是那么好。查玛舞与广场舞比如扇子舞、龙舞相比较都特别地不搭调。而且当时迪斯科是特别特别盛行的，扭扭胯、动动腰，这很正常，你要是（在创作）里头没有这些东西好像人们就不欣赏它，你要是一点儿不加，人们就不爱看了，觉得你跟这个时代脱离太远。但要作为经典的东西，可能咱们也没有那个能力把它还原成经典。"

"我的这些东西主要都是瑞应寺的（却尔吉勒查玛），因为我的老师高喇嘛是瑞应寺的。其实高喇嘛也是在他师傅的基础上进行（创作），一个人跳，虽然是一样的动作，但跳出来就不一样。你看我跳的查玛舞跟县里跳的，虽然都从一个师傅那学的，但跳出来却是决然不同。比如像勾脚的动作，我这全是勾脚，他那还全是绷脚的呢。再有按照现在这种形式，抬腿都是商羊腿，戏曲里头都是商羊腿。所以你看都是抬腿，风格就不一样了。"

"阜新县也搞了一些，它搞的就是原来那种东西，就是原来什么样的，就直接搬到舞台上。但我觉得它也发展了，因为它跳的人是受现在的训练，它按照现在的那种训练来跳，他虽然是整个动作一点没变，都是那些动作，那些跳舞的人变了，那些风格也变了。我觉得他也在变，他呢觉得我也在变，阜新县始终在那争'谁是正宗'，我觉得好像没有正宗。"

"上沈阳几个地方演出，动静都挺小的，但在北京龙潭庙会获了奖之后，反响就特别大。县里总觉得这个东西是属于县里的，当年搞集成的时候，是以市里为单位搞的，但是好多东西都是在各个县区。县里对这个东西争得特别厉害，特别是那个局长，当时搞集成的时候他也在，用蒙语文字记录，之后他就总想把这个东西变成是县里的。但从1990年开始，全省的艺术馆就不景气了，有一段时间我们艺术馆就搞"以文养文"，国家不给你拨钱，靠你自己在外面挣，这段时间相持了有八九年，刚开始还不特别明显，后来经费就特别紧张了，像县里的艺术馆当时连地方都没有了，在外面租房子住。所以就没有这个（争的）能力了，但他们始终还想争。"

"其实当时国家搞集成时队伍挺大的，花了不少钱，上上下下花了很大的力气，但是搞完之后就把它放下了。这些东西搞完之后，老艺人的东西都上哪去了呢？都上我们这些人身上了，现在我们就成了原来的老艺人。现在国家就应该像抢救当年那些老艺人那样来抢救我们，然后这些东西才能保留下来。"

"作为一个艺术创作,它必须有个原始的东西,必须有真实的原貌,原来是个什么样的角度、什么样的力度、什么样的状态,然后才有利于以后的发展。这样才能让人们了解以前的查玛到底是个什么样子,要是经过几代几代,再跟现在的舞蹈结合起来,可能查玛舞都变成得面目全非了。回过头来,看我自己那个发展过程,(我现在要是重新搞查玛创作)可能把原来的那些揉进去的东西都不要了,到我现在这个年龄,最后可能还是觉得原汁原味的东西好。我自己发展,那是这个时代给的这些东西,我把它加在这里进行创作了,但这些东西必须留住根。要是将来发展成没有了(原貌),它就没有价值了。但是我这是到一定的年龄,才意识到这一点。"

"五年前,我们想把查玛舞教给瑞应寺,它那儿的主持说查玛必须得是有功力的人跳,没有功力的人不行,我们这些人功力不够,所以不能跳。你看我们觉得查玛舞是阜新的骄傲,想给你庙里,让你把它恢复下来,我们单位让我专门去教他们这个东西,可人家不认可。前年,他们换了主持,来找我,说想恢复这个查玛,后来又没消息了。现在的人吧,思想太浮躁。"

"搞创作的人都有一种想法,虽然我自己的作品不好看,我自己觉得这不满意那不满意,但是你要从你那个角度把这个东西说得一无是处,我心里还不舒服。搞查玛(创作)这么多年,有感情了,就像自己的孩子一样,你觉得他再不好看,我觉得挺可爱。自己的作品,总是有一种这样的感觉。"①

可以说,马老师的查玛创作之路经历了一个从陌生到熟悉、从完成任务到萌生感情的过程。最初,马老师只是将其当作一项工作去完成,基本上是一种时代政治背景操控中的创作,作品呈现出套路化、刻板化的特点。逐渐地,当马老师对查玛本身有了

---

① 根据阜新市群众艺术馆马连清口述整理。

更多的理解和思考时,她开始往作品中融入一些新鲜的艺术元素,开始考虑观众的感受,于是就有了形态迥异的查玛。在这一过程中,马老师的创作屡受肯定及嘉奖,但也饱受争议和批评,讨论的焦点围绕查玛的"本真性"问题而展开。但不管怎样,正如马老师自己所说,"真正地投入感情了,它(查玛)像是自己的孩子,这么多年来看着它一点一点地成长。"在以往的创作过程中,马老师常常停下来,在掌声与否定声中认真审视自己的作品,尤其是最近几年,当她不再搞查玛创作后,她反而更多更深刻地反思自己从前的创作,并且多年的沉淀过后,她有了这样一种认识,即创新固然重要,并且那是时代铸就的成果,但查玛的"原貌"更为珍贵。马老师声称,如果再有一次创作的机会,自己一定会全力以赴去探求、还原"历史的真实"。

在马老师的查玛创作过程中及其告一段落后,市里还组织过几次到外地演出。如 1988 年,蒙古贞查玛队参加了中国艺术节的广场演出,受到了国家领导人的高度评价。1990、1991 连续两年参加沈阳"秧歌节";1993 年,大连第五届"赏槐会",邀请很多地区的民俗文艺去表演助兴,查玛作为地域特色文化之一前往参演。1994 年,长春电影制片厂为拍摄电影《吕四娘》前来当地取材,电影中需要一段查玛表演的情节,即吕四娘受伤,被追兵捉赶,吕四娘跑到寺庙,喇嘛们跳起了查玛舞将她掩护起来,吕四娘因此获救,于是为配合电影《吕四娘》的拍摄,市艺术馆组织排练查玛片断;2001 年,鞍山市组织"千山国际旅游节",向市里发出邀请,要求表演查玛,市艺术馆组织细河区文化馆、长营子镇文化站、长营子镇七家子村 40 余人参演;2002 年,查玛又前往锦州参加民俗表演;同年,辽宁电视台《社会大观——乡土纪事》栏目播出《查玛的舞步》。

总体上来说,市里的恢复工作分为两段时期,前一段时期以马连清的创作为主,比较系统化,具有连续性;而后一段时期中，各个文化部门纷纷组建查玛队伍到各地演出，较为分散，并且都是片断式或走场式的表演。但两个时期的共同特点是：恢复工作以"创新"为主。

二、县里恢复工作——以"秉承传统"为主旨

20世纪80年代，县政府蒙语委成立了由老干部、老教师、老蒙医、老知识分子、老艺人及老喇嘛组成的"六老"委员会，开展蒙古贞地区民间文化遗产和民族古籍的挖掘整理工作。与此同时，县文化馆成立民族文化辅导组，负责并开展全县的民族文化工作，协助辅导城乡业余民族文化活动，重点走访了蒙古贞地区的婚礼祝词人、胡尔沁艺人、查玛舞艺人、经箱乐班、故事传承人、安代首席歌手等老艺人。可以说，上述这些工作的开展都为日后查玛的恢复奠定了良好的基础。

1993年县庆35周年，查玛被正式提上演出日程。原县文化局局长齐放回忆说："我们自治县是1958年成立的，到93年时是35周年，县里有这么一个规矩，五年一小庆，十年一大庆，既然是县庆，跟文化部门的关系就很密切。县庆需要很多的文化活动，有些领导就提出恢复查玛舞，当时县委副书记非常支持这个事，就拨了一万五千块钱，1993年到现在是16年，那时候是好（多）钱，特意找财政部门预算，让我们去恢复。当时的情况是服装道具没有，集成时的录像也丢失了，据说一名台湾学者来这儿借走后，再也没有还回来。那时候高喇嘛也去北京了，但好在当时参与（八十年代集成）的这些人还在，"六老"（委员会）和民族文化辅导组之前也挖掘了不少文字资料。这个情况下，我们又组织了一伙人，分成3个组：服装组、面具组、道具组，后来发展到4个组，（增加了）排练组。从1993年6月份搞起，其中服装组、面具组、道具组全放在我们县文化馆，排练组

放在文工团，当时叫民族艺术团。想起这些事情我很感慨，始终不敢淡忘。从面具组这个角度说，用纸浆去做模具，当时的情况是6月份启动，到7、8月份，正式开始干活的时候，正是伏天，为了让模子、纸浆尽快干，三伏天他们点电炉子，你想这工作环境如何，汗流浃背，一般人上身都不穿衣服。面具组是姜占英，道具组是李树才、服装组是金英，3台缝纫机，从早到晚，一直不闲。整个服装、道具、面具原始的设计师，也是第一次组织恢复时的设计师白玉。工作人员按照他设计的图纸去做，舞蹈动作方面，县里文工团的部分演员也参与了，凭过去的记忆，在比较艰难的情况下，也把它恢复起来了。所以，当时来说，制作在文化馆，演技在艺术团，设计在白玉，重视在县委。"

"当时是9月1号搞庆典，从6月份启动，要求倒计时，两个半月的时间，8月中旬从制作到排练基本就完结，等待县领导验收。记得是1993年8月15日这一天，基本大功告成，我和当时的文化局党委书记给大家深深地鞠了一躬，非常感动，晚上举行了庆功宴。文化人要求不高，只要别人承认就行，只要理解就行，他是带着一种社会责任感、无私奉献的精神去创作。后来县庆结束后，我们就把服装、道具送给了艺术团。"

"历史就是历史，传统就是传统，应该要发展，但不要太创新，要保持它的原汁原味。表演场所的变迁适应了时代的发展，但它里面的含义不能变。"

此后，县里的查玛恢复工作也加紧了步伐，并取得了一定的成效。1994年雍和宫建宫300周年，县艺术团被邀请进京表演查玛，以广场演出的形式每天演两场，连续演出十天。1994年，喀左县委、县政府为宣传喀左陈醋，与省民族事务委员会、朝阳电视台、辽宁电视剧制作中心联合录制了电视剧《贡醋传奇》，其中也用到跳查玛的片断，文工团组织相关人员在佛寺排练参演。1996年县艺术团去南戴河演出三个月。县40年大庆时，查玛表演又被搬上广场。

总体来说，县里的查玛恢复工作较市里稍晚，并且由于服装、道具的缺失，投入的成本与付出的辛苦相对要多些。对于市里的恢复工作，县里一直持质疑态度，并认为自己是在秉承传统的基础上复兴、弘扬查玛文化。"县里的查玛最初是胡守先和他父亲去瑞应寺跟高喇嘛学的。市里马老师编的查玛已经舞台化了，咱们这是最原始的。不管哪儿邀请你演出，都是以'藏传佛教'的名义。人家要看的就是你原始的东西。你像九几年的时候，雍和宫的喇嘛曾经特地前来县艺术团学习查玛舞。2003年，前郭有庙会，也是咱们这儿的包小波和女儿先后两次去教的查玛舞。还有义县大庙会我们也去了，从正月初二跳到正月十五。再有海棠山啦、瑞应寺（每年阴历六月二十四）啦基本每年庙会都请我们去跳，不请他们（市里），因为人家知道我们是原始的，原生态的东西必须保留。但我们每次演出都是以文艺节目的形式，就是让老百姓看看，热闹热闹。打着这个牌子，应该无可厚非"。[①]

一路走来，市、县双方的查玛恢复工作都收获了好评，同时也都遭受到质疑。辽宁省民间文艺家协会的一些专家认为："整理改编后的查玛，使舞蹈保持了庄重肃穆而又恢宏奇伟的气氛，通过不同舞台画面变化和不同人物造型给人们以美与力的感受。在沉稳有力的基础上加强了节奏的变化，舞蹈由慢板逐渐加快最后形成高潮而结束。改编者的大胆尝试，使古老的艺术终于获得了新的生命力，迸发出璀璨的火花。"而与此同时，部分专家也表示出了深深的忧思，他们指出："抢救民间文化的目的在于让这些东西原汁原味地延续下去，通过这些文化可以考察历史，重现民情，民间艺术一旦变了味道就失去了其历史价值。"

---

① 根据访谈县民族艺术团整理。

三、走向广场的查玛艺术

全国第一次民族民间舞蹈集成结束后,蒙古贞查玛复兴工作中一直纠结着"谁是正宗"的问题讨论,这成为该阶段恢复工作的一个显著特点。在县里看来,市的查玛创作已经走得太远,以至于偏离了其原本的面貌及蕴涵;而在市里眼中,县的恢复工作同样存在着"变"的问题,只不过创新的尺度要略小些。而实际上,当我们把这二者平行并置地进行比较和审视时,就会发现其创作中都具有一个共同特点,即都已将查玛的表演空间从原来的寺庙移换到了广场。而为了顺应这种演出场所的变更,查玛本身必定要在表演形式、结构特征等方面作出一系列的相当调适。

首先,广场舞蹈是一种"情绪舞",自娱性是其主要表现特征,因此它所营造出的氛围是轻松、欢快的。而查玛作为一种"驱魔祛邪"的宗教法事活动,其庄重、神秘的演出意境显然与之存在着很大差异。正如马连清老师回忆:"总体来说,我觉得这个查玛舞在庙上跳和在(广场)舞台上跳感觉真不一样。你要是在庙上,周围特别地肃静,红砖碧瓦,再加上旗幡罗伞,真有那种阴森恐怖的感觉,就好像人的灵魂要受到洗礼一样。记得80年代,在北票庙里录制那次,刚开始,人们都在场外等着,大庙门咔兹咔兹一打开,乐器发出的声韵特别低沉,但有很强的穿透力,这些(跳查玛的)人噔噔噔一下子就跑出来了。当时这边一出来,我们有一个打旗的小孩儿当场就吓昏过去了,因为谁也没有那种心理准备,太突然了,跟人们现在接触的东西反差太大了。那是第一次穿上服装,第一次戴上面具,在庙上跳。但当你把它搬到(广场)舞台上,为了烘托那种欢快的气氛,你就要往里面揉好多的元素了。音乐、动作、服饰等各方面整体上都要往这个方向上（指欢快的气氛）努力。"

其次，查玛从寺庙走向广场后，随之发生变化的还有观众群体，它可能变得更为广阔、复杂和多元，这就涉及一个表演形式的问题。作为一种宗教仪式表演，观众的观赏性其实较为被动，因为受制于"寺庙"这一神圣的象征符号，他不大可能对查玛演出本身作太多地评判。在观众看来，宗教仪式表演就是一个"模式"，认可接受这种模式是无可置疑的，无论它有多么枯燥和单一。相对于形式而言，人们更关注仪式的功能性，尤其对于那些信徒来说更是如此。而一旦查玛作为一个广场舞蹈来表演展示，就会惹来众多"好不好看"的目光审视。并且广泛的"参与性"也是广场舞蹈的一个重要特征，观众不仅要去欣赏，还会有学习的冲动。无疑，这些因素的变化都要求查玛表演在音乐、舞蹈动作、服饰以及流行元素等各方面重新编排、演绎以迎合大众化的审美品位。

再次，通俗化也是广场舞蹈的表演特性之一。它可能不需要有精心的布景舞美，但应简单、易懂。而查玛本身浓厚的宗教色彩，如神祇角色的多样性、服饰的特殊性、各式法器的光怪陆离以及寓意深刻的宗教故事情节等都会对观众的欣赏性造成一定的距离感，因此我们了解到马连清老师曾在她的创作中融入"场外音"的讲解，目的就在于此。

走向广场，便意味着走进民间，查玛的表演性质正在宗教仪式与世俗化演出之间发生着不可逆转的过渡。

第三节 "非遗"中的复兴——华丽变"身"

2003年初，文化部、财政部联合国家民委、中国文联启动了由政府组织实施的中国民族民间文化保护工程，这是我国非物质文化遗产保护工作的重要组成部分。同年10月，文化部、财政部召开了全国民族民间文化保护试点工作会议。会后，辽宁省文化厅就贯彻落实会议精神进行了认真研究，开始部署保护工作，并启动"民间文化保护工程"，45个项目被列入省级民族民间文化保护初期目录，而阜新查玛有幸成为其中之一。自此，一直处于断续性恢复中的查玛艺术又进入到另一个崭新的历史复兴时期。

20世纪90年代末期起，蒙古贞地区的部分藏传佛教寺庙开始逐渐修复，佛事活动方兴未艾，这似乎给查玛的恢复带来了新的契机，由此市、县政府文化部门预想将该项宗教仪式活动还原于寺庙，而权衡修复程度、寺庙规模、历史与现今的影响力等诸多因素，瑞应寺①是最佳的选择。不过，政府文化部门的这一美

---

① 瑞应寺，位于县佛寺镇佛寺村，始建于清康熙八年（1669年），属藏传佛教格鲁派，素有"东藏"之称，有满、蒙、藏、汉四种文字雕刻的金龙镶边的瑞应寺大匾是康熙皇帝所赐，鼎盛时期有"有名的喇嘛三千六，无名的喇嘛赛牛毛"之说，寺庙建筑方圆十里有余，绝大部分建筑物在几次历史劫难中已遭破坏。1991年经国家、省、市有关部门批准，由甘肃拉卜楞寺嘉木羊活佛银盆丸按宗教仪轨正式认定洛桑·义希成来坚措为瑞应寺七世活佛。1984年辽宁省确定了瑞应寺为首批恢复的合法宗教场所，之后瑞应寺恢复工程开始动工。1994年大雄宝殿修复完工。1997年重建了活佛殿，居士们发愿修建的天王殿也于1998年8月竣工。

好愿望最终还是落空。"查玛舞曾是很高的宗教礼节,在宗教人眼里不再是普通的艺术活动。俗人不能跳,喇嘛修为不够都不能跳。文化馆曾有意把查玛舞还给瑞应寺,把它打造成一项宗教文化旅游、观光活动,让已经失传的东西再恢复起来,活佛不赞成,说如果高尼根尔扎布在世让他教可以,要不人家都不信"。①

尽管遭到了寺庙的拒绝,但查玛作为一项重要的民族民间文化遗产,仍不能就此中断和失传,市、县决定继续以政府的名义,各自为单位进行恢复工作。于是,对查玛这一古老文化资源的争夺之战依然延续。

一、市里恢复工作——弘扬地域、民族文化

21世纪以来,随着各种形式丰富的艺术资源不断地涌入,古老的查玛艺术被日益地边缘化,而马连清老师因之前的创作饱受争议也转向了其他艺术形式的纯舞台创作,查玛的恢复工作在艺术馆被一度搁置。待到"非遗"之风徐徐而来,恢复工作的接力棒便传到了市艺术团的手中。

2004年,为迎接辽宁省第六届艺术节,市艺术团编导了舞蹈《蝴蝶神》,创作题材及灵感正是来源于查玛。

这一舞蹈的现实意义在于:通过《蝴蝶神》的表演,展示阜新地域文化,弘扬民族精神,从而用隐喻的手法歌颂阜新人民在党的领导下,在经济转型工作中,不畏艰辛,不怕险阻,勇于探索,敢于胜利的可贵精神。指导思想是在原查玛艺术(包括舞蹈动作、服饰、头饰、道具及音乐等)基础上,赋予查玛全新的诠释,力图在运用和调动艺术手段上以"新"字为突破口,将该舞蹈打造为别具一格的舞台艺术形象。

---

① 根据阜新市群众艺术馆党支部书记陈志超口述整理。

故事情节主要是：蝴蝶神在空中巡视到人间有恶鬼扰乱百姓的正常生活，破坏社会秩序，遂来到人间，与恶鬼展开殊死搏斗，最后将其铲除。在艺术表现形式上，由一名蝴蝶神与四个小鬼组成的五人舞蹈，其中三名舞蹈演员、两名从京剧团抽调的武戏演员。在服饰方面，蝴蝶神在原来的基础上设计成紧身花黑色调，增添了蝴蝶头饰，并新增"两翼"，可收可展，可写实写意，四名小鬼的设计则遵照原貌。在音乐创作上，定位于民乐，但同时加入一些打击乐。搏斗中突出"刚"的力度，抒情时突出"柔"的美感。动作方面在保留原来查玛表演中的蝴蝶神动作外，加入了托举、翻跃、翻打等舞蹈姿态。在舞美设计方面，整台色彩基调为黑、蓝、白色，黑色为天幕，象征妖孽出现在人间作恶，人间笼罩在痛苦之中；冷调的蓝色象征正义与邪恶的斗争；白色为亮调，象征蝴蝶神驱除恶鬼为人间带来明媚的天空，开幕后舞台铺满甘冰，前五分钟多用追光完成，后用亮色处理。

《蝴蝶神》的创作获得好评，接下来2006年市里举办第一届玛瑙节，查玛又一次被搬上舞台，市艺术团副团长康凤珍成为继马连清老师之后查玛创作的第二位编导。

"1980年县歌舞团招生，我考上来。培训了一年，单位把我和几位同志送到哲盟艺校上学。我回来后到县团，后来又到锦州市歌舞团工作了三年多，然后回到市艺术团。后又去北京舞蹈学院进修，然后到内蒙古大学修本科。其间，我自己参加过业余编导班，现在是三级编导。我的作品'情满契丹'，在2008年'省少数民族舞蹈大赛'中获得金奖。"

"我的创作是从2006年'阜新市第一届玛瑙节'开始，原来我也不是特别了解这个东西，查玛舞具体的舞蹈语汇什么的也不是特别懂，领导把这个任务交给我后，我查阅了大量的文献资料，找了一些原来跳过查玛的人，而且马老师之前的创作也打下了一个很好的基础,再加上我个人的理解,我去做的这个东西。"

"我当时的想法,一是作为文艺工作者,就应该把自己民族的东西、地域的东西给挖掘出来、保存下去。二来也是想把自己民族特色的东西以舞台的形式展现给观众,不仅是阜新的观众,玛瑙节是全国各地(的人)都来参加,那要展现,肯定是要展现阜新的地域文化特色,这台晚会我当时创作的都是咱们地域特色的东西,查玛舞就是其中之一。当时我就很大胆地把它搬到舞台上,一开始也是一种尝试,因为它是广场上的东西,中间有多少个故事,多少个情节。而我就用了几个片断,选了其中几个比较有代表性的,菩萨舞、蝴蝶舞、鹿神和牛神、鹰几场。因为当时整体晚会有一个具体要求,这个查玛演出不能超过二十多分钟。"

"查玛的服装、道具大体上都是艺术馆的,原来能用的咱就搬过来了,用不了的按照他们的讲解现做,但基本上是原样,不过服装的面料变了,颜色上也更鲜艳、更多元。因为我想经过二十几年的东西,咱们再去做的时候肯定要有新的变化。动作上,当时他们(艺术馆)就教给我三个舞蹈语汇,剩下的都是我自己按照它那感觉去设计的,但大体还是按照人家原汁原味的东西、基本元素去做、去发展的。"

"音乐主要用的是打击乐,开场、结尾、鹿神、牛神几场全是打击乐。但蝴蝶神和菩萨那场音乐是我们自己做的,是我们单位一个二胡专业毕业的,他学过配器、作曲。音乐的制作主要还是根据它舞蹈的意思,结合它的动作,用的弦乐,比如古筝、竖琴做的,挺美、挺轻巧的,给人感觉挺悠远的,有民族的味道。像菩萨比较稳,他出场时有滴水的声音。而蝴蝶神是从天上飞下来,有翅膀,全是轻巧、跳的动作,那一开始音乐的跳跃感挺强,动作都是到人间观望。我想既然把它搬到舞台上，肢体语言的东西就应该用音乐给体现出来，所以整个一开始群神上来的时候，挺凶、挺煞，哐、哐，到菩萨、蝴蝶神出场就变化了。"

"动作方面我最初的专业是民间舞，蒙古族舞蹈是主科，这方面我偏点儿，所以查玛舞的动作是以蒙族舞动作为主。比如鹿神、牛神的动作是以摔跤舞的形式出现。"

"当时我也是刚刚尝试，领导审查的时候挺满意，演完后反响也挺好"。

此后，2007年辽宁省第七届艺术节，评剧《东藏圣火》的演出中也融入了查玛的表演。

二、县里恢复工作——与时代气息相结合

县民族艺术团将查玛重新整理后，把其中几个较具代表性的场次提取出来，作为独立的章节进行舞台表演。

"我们基本上跳五场：蝴蝶、菩萨、阿修罗、鹿牛、大查玛，但还是鹿、牛那场在舞台上演出得最多。因为在舞台上演，不能说十一场全上啊。作为一个节目表演，就不能像广场表演那样，就得作为一种艺术形式呈现给观众。在再创作的过程中，得在保留原来传统的基础上，提升整个视觉艺术，然后才能搬到舞台上与观众见面。"

"在再创作的时候，基本保留原来的动作，因为县里的查玛也是根据高喇嘛教授的录像学的，每一次都要先把最基本的动作临摹下来，然后进行二次创作。广场上的东西随意性比较大，发挥性较大，有时表演激情一上来，动作大一点，小一点。但作为舞台艺术出现，作为一个专业艺术团体

出去表演，动作要求很严，必须统一协调。这个动作在什么位置上，脚抬多高，手扬多高，都有要求。但从造型、表演人员的配置方面有变化，8个人的、10个人的改成2、3个人的。比如第一场菩萨，原来一个菩萨，后来又加上四个，一边俩上场，在队形上有变化，衬托中间的菩萨，逐渐形成一场一个整体。查玛的服装、道具在35周年县庆的时候做过，用纯棉布的，以后搬上舞台了也有创新，因为上了舞台后，你的动作原始，服装再原始，观众就不爱看了，所以像鹿、牛的服装就用纱料做了。另外头饰上也都有创新，比如制作材料，有的面具用纸浆，有的地方就用塑钢，既有现代特色，还得有古朴的风格。在乐队方面，为了烘托气氛，体现地域特色，加了咱们地方的'大唢呐'。

　　查玛这么一个古老的东西，你把它搬上舞台就必须有艺术性，还得有观赏性，老百姓才愿意看，这是创作过程中必须具备的东西，特别是在旅游景点表演民族的、传统的节目时，更要包装、创作，与时代性相结合。过去的东西非常好，但用我们现在的手法、人力、物力和艺术资源去丰富它，与现在的时代气息相结合，以一个新的形象呈现给观众。这样一方面体现继承，一方面也弘扬了。弘扬就得适应现在人们的审美情趣，人们不接受的东西是弘扬不了的"。①

　　本着上述的创作原则，县里的查玛恢复工作开展得声色俱佳。2007年白泉寺"开光大典"，县歌舞团前去表演查玛选场。2008年县庆50周年大会上，也有查玛的演出。此外，作为中国第九个少数民族剧种的阜新蒙古剧，不仅在形体动作上吸取了查玛表演中的若干动作元素，也在打击乐方面予以借鉴。

---

① 根据县艺术团、县文化股股长初贵人口述整理。

三、走进剧场的查玛艺术

在这一阶段的恢复工作中,查玛由室外走入室内,由广场走进剧场,表演情境及受众群体的再次变化使得查玛创作本身又具有了一些崭新的特质。

首先,查玛中的艺术特性得到了更为淋漓尽致的张扬。与广场上的表演相比较,剧场里的演出更讲究舞台美术,这就对诸如服装、布景、灯光、道具等艺术表现手段提出了更高的要求。于是,我们看到查玛的服装面料、样式、色彩以及道具等都发生了变化,整体风格更适合于舞台表演;布景方面更注重唯美、隐喻性的艺术表达,如特纳所言:"隐喻将熟知的和陌生的事物特点合并在一起或者将熟悉的特点进行异化地合并,隐喻便能有助于激发我们的思想,为我们带来全新的视角并使我们兴趣盎然。隐含的意义、暗示、价值观念同它们的字面意义交织在一起使我们以一种全新的方式发现了一个主观的事件。"这无疑与过去广场上简单化、粗糙化的布景形成鲜明对照;灯光也是新增入的艺术元素,通过多元色调的糅合、明与暗的变化比较,渲染了气氛,增强了查玛演出的视觉效果;音乐上一改以往单一的打击乐风格,融入了弦乐及蒙古贞地方性唢呐曲,其节奏、旋律、速度与力度等更富于变化;舞蹈方面更注重队形、画面等"情"与"景"、"意"与"境"的舞台调度,肢体动作上不断丰富,揉入了大量蒙古族舞蹈的动作元素。总体而言,剧场里的查玛演出更注重观赏性、地域性及民族性的艺术表达。

其次,查玛脚本的构思更为精致、细腻,但受到时间的限制,故事情节要经过一定的筛选而不能够完整地展开。同时,查玛的创作主题可能已经与宗教的关联性不大,尽管演出本身还是表现众神祇降妖除魔的情景,但这只不过是借助于宗教人物及宗教故事的一种象征性表达及叙事。

此外，相对于广场演出而言，走进剧场的查玛表演具有更强的神秘性色彩。当然，这种神秘性特质或氛围与寺庙中的查玛表演截然不同，它不是靠信仰、忠诚及祈望等自发的情感因素绘制而成，而是通过各种艺术表现手段，经由精心设计布局，有意地烘托渲染出来，其目的不仅是为了增强舞台演出效果，也是谋求商业利益的动机使然。而在查玛这一华丽变"身"的过程里，受众也从先前的亲身体验者成为一个"置身事外"的十足的观赏者。

四、查玛发展前景展望

2008年3月，阜新市政府为认真贯彻落实党的十七大报告提出的"加快转变经济发展方式，推动产业结构优化升级"，"发展现代服务业，提高服务业比重和水平"的精神和《国务院关于加快发展服务业的若干意见》（国发〔2007〕7号）文件精神及陈政高省长来阜讲话精神，进一步推动市服务业快速发展，按照省委、省政府实现阜新经济转型新突破的要求，根据《阜新市国民经济和社会发展第十一个五年规划（纲要）》和《阜新市服务业发展第十一个五年规划》，特制订了"阜新市服务业发展规划实施方案"。在该方案中，查玛作为一项民族特色产业被列入了市服务行业未来五年阶段性目标发展的重点。

此外，由于查玛本身特殊的宗教属性，寺庙对政府的恢复工作其实一直存有很大的异议。也因为这个原因，我在田野调查中屡次吃到"闭门羹"，比如在瑞应寺的一次重阳法会上，原本市宗教秘书协会会长已经答应我，法会结束后找寺里面几位当年跳过查玛的老喇嘛聊聊，但最后还是遭到拒绝，因为他们觉得"查玛"是一种神圣的宗教仪式，是寺庙里的东西，不应传俗人，更不能轻易向"外人"说。而一直致力于查玛恢复工作的县文化局局长李青松也说:"就那瑞应寺的阿喇嘛,我都让他骂过,他觉得喇嘛的东西,你们拿去跳,那算是啥啊?"然而,由于各个寺庙长期以来都把精力投入到了庙宇的基础设施建设中,因此对查玛活动的恢复"有心无力"。但在未来的发展前景中,无论是作为一项重要的法事活动,还是作为一项重要的宗教文化旅游资源,查玛的恢复工作都将会被日益振兴中的各大寺庙提上日程。

由此,蒙古贞查玛日后的恢复工作就存在这样一个问题,即查玛的未来发展到底会掌控在谁的手中?是政府将之视为一种地域、民族特色的文化品牌继续打造,还是将之交与寺庙还原其本来面貌,而政府又是否会"忍痛割爱"将这一精心经营多年的文化艺术资源拱手相让,都将是一个未知。但毋庸置疑的是,查玛复兴的进程远远未完结,它将无可预期地延续下去。

第四节 从"无意识"变迁到"目的性"变迁

文化是一个由表意符号组成的世界,它非常容易在不同系统中传播。从文化变迁角度上看,任何一种文化都在不同程度上经历着发生、发展、衰退、再生的过程,这是一个普遍现象。文化变迁或发展说到底,就是选择、吸纳、同化不同系统的文化成分,将其变成自己的构成性要素的过程。[1] 查玛亦如此,自传入蒙古贞地区以后,可以说"消弥"与"重构"一直是其发展中

---

[1] 苏国勋、张旅平、夏光著:《全球化:文化冲突与共生》,社会科学文献出版社,2006年,第113页。

所表现出来的显著特点。纵观整个变迁过程，大致可划分为两个阶段：前一阶段属于查玛的"本土化"过程，而后一阶段即是查玛的"地方化"过程。

一、本土化过程中的"无意识变迁"

蒙古贞查玛从传入到中断的历史时期是一个"本土化"过程，在该过程中，查玛基本上处于一种"无意识"变迁状态。尽管藏传佛教在当初是作为一种强势的外来信仰文化进入到蒙古贞地区，并与当地孛教发生强烈碰撞，但查玛基本上是在藏传佛教获得了一种主体地位后，才在广大寺庙中流传、扎下根基。因此，它的发展主要还是秉承传统，藏传佛教的主体特征体现得十分鲜明。不过，文化是一个"大染坊"，只要浸入一段时间，就不能不着色。长达两个多世纪之久的发展历程，使得查玛从传说故事、角色、情节程式到功能意义等各方面都具有"本土化"的特质，这一过程是自然而然发生的，它像是两条奔腾着的河流，相遇后，部分地交汇融合，而另一些部分则在自己的轨迹上继续前行。

此外，在这一时期内，查玛作为一个文化主体，所受到的影响均来自"外部"，因为相对查玛而言，蒙古贞文化同样属于异文化。由此，查玛变迁的第一阶段既可看作是汲取本土文化养分的过程，也可看作一个异文化不断侵入渗透的过程。

二、地方化过程中的"目的性变迁"

一度"失落"之后，蒙古贞查玛进入了崭新的复兴时期，这是变迁的第二阶段，一个有目的有计划的不断"地方化"过程。相对于前一时期的"自然而为"，这一阶段的主要特征是"创新"，一种借助于传统的有意识创造。希尔斯说：人类心智的创造力与传统内部的潜力相遇时，便产生了变迁。对形式、语言、色彩和质料异乎寻常之美的艺术或文学作品的创造，是超越重复既定事物的步骤。这些步骤是受传统指导的，它们是传统的延伸，越出了被继承的内容。它们丰富了原有的内容；想象、推理、观察和表现都是超越已有传统的活动；它们从传统内部开始，由已经吸收了传统的人进行。它们是一些导致传统内在变迁的活动。① 经历了漫长的"本土化"过程后，查玛已很好地融入"本土"，成为蒙古贞文化弥足珍贵的重要组成部分，并且这种"弥足珍贵"正越来越为传统主体所意识到，尤其是"非遗"以来，一种"自上而下"的保护思想的不断灌输及影响，更是激活了传统主体对于自我文化的再认识和再定位。猛然间，文化主体发觉，自己的传统不仅是一种与众不同甚或独一无二的"珍贵遗产"，还是一项十分有效的争夺利益分配的象征资源。

在这一阶段，蒙古贞查玛作为当地"文化传统"的一部分而发生变迁，其主要动力来自于内部。这无疑是一种"有意识"的指导性变迁，它体现在对宗教巫魅的不断驱除，而后又将各种功能及意义不断地填塞进去。这一变迁不仅如希尔斯所说已成为一种"艺术或文学作品的创作"，它企图超越传统，隐含着传统主体对于"美"的一种追求和表达；同时，这一变迁更暗含着一种将查玛打造为"地方性或民族性标识"的权力倾向和欲望。

综上所述，蒙古贞查玛的整个发展经历了一个从"无意识"到"目的性"的变迁过程，同时这一过程也是一种"由外至内"的变化过程。在这一过程中，蒙古贞查玛的恢复工作由不同的舞蹈编导、不同的表演者、不同的地方文化精英及不同的观看者共同操控、完成，这些有形或无形的手形成了一股巨大的合力，不断地对其进行重构。

---

① E. 希尔斯著：《论传统》，傅铿、吕乐译，上海人民出版社，1991年，第286页。

第四章　从传统宗教仪式到现代文化展演：作为"社会戏剧"的历史

"社会戏剧"这一概念是由象征主义大师维克多·特纳提出来的，用以展示中南非洲赞比亚西北部恩登布人的社会冲突，他将其诠释为"社区之间的紧张关系急剧增长在公众中展现为一连串的事件"，并认为这一概念适合于任何社会的研究，无论这个社会是大是小、是简单还是复杂，具有政治背景的事件尤其具有社会戏剧性。[1] 就蒙古贞查玛而言，无论从其失落到复兴整个历史过程中所表现出来的巨大张力，还是贯穿于这一过程始终的"资源争夺"，或者该过程本身一直纠结着的权力话语，都十分具有"社会戏剧"的鲜明特征。查玛的发展演变生动而具体地经历着"社会戏剧"所发生的四个阶段：破裂（breach）、转折（crisis）、调整行为（redressive action）、重新整合（reintegration）。实际上，这四个阶段之间的界限通常表现得并不十分明显，以至于很多时候我们很难去进行隔断，一个破裂的过程往往就孕育着转折的开端，每一次调整行为本身又都意味着一次重新的整合。对于蒙古贞查玛来说，从20世纪40年代的普遍衰落到80年代的断续性恢复，整个过程既有作为宗教意义上的仪式的断裂，也有从仪式到展演的本质上的转变，同时这一复兴经过也是一个"合力"作用下不断调适、整合的过程。

---

[1] 参见维克多·特纳著：《戏剧、场景及隐喻：人类社会的象征性行为》，刘珩、石毅译，民族出版社，2007年，第24页。

第一节 作为"宗教仪式"的衰落

一、政治意义上的"断裂"

从某种意义上来说,"仪式"是一种浓缩了的历史和知识,它往往起"文化地图"的作用,它在传播过程中引导人们的行为并使之合乎社会组织和结构的要求。[1] 尤其是在传统社会中,宗教和仪式行为往往扮演着支撑社会和政治结构合法性的角色,社会和政治结构的合法性也常常通过宗教和仪式象征符号来表达。[2] 二者常常在一种微妙而错综复杂的关系中彼此依存。然而,毋庸置疑,政治结构上的支撑或认可是宗教和仪式获得社会合法化角色的重要前提,一旦这个前提不复存在,宗教和仪式就会在社会政治层面意义的缺失中走向衰退或消亡。对于传统查玛来说,清政府倒台以及紧随其后的统治阶级宗教政策转变等一系列政治事件的发生,是导致其衰落的重要原因。正如特纳所说的,当基础性社会关系遭到瓦解时,原本用来支撑它们的仪式象征体系也就随之丧失了说服力。[3] 查玛中断了,并且后来的历史事实表明,这一断就彻底伤了元气。

---

[1] 王铭铭:《文化格局与人的表述》,天津人民出版社,1997年,第86页。
[2][3] 维克多·特纳著:《戏剧、场景及隐喻:人类社会的象征性行为》,刘珩、石毅译,民族出版社,2007年,第298页。

二、情感意义上的"瓦解"

格尔茨说：在宗教信仰与实践活动中，一个群体的精神气质就表现出了自在的合理性，它被证明代表了一种生活方式，而这种生活方式理想地适应了该世界观所描述的真实事态，由此这个世界观在感情上具有一定的说服力，它被描绘成一种反映真实事态的镜像，这种镜像情理精当，符合这样一种生活方式。[1] 回溯历史，我们发现，查玛作为一种宗教仪式而存在的社会背景，是一个藏传佛教兴盛并支撑了大部分蒙古民众精神信仰的时代。在那个时代中，政治对宗教有着较强的依赖心理，宗教在某种程度上是统治阶级用以标榜自身政治结构合理性的工具。于是，作为宗教重要组成部分的"仪式"便自然从中获取到了强大而神圣的象征性，它似一张不着边际的精神之网，弥漫、渗透于民众生活的各个角落，带去希望、想象、意义及种种的心理慰藉。保罗·康纳顿说："仪式之所以被认为有意义，是因为它们对于一系列其他非仪式性行动以及整个社群的生活，都是有意义的。仪式能够把价值和意义赋予那些操演者的全部生活。"[2] 对于处在那一历史时期的民众而言，查玛是人们一年生产、生活中的"盼头"之一。它可以禳灾祈福，它可以丰富传统社会相对单调枯乏的业余生活，并且由于查玛法会举办的时间一般都是农闲时节，人潮涌动的庙会又给人们提供了交流、往来的机会，联结、密切了村落之间、人与人之间的关系。此外，这还在一定程度上促进

---

[1] 参见克利福德·格尔茨著：《文化的解释》，纳日碧力戈等译，上海人民出版社，1999年，第103—104页。

[2] 保罗·康纳顿著：《社会如何记忆》，纳日碧力戈译，上海人民出版社，2000年，第50页。

了商业贸易的发展。

然而接下来,藏传佛教的历史性遭受重创与低迷在一定程度上影响甚至动摇了人们传统的精神信仰。布迪厄说:仪式的普通参与者的看法,受到他在其所属社会的固有结构及一定仪式结构中所处特定地位的限制。他的行为完全有可能受到一定数量与其特定地位相关的、影响其理解全局的利益、意图和感情的左右。① 随着查玛活动的被迫中断,人们对它的认识开始变得矛盾而茫然,感情上出现了裂痕甚至发生扭曲。而后来,随着越来越多现代娱乐、文艺形式的涌现,随着大众传媒的日渐发达,人们的精神生活在各种时代元素的不断填塞中日益地多彩而充盈。于是,曾经繁华一时的查玛在人们的记忆中被冲刷得愈发暗淡而落寞,成为一抹遥远模糊的风景,真的走远了,直到想不起。

第二节 作为"文化展演"的复兴

在现代社会中,仪式、神话一类象征性行为对人们所施加的影响非常隐蔽,人们轻易是察觉不到的。这是因为它们都不是工业社会这一场景下的直接产物,它们构成了部落社会或早期的农耕社会中与中介性过程相似的类中介形式。由于这些象征性行为在现代社会中处于边缘地位,因此它们不会直接对社会成员的思想和行为施加实际的影响。② 毋庸置疑,与传统社会的辉煌历史

---

① 参见皮埃尔·布迪厄著:《实践感》,蒋梓骅译,译林出版社,2003年,第53页。
② 参见维克多·特纳著:《戏剧、场景及隐喻:人类社会的象征性行为》,刘珩、石毅译,民族出版社,2007年,第7页。

相比，复兴后的查玛已经在现代社会中被完全地边缘化了。对于中青年人来说，查玛是一个与该时代毫无瓜葛的陌生而遥远的"过去"；对于老人们来讲，它尽管熟悉而亲切，却也早已成为模糊了本来面目的古老"神话故事"。正如格尔茨所言，"仪式的瓦解是由于参加者从根本上对仪式的意义认识模糊造成的。"①随着宗教昔日的主导地位在现代社会生活中的逐渐隐退，仪式的效力及影响也趋于弱化，对人们精神思维的控制力有所下降。

然而，尽管仪式的精神瓦解了，对其有效性的信念消失了，但仪式本身，即仪式的传统行为模式，却保留了下来，② 成为日后查玛这出"社会戏剧"生产过程中依据的一个蓝本。只是，这种意义上的继承已不仅仅止于"接受"，它还意味着解释和选择，即承认一种传统模式在社会中的重要作用，不是把它视为某种仅仅给定的东西来接受，而是理解这种传统的功能和意义可能怎样而进行解释与选择。③ 而事实也充分表明，在查玛借助传统与记忆进行恢复的整个过程中，一切都在重塑。

一、表演道具的艺术化、符号化

首先，面具的传统意义正经受着消解。格尔茨认为：一系列的神圣象征，组合成某种有序整体，形成了宗教体系。对那些认

---

① 格尔茨著：《文化的解释》，纳日碧力戈译，上海人民出版社，1999年，第189页。
② 简·艾伦·哈里森著：《古代艺术与仪式》，刘宗迪译，生活·读书·新知三联书店，2008年，第89页。
③ 参见陈庆德：《人类学的理论预设与建构》，社会科学文献出版社，2006年，第193页。

同这些象征的人,这样一个宗教体系传达真正的知识。[1] 在传统查玛仪式表演中,面具作为一组"宗教"意义上的象征符号而存在,借助于它,生存世界与想象世界在某种程度上融合为一,人与神统一于仪式之中,所谓"戴上面具,佛身就来了",或许并非所有面具制作的目的都在于消灾,但所有面具都代表着一个与神相沟通的愿望,这点是确实无疑的。[2] 然而,面具所具有的一种传统象征意义上的隐喻、联结性,却在现代查玛活动中日渐消弭,褪去原来萦绕包裹着的神秘气息,面具成为一个可感可触的实实在在的"物质实体",它不再具有"矛盾和含糊的气氛",不再是一个"伪装",不再"隐藏着我们最需要知道的东西,不再是因戴上面具而变成精神存在的那个戴面具者的实际存在"。[3] 理查兹在对阿拉·奥朗面具的阐释中说:面具后面的演员一旦进入假面舞会,就停止作为可以辨认身份的人而存在。社群的任何一个人,如果只把戴面具者认作演员,而不是认作他所扮演的阿拉·奥朗,那他就会因为把祭奠祖先的面具变成画像而亵渎了神灵,从而受到严厉的惩罚。面具的"存在,在自己的特征里被枯竭"。[4]在现代查玛演出中,面具对于表演者来说,成为一个装饰物、附属品,面具本体得以彰显及鲜活,而隐匿其后的神的精神特质却日趋枯萎,人们已不大关注演员所扮演的"阎罗"或"海螺"的功能及意义,人们也已不大去关心每一面面具背后的故事和灵性。在一个不断的创作过程中,查玛面具已日益成为一组彻头彻尾的被观察者所欣赏、表述着的艺术符号及对象。而这种将"面具"想象成演员附属物的行为,就等于要观众窥视面

---

[1] 格尔茨著:《文化的解释》,纳日碧力戈译,上海人民出版社,1999年,第151页。
[2] 参见朱狄:《艺术的起源》,武汉大学出版社,2007年,第182页。
[3][4] 戴维·理查兹著:《差异的面纱——文学、人类学及艺术中的文化表现》,如一、王烺烺等译,辽宁教育出版社,2003年,第352页。

具的背后，并要求演员停止纯粹地为"表演"服务，而开始利用表演来为深入的"本质"服务，这一行为无疑破坏了古老面具表演惯例的基础。① 更重要的是，把面具理解为艺术的、历史的或文化的产品，"也许就是从使一切都'为深入本质服务'的单一愿望中建构而出的"。②

其次，道具的传统秩序性遭到了颠覆。在仪式中，往往有一些借以增强神性的需要展示的道具圣物，这些圣物可能就是非常一般的物品，比如骨头、铃鼓、镜子等等，仪式通过展示个别圣物或者几件圣物的组合，以深化的形式或以某种与他们所要解释的符号同样神秘的格言警句来向仪式参与者宣讲各种宗教信仰的含义。③ 这些法器、佩饰等圣物由于浸染了浓厚的宗教色彩，对于仪式有着重要的象征意义，它们并不是可有可无的装饰品。"通过圣物的位置——什么在上、什么在下；什么在左、什么在右；什么在里、什么在外，或者通过圣物所具有的主要特质——比如雌雄、颜色、质地、密度、温度，人们便可以知晓宇宙与人类社会之间在哪些方面是相互联系的，哪一些联系关系更为重要、哪一些则相对次要"。④ 在传统仪式中，查玛所有的面具、法器、佩饰等道具都有着严格意义上的规定性，哪个神祇戴什么颜色的面具，持什么种类的兵器，有什么样式的佩饰都不可以轻易改动。就面具的颜色来说，在藏传佛教的护法系统中，不同颜色面具的神祇分别代表、管制着东南西北各个方位，白色为东

---

① A. David Napier, *Masks, Transformation, and Paradox*. Berkeley, 1986. 9.
② 戴维·理查兹著：《差异的面纱——文学、人类学及艺术中的文化表现》，如一、王焰焰等译，辽宁教育出版社，2003年，第353页。
③ 维克多·特纳著：《戏剧、场景及隐喻：人类社会的象征性行为》，刘珩、石毅译，民族出版社，2007年，第288页。
④ 维克多·特纳著：《戏剧、场景及隐喻：人类社会的象征性行为》，刘珩、石毅译，民族出版社，2007年，第289页。

方、黄色为南方、红色为西方、蓝色为北方,这四种颜色是查玛面具中的主要颜色,分别象征温和、广博、权力和威猛。同时,一些独特的佩饰则是查玛表演中的不可或缺之物,如被认为具有辟邪镇魔功能的护心镜等。这些神话和仪式中的"细节"背后所隐含的是列维—斯特劳斯称之为"感官符号"的东西,它们能帮助我们发掘不同的符号——无论是视觉符号、听觉符号还是触觉符号——所代表的事件、物品之间所具有的同源关系。并且,无论是通过视觉上的展示还是听觉上的宣讲,这些具有象征意义的物品在传承文化方面起到了记忆术或者传播术的作用——它们是信息的"储藏器",它们所贮存的并非什么实用的技能,而是本民族的宇宙观、价值观和文化观,甚至关于该社会的深层知识也由此代代相传。① 而在复兴后的查玛演出中,传统仪式中一切道具的"秩序性"皆因"表演性质"的逐渐增强而日趋弱化,甚至被颠覆。于是,原先道具符号中象征层面上的能指与所指之间的关系就被生生地割裂,由此导致了其传统宗教意义的断层和缺失,从而单单成为一组纯粹的视觉化符号。尤其是当查玛被搬上剧场的舞台后,从面具的造型、颜色到服装的面料、款式,再到佩饰的设计,都只更注重舞台艺术的视觉表达效果。

根据舞台表演的需要,查玛面具的造型上可以再夸张或稍收敛,大多数角色的塑造趋于写实化,如蝴蝶神的形象设计增添了蝴蝶头饰及可收可展的两翼。而在色彩元素上,更注重明暗对比及颜色本体层面的象征意义,如黑色象征邪恶和痛苦,蓝色象征正义与邪恶的斗争,白色象征胜利和光明等。在服装款式及面料的使用上,轻便、飘逸成为主要特点,既要方便舞蹈演员完成动作,又要具有较强的观赏性。比如扮演鹿、牛神的演员要在舞台

---

① 参见维克多·特纳著:《戏剧、场景及隐喻:人类社会的象征性行为》,刘珩、石毅译,民族出版社,2007年,第288—289页。

上完成较大幅度的舞蹈动作，那么它们的服装便从原来拖长的蟒袍变成了简便的民装蒙古服；而蝴蝶神的服装则趋于轻盈、飘逸。在法器、佩饰上，更注重从审美的层面进行设计，如借用萨满神服中的腰铃是为了让舞者动起来时更有节奏及韵律感，而在护心镜四周增添菱形会旗的装饰是为了看起来更美观等，其背后的神力、神性等功能意义已变得不再重要。此外，现代查玛表演还一改以往仪式中性别模糊化的特征，而极力突出性别对立的二元色彩。如吉祥天母、菩萨等角色在传统仪式中都由喇嘛，也就是男性扮演，整个人物形象如面具、服装及情态表达等都趋于中性化。而在现代演出中，这些角色全部由女性扮演，柔美、婀娜的人物性别形象十分鲜明。传统仪式中的秩序性被一种现代表演中的视觉审美性所打破。

二、表演形态的不断创新化

对于蒙古贞查玛来说，作为现代"文化展演"的复兴之路其实是一个不断"被创作"的过程。在这一过程中，不同的时代环境因素、不同编导的教育背景以及他们自身对于查玛的理解与想象，使得查玛在继承了传统若干基本动作要素的基础上，吸收和揉入了许多新鲜的时代艺术元素与民族舞蹈语汇，从而形成了以下几个形态样式。

（一）若隐若现的"芭蕾"情结

"芭蕾"在中国舞蹈史上曾产生的深远影响是不言而喻的，新中国成立之初，中国古典舞的训练体系以及民间舞教学思路的建立都受到它一整套结构方法图式的启发。尽管此后老一辈舞蹈艺术家们一再呼吁中国舞蹈的创作要从"芭蕾的维谷"中走出，但事实表明，从那个时代走过来的大多数舞蹈形态，身上都不可避免地留下了一些芭蕾的印记，尤其对于接受过那个时代舞蹈训练传统的人来说，其日后的编导创作中都或多或少存在着些许芭蕾情结，这一点在蒙古贞查玛的创作中得到了很好印证。据查玛的主要编导之一马连清老师讲述，辽宁芭蕾舞团两年学习与训练的经历，让她在日后民间舞的学习中，一直难以摆脱满身的"芭蕾范儿"，这对于她最初的查玛创作产生了一定的影响。在她的第一次创作尝试，即参加第一届"沈阳文化艺术节"的作品中，马老师一改以往查玛表演中显著的"群舞"风格，揉入了大量芭蕾艺术中不可或缺的表现要素——双人舞，这种特殊的技艺需要男、女舞者共同配合完成，由此女性第一次加入到查玛表演中来。此次查玛表演采取了地面上的伫立、旋转和推磨式圆周绕转等动作，而"开、绷、直、立"的芭蕾舞蹈观也渗透在查玛舞者的大多数动作中。可以说，马老师的此次创作是一场略带有"芭蕾"意味的演出。而此后，为迎接辽宁省第六届艺术节，市艺术团编导的查玛选场"蝴蝶神"则完全被打造为了一场芭蕾舞剧，其中贯穿着舞者托举、平衡、支撑旋转及抛等鲜明的芭蕾语汇。此外，在县民族艺术团的查玛表演中至今仍残留有芭蕾的影子，如脚部动作的基本特征大多数为"绷脚"，即脚腕伸展，脚背上拱，脚尖下压，与腿部形成一个流线型，而如此鲜明的芭蕾语汇在马连清老师以后的几次创作过程中早已完全摒弃掉，演员脚部动作回归到原来的"勾脚"状态，即脚尖最大限度勾起，脚跟向远蹬，脚部与腿部形成勾曲式。总体来说，在蒙古贞查玛的整个恢复创作过程中，芭蕾情结一直纠缠其中，若隐若现。

（二）红火热闹的"秧歌"情怀

所谓"北方的秧歌，南方的灯"，红火热闹的秧歌一直是东北大地上广为盛行一种民俗舞蹈形式，而该形式也曾深刻影响了查玛的创作编排。在马连清老师的第二次创作，即参加1989年北京"龙潭杯"全国优秀花会大赛中,查玛脱尽了满身芭蕾的味道,而改走"秧歌"套路。就表演形态而言,马连清老师采取了秧歌中"团场"的展示方式,① 团场是选择一块空地围成表演场地进行演出,舞步相对复杂多变,表演也脱离了单一情绪而具有较强的戏剧性内容。② 由于演出场所为广场,查玛的构图方式采取了四面围观中的"轴心式",而整场演出遵循秧歌的"大场"和"小场"套路。首先,众神祇在菩萨的带领下集体"碎步小跑"出场,所谓跑"场图③",场图又称"花场"或"套子",是东北秧歌舞蹈的重要组成部分,舞者由一队舞成两队,形式是较为简单的"龙摆尾";然后各个人物角色单独依次出场表演;最后众神在菩萨的带领下重新出场,集体而舞。在舞蹈动作方面,马老师基本保留了第一次民族民间舞蹈集成中查玛舞谱的动作,加入了极其有限的秧歌中"扭"的体态特征,如拧步、麻花步、十字步等。以期打造一种喜庆、欢快的氛围。

（三）意象写实的"舞剧"风格

在蒙古贞查玛恢复过程中,开始的创作都比较重视整体上的表演形式,比如就前两种查玛形态来说,编导们的创作思路在于打破一种传统的表演程式,代之以另一种艺术样态的模板去进行实践。而后,编导们的关注点逐渐由整体形式转向单个的具体人物角色,尤其是当查玛作为一种选场表演,由广场走进剧场,由露天舞台走上有着布景灯光的舞台时,编导们更加注重人物形象

---

① 秧歌的表演形态基本上分为"游街"和"团场"两类。"游街"是指秧歌队伍两两成行,迈着简单的舞步,串街走巷,造就一种热闹喜庆的氛围。
② 于平:《舞蹈形态学》,北京舞蹈学院,1998年,第104页。
③ 就形式而言,秧歌的"场图"有一队舞者舞成的"龙摆尾"、"四面斗"、"三环套月"等;有两队舞者舞成的"二龙吐须"、"剪子股"等;有四队舞者舞成的"大蒜瓣"、"四角花"等。

及性格等方面的塑造。这样，舞蹈动作就成为一种很好的表现手段，其动作特点趋于形象写实化。以蝴蝶神为例，这一角色在蒙古贞查玛表演中，一直都不承担重要职能，但它却在历届编导的作品中保留下来，受到编导们的一致青睐，尤其是作为选场演出时，该角色出场的频率也很高。原因就在于，相对其他一些角色单一化的舞蹈动作而言，蝴蝶神的动作较为繁复，十分适于舞台展现，更重要的是，角色本身赋予了编导们以较强的想象发挥空间。比如蝴蝶的动作特点在于轻盈、飞舞及旋转，于是查玛中该角色的舞者便统一由女演员扮演，主要动作采取模拟式的双臂颤动、双脚跳跃、身体画圆旋转等，是一种"自然物态的情状化"创作。而根据传统查玛仪式中的"捉鬼情节"，有的作品中还融入了蝴蝶神与"小鬼"相搏斗的动作，从京剧中抽调武戏演员扮演"小鬼"角色，与蝴蝶神共同完成翻打、翻跃等搏斗的场面，最后蝴蝶神将小鬼捉拿斩除，完全取代了传统仪式中"阎罗"的角色。此外，鹿神、牛神也是作为专场演出次数较多的角色。受传统查玛表演情节的影响，这两种角色始终捆绑一起出现在同一个舞蹈构图中，但舞蹈动作也已意象写实化，不同于传统仪式中较强的舞蹈表演技巧要求。比如鹿神的动作多跳跃，牛神的动作多甩头，并且牛神取代阎罗充当了"审判官"的角色，手里始终紧握、挥舞着绳索，寓意在于要将"妖魔鬼怪"绳之以法，而此时的"妖魔鬼怪"则完全是一个虚幻、象征性的存在，并不是由演员扮演的真正实体，观众只能从鹿、牛二者的表演动作中去体会、领悟其"捉鬼"、"审鬼"、"斩鬼"的情节。整个演出是一场意象写实化的查玛"舞剧"。

（四）"回归"中的"民俗舞"气息

如果说，上述从一种模板化创作到意象创作，都是蒙古贞查玛"复兴"过程中的一种尝试与探索，那么自"非遗"保护工作始,查玛的复兴则转入一种日趋"回归"的状态,传统查玛仪式的表演程式、基本构图、基本舞蹈语汇等受到了编导们的重新重视,将查玛打造为一种"原汁原味"又不失民族性的艺术形式成为该阶段复兴工作的主导方向。不过,我们应清醒地认识到,所谓原汁原味的"回归"只是一种"形式"上的复古,对于民族性的强调与彰显才是该阶段复兴工作的重点。

首先,编导们继承了传统仪式中一些基本的动作要素及特点,如"顺手顺脚"作为查玛表演中最为鲜明及重要的舞蹈表现语汇被坚持保留下来。同时,某些传统的动作元素已消失不见,如蝴蝶神角色主要的舞蹈语汇"颤步"、"颤膝"动作,阎罗角色的"摆手跳转"、"晃手"、"下腰"等动作。此外,查玛创作中揉入了大量鲜明的蒙古族舞蹈语汇,如脚下碎步磋、碎抖肩、点步后退、双手叉腰耸肩、趟步、硬腕、屈伸绕肩、绕肩画圆以及大量的马步动作等,尤其是鹿、牛神的表演主要以蒙古族摔跤舞的形式去表现。总体来看,这一时期的查玛表演已具有一种浓厚的民俗舞气息。所谓"民俗舞"可分为"生态民俗舞"与"演艺性民俗舞"两种形态,生态民俗舞的"继承风格"本身无需去承载"风格"以外的意义,"风格"展示本身就是目的。而演艺性民俗舞作为舞蹈家的自觉创作,无疑要寄托舞蹈家的"意","继承风格"由目的退为手段——成为职业舞者造"意"的手段。[1] 对于查玛来说,尽管其当下的舞蹈动作中已流露出许多鲜明的民族生态印记,但它的表演目的明显不仅仅止于"风格"的展示,而政治、经济上的利益诉求也使得它不可能成为一种纯粹意义上的"生态民俗舞"。在现代文化展演的不断创作中,查玛已越来越成为一种"寄意"、"造意"、"逐意"的"演艺性民俗舞"。

---

[1] 于平:《舞蹈形态学》,北京舞蹈学院,1998年,第112页。

我们说，舞蹈是一种动态艺术，它的动作、舞姿、韵味及队形构图等往往像电光流火一样，转瞬即逝，这些构成舞蹈的基本元素在历史的传承过程中，特别容易产生变异。[1] 从最初的传统宗教仪式到上世纪八十年代开始复兴的现代文化展演，蒙古贞查玛的舞蹈形态一直处于消弥与重构的发展过程中。

首先，就舞蹈动作而言，舞者的显要动作部位已发生了显著变化。所谓"显要动作部位"（简称显要部位）是指人体运动中相对幅度最大的部位，具体可包括头颈、上肢、下肢及躯干。[2] 其一，从运动特征来看，头颈部似乎并不能算作查玛舞者的显要部位，因为面具的使用已在某种程度上掩盖了其原本的表意性、交流性作用。但该部位的动作也有一个明显变化，即转动方向一改以往表演中与肢体运动方向相反的特征，而是大多数情况下与肢体行动方向相一致，作配合、跟随状。其二，上肢动作的变化较为鲜明。就手部动作来说，查玛舞者已从着力表现指关节的各式变幻（如丰富的"手印"动作），过渡到注重腕部动作（如硬腕、挽手、提腕等）的组合运用。此外，受蒙古族舞蹈特征的深刻影响，舞者肩部的动作增多（如硬肩、碎抖肩、耸肩等），较之原来"垂"的特点有了明显变化。其三，下肢部位的动作变化最为突出。传统仪式中，查玛舞者脚部及膝部的主要动作特征在于"颤"，腿部的跨腿、端腿等动作均以勾腿外开为主；而在现代表演中，舞者脚部及膝部"颤"的动律特征已表现得不那么鲜明，并且挎腿及扣脚的动作为"O"字型。其四，就体态动律特征而言，现代展演中的查玛已具有上身略后倾，颈部稍后

---

[1] 参见高历霆：《藏传佛教寺院舞蹈羌姆探源》，载《西藏艺术研究》，1988年，第3期。
[2] 参见资华筠、王宁、资民筠、高春林：《舞蹈生态学导论》，文化艺术出版社，1991年，第18—19页。

枕，下肢拖躺，膝部平稳的蒙古族舞特点。

其次，在舞蹈的风格韵味方面，查玛也一直处于不断地变幻中。从一种富于神秘气息的宗教舞蹈到略带有西方意味的芭蕾舞剧，从一种富有地方风土民情的秧歌形态到具有演艺性特质的民俗舞蹈，查玛创作中既凝结着不同时代背景的深刻印记，又蕴含有不同编导的自我理解与发挥想象，还渗透着不同时期、不同阶层观众的审美情趣及欣赏品位，三者交汇一起，共同作用其中，从而打造出各具风格韵味的查玛舞蹈形态。

此外，就查玛舞蹈的姿态、力度来说，传统仪式中的动作更富有雕塑感，是一种"力量"的彰显，意在威慑和惩罚；而现代查玛展演更多的是一种"美"的体现，动作力度减弱，并且揉进了大量"柔"的动作元素，意在视觉观赏性。而从先前一种"跳得发昏"到现在的只完成舞蹈动作，也深刻地折射出舞者本身对于查玛的情感、认知及体验等方面的变化。我们说，大多数宗教舞蹈都具有"狂欢"的性质，舞者在舞蹈过程中通过一种参与式"体悟"追求一种癫狂的忘我境界，传统查玛仪式表演就具有那样一种特质，而这在今天的展演中已不可再现。

随着查玛从寺庙走入民间再走进剧场，在表演空间的转换中，查玛的风格特征不断地发生变化。寺庙中的查玛是一种程式化的严肃而拘谨的表演，广场的查玛则更多地营造一种轻松、热闹的氛围，而进入剧场的查玛表演则蕴含了更多的矜持与刻意。在这种场所的变换过程中，查玛从一种传承性的功能性的宗教仪式演变为了编创性、演艺性的文化展演，最终成为一种职业舞者自觉创作的舞台艺术。

三、表演情节的故事化

在传统查玛仪式中，"寻鬼"、"捉鬼"、"斩鬼"的三段式表演情节是功能性的，具有宗教的喻义与实际的目的，换句话说，它既是一种宣扬教义、教法的路径，也是一种教人向善的方式，其中还凝集着民间各式各样的功利性祈求。而现代展演中的查玛则完全是为了一种"舞台叙事"，表演形式要比表演情节本身更重要，情节完全服务于形式，或者说情节只是创作所需要的素材，而如何表现这一素材是历届编导的创作重心所在。

四、表演者角色的转换

随着宗教喻义的消弭，表演情节的故事化，查玛的角色扮演者即舞者本身也经历了重要的实质性变化。在宗教仪式中，角色扮演者是"再现"神的意志和力量，"再现"某些现实情景；戏剧表演中，演员是以自身对角色的感悟，来"表现"角色。[1] 换言之，仪式角色扮演是一种"变身"行为，"变身者"处于一种超验的、失去自我意识的精神状态当中；而戏剧角色扮演是一种"模拟"行为，"模拟者"仍然保持自我意识。[2] 因此，尽管宗教仪式与文化展演（或戏剧表演）从某种意义上来说都是一种象征性活动，但二者之间的本质性区别在于：前者是一种"再现过程"，而后者则是一个"表现过程"。在传统查玛仪式中，表演者主体通过此前一定时期的自我修行，已经在某种程度上与神灵角色合二为一（至少他自己认为如此），"自我"消解在角色之中，"角色"大于主体自我，并且由于"自我"对角色有着明确而深刻的认知，他对角色的功能意义持有一种强烈追求与无限靠近的渴望，而"仪式的精神内涵也正是凭借着表演者的肉身得以

---

[1] 和晓蓉：《中国仪式艺术研究综述》，载《思想战线》，2007年，第6期。
[2] 倪彩霞：《道教仪式与戏剧表演形态研究》，广东高等教育出版社，2005年，第7—11页。

拟人化和具象化"。① 由此我们说,在传统查玛仪式中,表演者心怀对神灵的敬畏与特殊情感,是作为神灵的一种符号或载体在表演,表演的目的并不是为了展现主体"自我"本身,而是为了传达、再现一种超自然的"神性",同时也正是这种"超验性"将表演者自我与角色紧密地联结起来。而这种情形在现代查玛展演中则发生了变化,由于表演者自我与角色间的界限是清晰的,是分裂的,二者之间并不发生实质的关联性,角色只是一种象征性符号,表演者对角色的认知可以是模糊的甚至是没有概念的。并且"面具"的存在,使得表演者不仅可以对角色不附着感情,甚至可以在表演过程中不带有表情及神态,表演者只是隐匿在面具后面,完成或表现一个角色而已。表演者与角色之间的关系纽带仅仅是纯粹的展演行为本身。

五、"形式"大于"内容"

任何社会现象都具有不可分割的两个要素:形式与内容。事物的形式是它的结构、框架和语法;② 而内容则是对象、材料及意义。二者之间的关系十分明确,形式的组织与变换通常是为了内容的呈现及表达。"没有任何一种形式或者某个形式体系能够在逻辑上、本体论或认识论上获得优先地位,而采用某一形式更多地由偶然性因素,或者传统、修辞、策略、权力以及其他实际的意图决定。"③ 对于现代文化展演中的查玛来说,在复兴的道

---

① 刘宗迪:《译序》,载简·艾伦·哈里森著:《古代艺术与仪式》,刘宗迪译,生活·读书·新知 三联书店,2008年,第2页。
② 奈杰尔·拉波特、乔安娜·奥弗林著:《社会文化人类学的关键概念》,鲍文研、张亚辉译,华夏出版社,2005年,第114页。
③ 奈杰尔·拉波特、乔安娜·奥弗林著:《社会文化人类学的关键概念》,鲍文研、张亚辉译,华夏出版社,2005年,第115页。

路上，其形式一直处于不断地尝试、创新中，从"芭蕾"的异域风格到"秧歌"的热闹红火，从"舞剧"的梦幻唯美到"民俗舞"的民族风情，从服装、面具到布景灯光、舞蹈构图，表演中不断地揉入各种色彩、光调、音乐、舞蹈动作等艺术元素。于是，在各种形式的精心打造中，查玛看上去愈发丰满而华丽。与之形成鲜明对比的是，在形式的日趋强大中，查玛的表现内容却日显单薄，越来越具有选择性、片段化的特点，甚至湮没于形式之中。

德国社会学家齐美尔认为：形式具有惰性，而内容是具有活力的。形式由内容制造，然后形式就会存续下去，具有自在性、客观性和制度性特点；内容在进展和变化之中。① 而在现代查玛的创作中，这种情形或者关系却颠倒过来，形式在不断地更新，内容发生了停滞甚或萎缩。而我们知道，形式的持续变化和转化，往往会引起文化所包含的对象及关系的变迁。查玛在形式上的变换带来了传统秩序性的颠覆、超逻辑的改变以及表演者自我与角色的分裂。而由于"形式可以造成分类以及同类的汇聚……它通过在事物之间划定界线加以区分，从而否定事物的连续性"。② 风格迥异的样态形式又使得查玛在现代发展过程中呈现出跳跃性、断裂化的特点，这与传统仪式中的一种承继性、延绵性截然不同。

我们说，对于形式的追求可能出于不同的动机和目的，出于一定意义上的不同阐释的需要。一种越来越注重于"视觉图像"的呈现，越来越醉心于追求感官效应的"视觉性表达"已成为

---

① 参见奈杰尔·拉波特、乔安娜·奥弗林著：《社会文化人类学的关键概念》，鲍文研、张亚辉译，华夏出版社，2005年，第116页。

② 参见奈杰尔·拉波特、乔安娜·奥弗林著：《社会文化人类学的关键概念》，鲍文研、张亚辉译，华夏出版社，2005年，第114页。

现代文化表演的重要特征之一。实际上，展演离自我十分遥远，因为色彩和图像都被视觉客观化了。在利用形象性而打造的最自然的符号关系中，视觉常常是其最容易利用的使用域。从这个意义上说，展演服务于国家和政治同一化的目的。[1] 这一思想潜在的贯穿于现代查玛的创作之中，是其所力图表现的恒定主题。由此，对于查玛形式的追求可以看的是不同时代场景中漂染的结果，或者是一种权力的象征性表达，背后有一套民族—国家建构的逻辑在支撑和运作。

第三节　从仪式到展演：纠结与对峙

实际上，仪式与展演从某种意义上来说是连在一起的，正如谢克纳所言，它们是一个连续体的两端。而我们关心的问题是，这一对时而搅结一起，时而又截然对立的概念间到底有着怎样的连续性，这种连续性是如何形成的，又是如何发生的断裂。二者之间这种错综复杂的关系在蒙古贞查玛历史发展过程中得到了很好的演绎及诠释。无论是最初从西藏传入的原汁原味的宗教活动，还是复兴后不停创作中的民间、舞台艺术形式，查玛一直都具有仪式与展演的双重特质，单纯地将其定义为"仪式"或"展演"都有失偏颇，二者之中的任何一个概念都无法确切地概括、表述出这一集音乐、舞蹈、美术、神话传说等多元艺术形式为一体的宗教活动所具有的全部风格特征，而我们说查玛在蒙古贞地区经历了一个从"仪式"到"展演"的历史变迁过程，其

---

[1] 参见麦克尔·赫兹菲尔德著：《什么是人类常识——社会和文化领域中的人类学理论实践》，刘珩、石毅、李昌银译，华夏出版社，2005年，第297页。

实是指这一活动在发展演变中仪式的特征不断弱化、展演的特质不断增强的过程。在这一过程中，查玛的性质从根本意义上发生了改变。

一、一个"神圣空间"的分崩离析到重构

哈里森曾经在《古代艺术与仪式》一书的开篇中描绘过这样一幅图景：在公元前六世纪、五世纪甚至四世纪的希腊，在酒神节这个盛大的春天节日，跟随一位雅典市民来到雅典卫城的南面，走进剧场大门，立刻就会置身于一个神圣的广场，这是一片禁地，一片与周围的凡俗世界"间隔"开来的圣洁之城，它是奉献给神的。广场左边有两座神殿并峙而立，在古代，一座神殿一旦建成，就会因为其神圣性而被人们世代敬奉，轻易不会拆毁。[①] 在此，哈里森向我们展示了一个"场域"，走进它就意味着走进了"神圣"，走进了一片独立于世俗世界而存在的土地，一个由各种宗教象征符号、仪式及信仰所搭建起来的"神圣空间"，它四处氤氲和填塞着一种超日常的神秘与肃穆，具有与"世俗空间"相区别的一套特定的逻辑秩序、认知图式及话语系统。在传统社会，香烟袅绕不断，斋醮种类繁多，如此大量的"神圣空间"充斥在人们日常生产生活中，发挥着重要作用。然

[①] 刘宗迪：《译序》，载简·艾伦·哈里森著：《古代艺术与仪式》，刘宗迪译，生活·读书·新知三联书店，2008年，第1页。

而正如"石斧"的被淘汰导致了传统野悠榕社会文化的解体,①自近现代始,随着宗教的日趋衰落,传统仪式的洛续中断,古刹梵音遁迹,宫观步虚声消,于"灰飞烟灭"间,无数个神圣空间纷纷崩溃散掉。近年来,"非遗"保护声音的日益高涨,大量的传统宗教仪式相继复兴,坍塌了的"神圣空间"开始重建。在这一过程里,一座座辉煌气派的庙宇殿堂在昔日的断瓦残垣上重新筑起,一幕幕声色俱佳的仪式表演在过去的零落碎片中重新黏合。乍看上去,这一切仿佛"昨日"重现,细细体味后却发觉,一切不过是消解中的再生产。

就蒙古贞查玛来说,在其从寺庙走进民间、从民间走入剧场的表演场所的历史更替中,传统仪式所营造的"神圣空间"也经历了一个由"分崩离析"到"重构"的过程。在过去寺庙里,查玛的表演是"用于特定场合的一套规定好了的正式行为,它虽然没有放弃技术惯例,但却是对神秘的或超验的存在或力量的信仰,这些存在或力量被看做是结果第一位的和终极的原因"。②它试图借助于这种"存在或力量"以及各种超日常的手段与神灵相沟通,进而强化、改变一种日常秩序。这十分符合伯德从功

---

① 劳里斯通·夏普在《钢斧与石器时代的澳洲土人》一文中,记录了一群澳洲土著在"钢斧"传入后所发生的许多方面的变迁。在传统野悠榕社会,石斧不仅是重要的生产劳作工具,还是维系贸易交换、男人统治地位及信仰制度的关键。而随着欧洲先进技术之一"钢斧"的传入,传统的贸易伙伴关系遭到削弱,进而导致交换物品时举行的土著庆典仪式的衰落;因为年轻人、妇女及儿童都已拥有斧头,导致了男人权威的丧失,这样传统的领导模式就被打破;此外,由于没有人能够给钢斧创造一个神话,钢斧无法整合到野悠榕文化中,这引起了人们对于原始神话的迷惑、怀疑和摇摆不定。于是,钢斧的传入导致了野悠榕文化的彻底解体。

② Turner, Victor. *From Ritual to Theater and Back: the Human Seriousness of Play*. New York: PAL Publications. 1982. 79.

能意义上对仪式所作的归类之一，[1] 即"祈求性交流"仪式，这类仪式的实行是为了祈求获得某种神祇、精神、权力或其他圣灵的通融，进而得到庇佑。而在这种祈求与希冀中，仪式于人、神之间架起了一座交往互动的桥梁，也在一定程度上弥合了神圣与凡俗间的一种断裂或离隔感。于是，人、仪式、神三者便在一种看似无可言状的微妙关系中构筑起一个"神圣空间"。这一空间也可看作是一个社会特定的"公共空间"的浓缩，它既包含有一套确认的时间、地点、器具、规章、程序，还包含着一个特定的人群所网络的人际关系。[2] 这样，人与神之间、人与人之间就由一条信仰的情感纽带联结在一起，即涂尔干所说的"集体意识"（collective consiousness），一种以最简单形式表现出来的共享情感与冲动。由此我们说，传统查玛表演终究是一个"仪式的空间"。

相对而言，现代查玛表演所重建的却是一个"戏剧的空间"，它试图借助于一种传统仪式模式，尽情地自我展现与张扬，

---

[1] Bird, F. B. Ritual as Communicative Action. Lightstore, J. N. & Bird, F. B. *Ritual and Ethnic Identity*: *a Comparative Study of the Social Meaning of Liturgical Ritual in Synagogues*. Wilfrid Laurier University Press. 1995. 在本书中，伯德按照仪式的功能性解读将其归纳为五种基本类型。制度性交流：即人们在某些特殊仪式中的行为，如婚礼。这些规定赋予了一些新的条件，人们的行为在这些程序中享受着一种新的状态和社会所赋予的明确身份。自我表现性交流：即通过仪式中的行为不仅为自己展现自己；也向他人展现自己。表达性交流：仪式为人们提供了一个表达和转述情感的机会。仪式的表达特征不独体现在特殊的语境（如丧葬仪式、生日礼仪等"通过仪式"），而且体现在任何仪式语境。常规性交流：仪式作为一种基本的交通媒介，聚集了社会价值信念，道德语码等，并将生命的理解与传说和"生命圈"的循环通过复述、音乐、舞蹈等行为加以表达。祈求性交流。转引自彭兆荣：《仪式谱系：文学人类学的一个视野——酒神及其祭祀仪式的发生学原理》，四川大学博士学位论文，2002年。

[2] 参见彭兆荣：《人类学历史的知识谱系》，载《民族研究》，2003年，第2期。

而所谓超验的存在或力量,与神灵交流的祈求和愿望都不在它的关心范围内,查玛曾经负载的功能意义已无法在这一空间内得到实现。这样,一种仪式性的缺失就导致了人与神之间关系的割裂。而与此同时,人与人之间关系的性质也从根本上发生了变化,尽管我们不否认在复兴后的查玛表演空间中,也有类似于"集体意识"的存在,但这种集体意识已不具有信仰所联结的共享状态,换言之,这种情感已在某种程度上不具有均质性,由此也就导致了该空间内人际关系的松散、疏离化。

当然,一个空间是"仪式的空间",还是"戏剧的空间";一个表演究竟是归属于仪式,还是归属于戏剧,按照谢克纳的说法,还有赖于它的背景和功能。在一个连续体的两端,一端是"功效"(能够产生转变的效果),另一端是"娱乐"。(如图所示)[1]

功效	娱乐
仪式	戏剧
结果	乐趣
与不在场的他者相联系	仅与在场的人相关
象征的时间	强调现在
演出者灵魂附体,处于狂喜(trance)中	演出者知道他或她在做什么
观众参与	观众观看
观众信仰	观众欣赏
不允许批评	以批评为炫耀
集体的创造	个人的创造[2]

---

[1] 菲奥纳·鲍伊著:《宗教人类学导论》,金泽、何其敏译,中国人民大学出版社,2004年,第182页。

[2] Schechner, Richard. *Performance Theory*. New York and London: Routledge. 1994. 120.

两个空间所追求及所要表达的东西存在着很大差异,这种差异性在现代查玛的不断创作表演中体现得愈发鲜明。而这种"空间"属性的决然不同,说到底是查玛自身的本质发生了变化。布迪厄说,每个场域如宗教场域、艺术场域、科学场域、经济场域等都规定了各自特有的价值观,拥有各自特有的调控原则,这些原则界定了一个构建的空间。① 在从宗教场域向艺术场域转化,并逐渐具有经济场域的某些特质的过程中,查玛所建构的空间的"价值观"及"调控原则"处于不断地变化中。然而谢克纳也提醒我们:没有任何演出是纯粹的仪式或戏剧。仪式与戏剧之间的边界并不是固定和静止的,"空间既是一种静态的与人的存在相关的事实,也是一种动态形成的社会性现象。"② 复兴后的查玛表演,在本质上是戏剧的,但形式上还是仪式的,而倘若我们从仪式的广义层面来看,现代查玛表演又何尝不是多方合作导演下的一场民族文化"政治仪式秀"?!

布迪厄说:在高度分化的社会里,社会世界是由大量具有相对自主性的社会小世界构成的,这些社会小世界就是具有自身逻辑和必然性的客观关系的"空间",而这些小世界自身特有的逻辑和必然性也不可化约成支配其他场域运作的那些逻辑和必然性。③ 简言之,无论是艺术场域、宗教场域、经济场域还是其他场域,都应遵循各自一套特有的空间逻辑与秩序,而彼此间不可化约。但实际上,在现代社会,一个日益增长的事实却是:许多个场域空间的壁垒都被种种无形的扭结在一起的强大力量纷纷打

---

① 参见皮埃尔·布迪厄、华康德著:《实践与反思——反思社会学导引》,李猛、李康译,中央编译出版社,1998年,第17页。
② Boyarin, Judith. *Storm from Paradise: The Politics of Jewish Memory*. Minneapolis, Minnesota University Press. 1992. 3.
③ 参见皮埃尔·布迪厄、华康德著:《实践与反思——反思社会学导引》,李猛、李康译,中央编译出版社,1998年,第134页。

破，逐渐丧失其独立性、自主性，所有空间的逻辑秩序似乎都可化约为权力和经济关系，所有的空间都受到某种特定利益形式的支配，空间与空间的共通性越来越多，甚至变得彼此间惊人地相似。于是，"祛魅化"了的宗教在艺术场域与经济场域的边缘间来回游走，模糊了边界，张望、迟疑中，继续徘徊……

二、"秩序"的颠覆与重建

随着昔日"神圣空间"的分崩离析到重构，查玛自身的一种秩序性也遭到了颠覆和重建。传统查玛仪式力图呈现及维持一种神的世界中的"宇宙秩序"，而现代查玛表演则展示或强化一种人的世界中的"权力秩序"。两种截然不同的文化世界及秩序性导致了二者在效力作用上的差异。

赫兹菲尔德认为：仪式是维护宇宙稳定的重要手段之一，从宇宙论的意义上来看，仪式的作用是重新恢复秩序。[1] 这种实践活动如同希冀或集体求救，由一种（本质上是）集体的语言来表达，它犹如计划，意在像人们影响社会世界那样影响自然世界，把一些应用于人的策略，也就是说独断性或相互性策略，有条件地应用于自然世界，向自然世界表达一些意图、希冀、愿望或命令，所使用的表达手段是以言行事式词语或行为，这些词语或行为产生一些超越任何表达意向的意义。[2] 传统的查玛正是这样一种实践活动，它试图通过"寻鬼、捉鬼、斩鬼"的三段式表演，为人间"驱魔除祟"，从而达到一个平衡祥和的状态，是

---

[1] 参见麦克尔·赫兹菲尔德著：《什么是人类常识——社会和文化领域中的人类学理论实践》，刘珩、石毅、李昌银译，华夏出版社，2005年，第237页。

[2] 皮埃尔·布迪厄著：《实践感》，蒋梓骅译，译林出版社，2003年，第150页。

一种企图借助神力恢复"宇宙秩序"的仪式行为。并且人们愿意相信，这一行为可以调控世俗世界与神灵世界的关系，从而让二者在某种程度上成为一个浑融的宇宙统一体。正如格尔茨所说，在仪式中，"宗教概念是真实的"、"宗教指引是有道理的"这类信仰以某种方式产生出来。正是在特定仪式中，宗教象征符号所引发的情绪和动机，与象征符号为人们系统表述的有关存在秩序的一般观念相遇，相互强化。在仪式中，生存世界与想象世界借助单独一组象征符号形式得到融合，变成同一个世界，从而使人们的现实感产生了……转变。① 对于传统查玛活动来说，在一种秩序性的恢复及维系行为中，寻求一种宇宙空间上的"统一体"、"整合感"是其真正的目的意义所在，这是"各种仪式和人神灵交活动中所要竭力表现的东西，也是在各种神话和信仰中人类一直梦寐以求的境界"。② 而在现代文化展演中，查玛与宇宙秩序间的内在关联性被有意识地割裂开来，为了使故事情节的展开与原始叙事的合理化逻辑相符，"宇宙秩序"成为一种舞台叙事的表述背景。在一个不断的再创作过程中，"演绎"的特质抹杀了查玛传统的功能意义。

我们说，仪式与展演在某种意义上都是一种"非语言行为方式"，或者说都由一组非语言的行为方式构建而成。差异之处在于，仪式中的非语言行为都是一丛丛"符号能指"与"符号所指"[3]，也就是说，每一个行为背后都有深刻的喻义，每一个行为本身都具有"主动性"，这些由符号能指与所指构成的非语言

---

[1] 克利福德·格尔茨著：《文化的解释》，纳日碧力戈等译，上海人民出版社，1999年，第129页。

[2] 转引自麦克尔·赫兹菲尔德著：《什么是人类常识——社会和文化领域中的人类学理论实践》，刘珩、石毅、李昌银译，华夏出版社，2005年，第243页。

[3] 瑞士语言学家索绪尔将"符号能指"定义为有意义的词语或符号；"符号所指"则是词语或符号所代表的事物。

行为作为"主体"而存在。不仅存在，它们还诉说。而在展演中，仪式意义中的符号能指与所指之间发生了断裂，或者发生了"意义偏移"，几乎所有的非语言行为都丧失了能指性，道具化、客观化。它们只存在，不言语。而发生这种转变的深层原因就是二者中包含的不同秩序性与权力效力综合作用的结果。

汉德尔曼认为：仪式的文化世界之转变成为壮观场面（即文化展演）的文化世界，是一个历史的过程。在仪式的世界中，宗教是无所不包的整体，它由全面而系统分类的大大小小的宇宙构成，道德和社会秩序的组织原则均自宗教演绎而来。① 它调整人的行动，使之适合头脑中的假想宇宙秩序，并把这种秩序的镜像投射到人类经验的层面上。② 而在展演的世界里，随着"巫魅"成分的不断被驱逐，原始宇宙观遭到瓦解，秩序的镜像被打破，宗教性因素逐渐丧失了先前的主导地位，一切组织、整合的原则都交与了权力。政治的、经济的、理性的、官僚制度等现代性秩序因素已充斥了文化展演的世界。

三、超逻辑的"转化"到"展现"

汉德尔曼认为，在仪式——"传统"社会的宗教信仰活动——和由官僚政权组织展演之间存在着巨大差别，二者包含着完全不同的超逻辑，可以分别称为"转化"和"展现"。③ 在查玛从仪式到展演的历史变迁过程中，其自身的"超逻辑"发生了

---

① 参见唐·汉德尔曼著：《仪式/壮观场面》，仕琦译，载《国际社会科学杂志（中文版）》，1998年，第3期。
② 参见克利福德·格尔茨著：《文化的解释》，纳日碧力戈等译，上海人民出版社，1999年，第104页。
③ 麦克尔·赫兹菲尔德著：《什么是人类常识——社会和文化领域中的人类学理论实践》，刘珩、石毅、李昌银译，华夏出版社，2005年，第284页。

本质性变化。

对于传统查玛来说，整个仪式过程是一个神圣与世俗、污秽与洁净、恶与善的二元转化过程。首先，在"却尔吉乐"查玛表演中，仪式开始之前的世界是一个有"鬼怪作祟"、并不太平的空间。仪式开始后，随着众神的逐一降临，参与者与表演者在某种程度上被置于了一种"人、神同在"的超自然状态。接下来，随着故事情节的铺陈展开，妖魔被擒，人、神同贺，仪式进入到高潮阶段。仪式结尾，众神离去，妖魔被除，一个清静、平和的世俗世界又得以复原。可以说，整场仪式表演是一个大的"转化"过程。不仅如此，仪式中的一些重要环节也暗含着"转化"之意，如"处置灵嘎（即妖魔）"的情节就不单单只是一个驱邪行为，有的学者将之称为"中阴"境界，认为它可以被视为神识（亡灵）从一种生命状态（或一种肉身）向另一种生命状态（或另一种内身）迁移的中间阶段，其重要实质在于对"亡者"神识的引导和转移，即将被无明妄念遮蔽的"罪恶之心"，转生为光明无碍的佛心。① 而此种"超度亡灵"的行为无疑是一场以"转化"为目的的生命与道德的救赎。其次，在"丁科尔"查玛表演中，也蕴含着深刻的"转化"思想，参与者希冀借助于仪式的力量将自己的来世度到那方净土——香巴拉王国，表达了生者对于"彼岸世界"的一种美好想象及向往。此外，在米拉查玛表演中，猎人与鹿、狗在佛法的感召下，放弃作恶、杀生之心，皈依佛门的故事也与"普度众生"的转化主题密切相关。亚历山大（Alexander）说：就最一般的和最基本的方面说，仪式是按计划进行的或即兴创作的一种表演，通过这种表演形成了一种转换，即将日常生活转变到另一种关联中。在这

---

① 参见郭净：《藏传佛教羌姆与中阴救度》，载《西藏民俗》，1997年，第4期。

种关联中，日常的东西被改变了。① 从这种意义上来说，大多数仪式都是以某一目标为转移的目的论色彩极其浓厚的行为活动，仪式举行的精神内涵往往就在于改变与转化。

而对于恢复后的查玛活动来说，其暗含的"超逻辑"已完全不同，作为一个不断创作中的艺术作品，现代查玛的表演目的已在于"展现"及"强化"，展现蒙古贞地区的地域、民族文化特色，强化观赏者的一种民族自我意识与认同。用约翰·麦卡隆的话说，文化展演是这样一些活动，"我们作为一个文化或社会在这类活动中反思自己，明确自己的本质，以戏剧化的方式表现我们的集体神话，为自己展示其他选择，最终在某些方面改变自己而在另一方面则保持自己的特色"。②

四、结构与能动性的不同彰显

保罗·康纳顿说：仪式具有一种"显著的规则性"，是一种"形式化的艺术"，倾向于程式化和陈规化。因为它们被深思熟虑地程式化，它们不会自发出现变化，或至多在有限范围内可能变化。它们不是因为一时内心冲动被操演，而是被认真遵守，以表示感情。③ 实际上，无论是规则性、程式化还是陈规化都指向仪式自身的一种"结构性"，结构性因素在传统查玛仪式中占据

---

① Alexander, Bobby C. Ritual and current studies of ritual: overview. In Stephen D. Glazier (ed.), *Anthropology of Religion: a Handbook*. Westport, CT: Greenwood Press. 1997. 139.

② MacAloon, John J, Introduction: Cultural Performance, Culture Theory. J. J. MacAloon ed., *Rite, Drama, Festival, Spectacle: Rehearsals toward a Theory of Cultural Performance*. Philadelphia: Institute for the Study of Human Issues. 1984. 1.

③ 参见保罗·康纳顿著：《社会如何记忆》，纳日碧力戈译，上海人民出版社，2000年，第49—50页。

第四章 从传统宗教仪式到现代文化展演：作为"社会戏剧"的历史　　199

着主导地位。

　　首先，这种"结构性"表现在一种自在与自存的逻辑特征上。正如汉德尔曼所说，"仪式塑造了产生仪式的那些秩序，仪式受到一种'超逻辑'的支配，而执行或旁观仪式的人是掌握不了这种逻辑的。"① 这就是为什么在长达三个世纪之久的发展过程中，查玛活动中的三段式表演、主要神祇角色及基本舞蹈语汇始终被保留、继承下来。而同时，与其他大多数仪式活动一样，传统查玛法会的举行也是周期性的，在一定时期内，查玛表演的具体时间及次数是被严格规定了的，往往不能够轻易取消、变动或增加。由此我们说，相对于展演，仪式更像是一种形式化的语言，对于这种语言的说和用，有风格化和典型化的倾向，由大致不变的言语系列构成。这些言语并非出自操演者，而是已经在教规中加以编码。② 也即是说，仪式通常情况下都在一种相对稳固的传统结构图式中进行表演，它靠自身的一种内在秩序性而延存，变化与创新并不是它所要追求的，而一旦在历史发展过程中发生了某些变化，也只是结构中细枝末节的改变，大的模式框架或"言语系列"则保持固定不动。其次，仪式的"结构性"还体现在表演过程中的大量重复性元素。正如坦姆比亚（S. J. Tambiah）所指出的，仪式由一系列序列化的言语和行为组成，它往往借助多重媒介表现出来，其内容和排列特征在不同程度上表现出礼仪性特征，具有凝聚的和累赘的（重复）特征。③ 在传统查玛仪式中，一种程式化的宇宙秩序图式是隐匿在背后的深层

---

　　① 麦克尔·赫兹菲尔德著：《什么是人类常识——社会和文化领域中的人类学理论实践》，刘珩、石毅、李昌银译，华夏出版社，2005年，第285—286页。
　　② 保罗·康纳顿著：《社会如何记忆》，纳日碧力戈译，上海人民出版社，2000年，第66页。
　　③ Tambiah, S. J. *A Performative Approach to Ritual*. London: The British Academy and Oxford University Press. 1979. 119.

语法结构，表演中存在的大量基本舞蹈语汇的重复则是一种序列化言语的外显行为。并且从某种程度上来说，仪式的功效也正在于倚靠这种反复、持续性的模式化行为对参与者施加影响并产生作用，在其内部结构紧密相连的自我封闭系统中，"仪式化的姿势、手势和动作，不是以灵活的组合传达各种模糊信息……而是在样式上有限制，因此从一个行为到另一个行为，从一个仪式场合到另一个仪式场合，易于预测、易于重复"。① 保罗·康纳顿说：仪式的参加者是否懂得那些仪式语言，或许只是个次要问题，且不构成对仪式效用的影响。重要的是这些仪式必须展示语言的天分，……作为可重复的表述——就像屈膝或祭献、祝福的手势或仪式舞蹈一样。宗教表述的精髓在于，它要在起源之后，把变化保持在最低限度。它的效用在于重复表述。② 而对于这种大多数仪式中都具备的有意识或无意识的重复行为，罗伯特·莱顿给出了这样的解释："创造重复舞蹈和音乐韵律的一种可选择的原因是在参加者身上产生催眠作用。"③ 由此我们说，无论是一种自在与自存的逻辑特征，还是一种重复、持续的累赘性，"结构性"终归是确保仪式自身合理性、延续性以及影响其效力发挥的关键性因素。

而与此相对，在现代查玛表演中，"能动性"作用得到了极大地发挥，它在一定程度上颠覆了传统意义上的"结构性"，这主要体现在查玛本身的不断创作过程中。在一个日益驱除巫魅的文化世界里，传统的模式结构不再被遵从，自我封闭的系统被打

---

① 保罗·康纳顿著：《社会如何记忆》，纳日碧力戈译，上海人民出版社，2000年，第69页。
② 保罗·康纳顿著：《社会如何记忆》，纳日碧力戈译，上海人民出版社，2000年，第78页。
③ 罗伯特·莱顿著：《艺术人类学》，靳大成等译，文化艺术出版社，1992年，第150页。

破，编码了的言语序列被打乱，故事的情节程式、角色的次序功能、舞蹈的动作元素等可以被一定程度地抽离、替换及组合，创作的原则在于最好地"呈现"。编导们通过不断地创新、尝试，力图给观赏者以视觉上最大的享受及冲撞。而此外，查玛的演出时间和次数也变得随意不可控制，尤其是近些年来，随着蒙古贞地区旅游业的开发，查玛与许多传统的民间习俗及庆典活动一样，"已不再按照传统规定的时间和地点举行，为了接待旅游者，随时都会搬上舞台，为了迎合旅游者的观看兴趣，活动的内容亦往往被压缩，并且表演的节奏明显加快"。[①] 甚至在寺庙中，查玛也由从前一项有着重要宗教意义的仪式变身为其他仪式上的一种"助兴表演"，主体性地位已不复存在。

我们说，"能动性"因素是文化展演永葆生命活力的源泉，但创新究竟可以在多大程度上背离传统？能动性在创作中的发挥是否有其界限？结构与能动性之间的关系在文化变迁过程中是可以调和的吗？这些都是蒙古贞查玛恢复工作过程中引起分歧及触发争论的深层矛盾因，应引起我们足够的重视及反思。

从传统宗教仪式到现代文化展演，蒙古贞查玛的发展经历了一个漫长而艰辛的过程。表面上看来，传统查玛仪式的衰落是自然而然发生了的，如赫兹菲尔德所言，"从某种意义上说，仪式靠自身获得永久生命力，因为其重复性说明，一种仪式的举行如果没有一定的预见性和准确性，就只有消亡。"[②] 而实际上，在一种日趋理性化的现代性背景中，政府与文化精英对传统宗教仪式的共同打造与精心包装是导致其性质发生变化的更为深刻的原

[①] 马晓京：《民族旅游商品化新论》，风方铁、何星亮主编：《民族文化与全球化》，民族出版社，2005年，第462页。

[②] 麦克尔·赫兹菲尔德著：《什么是人类常识——社会和文化领域中的人类学理论实践》，刘珩、石毅、李昌银译，华夏出版社，2005年，第290页。

因,"在祛除了巫术的魔力和宗教的庄严之后,仪式就演变为了戏剧"。① 社会戏剧生产的整个过程往往如特纳所言,"尽管要对方式、目标以及社会依附关系作出选择,但主要强调的还是忠诚、义务以及利益,因此事件的过程难免带有悲剧的意味。"② 透过现代查玛那历经打磨而变得愈发精致、高雅的华美外表,我们似乎再也找不见旧日里弥漫着的神圣与庄严。在被浓厚的艺术气息层层包裹之下,查玛自身的原始特质与味道正被一点一点地剥离和驱散掉。

我不禁想到戴维·理查兹在《差异的面纱》一书的结尾处描述的这样一个场景:

> "1980年,在尼日利亚,我聘请了一个埃冈冈剧团来表演。我那年到达那里太迟了,错过了他们通常的公开演出,因此得付钱给他们,叫他们为我表演一个专场,演出在伊林奥桑的中心开阔地举行。起初,我是唯一的观众,坐在树下一张摇晃的椅子上;但是,随着假面舞会演员的精彩表演酣畅起来,这个地方挤满了愉快的观众。这个剧团的确是以这个地方最多才多艺的阿拉林乔演员而出名。杂技演员翻跟头,不停地旋转,穿过一大群扮成动物和人的假面舞会演员,完全进入了约鲁巴社会的样本。当完全由乳臭未干的孩子来以面具表现奥巴和他的妻子时,演出达到了高潮。演出接近尾声时,剧团年长的团长开始唱最后一支歌。当歌手发表感人的结束语时,大家围拢过来。人群的后面爆发出杂乱

---

① 刘宗迪:《译序》,见简·艾伦·哈里森著:《古代艺术与仪式》,刘宗迪译,生活·读书·新知三联书店,2008年,第2页。
② 维克多·特纳著:《戏剧、场景及隐喻:人类社会的象征性行为》,刘珩、石毅译,民族出版社,2007年,第26—27页。

的笑声，渐渐地，所有的人都跟着笑起来，笑声几乎淹没了热诚的团长对我的慷慨和他的剧团的才能的称赞。人群散开，最后一个面具穿过人群，行礼致敬，伸出手来同我握手。我得弯下腰，因为这是一个孩子，戴着木质头盔，穿这卡其布短裤和衬衫，穿着羊毛袜子，戴着手套。这个面具与众不同，涂着白色和真正的霞红色。"

"这是我的面具吗？是我吗？是真正的我吗？"①

在埃冈冈剧团的演出落下帷幕之际，理查兹如此动情而失望地慨叹着。汉德尔曼说：随着壮观场面通过电视和旅游而跨国传播，肤浅之至的视觉映象压倒了意义。仪式的命运也如是。当我们观看"当地人"在屏幕上或在现场活动，并且被再度告知他们是在舞蹈求雨时，我们就把他们转化为眼前看到的老生常谈了：图中形象就是意义。我们把仪式当成景观，于是扼杀了仪式。②

---

① 戴维·理查兹著：《差异的面纱——文学、人类学及艺术中的文化表现》，如一、王焕焕等译，辽宁教育出版社，2003年，第353—354页。
② 唐·汉德尔曼著：《仪式／壮观场面》，仕琦译，见《国际社会科学杂志（中文版）》，1998年，第3期。

第五章 从查玛"兴衰演变"看"社会戏剧"的生产

第一节 兴衰演变:"众"望使然

自17世纪从西藏传入,到20世纪40年代末中断,再到80年代初的断续性恢复,查玛在蒙古贞地区经历了一个漫长而曲折的历史发展过程。这一过程是从"本土化"到不断地"地方化"过程,这一过程是从"传统宗教仪式"到"现代文化展演"的转变过程。两个过程交织在一起,使得宗教性的日益消弭、民族性的日益彰显、地方性的日益重构成为查玛发展历程中的显著特质。爱德华·希尔斯说:传统——被传递之物——在它被传递的那一刻是一幅从望远镜中看到的、用透视法缩短了的蓝图,在这个蓝图中,过去传统的发展历史几乎被冲洗一净。我们肉眼所见的只是它此时此刻的模样;我们看不到过去之经验和知觉的不同层面,看不见人们过去的反思;而所有这些因素在其整个历史过程中反复塑造了传统。现在这个蓝图是在漫长的时间内许多连续不断地传递、继承和再传递所形成的沉淀或混合物。[①] 对于蒙古贞查玛来说,它在发展过程中所经历的兴衰演变,它发展到今天

---

① E. 希尔斯著:《论传统》,傅铿、吕乐译,上海人民出版社,1991年,第56—57页。

所表现出来的风格面貌,都是在不断地"传递"与"继承"中,社会的、文化的、政治的及经济的等几个历史因素综合作用的结果。

一、"权力"由幕后走向台前

从在蒙古社会落地生根到繁荣发展,再到后来的中断与恢复,蒙古贞查玛——这出"社会戏剧"的生产自始至终都未曾脱离过"权力"的操控。

对于传统查玛仪式而言,它受制于国家政权与宗教观权威的双重权力话语。国家权力泗晕在查玛所处的时代场景中,是其合理化存在的深层支撑;而宗教权威则作为一种结构性框架悄然隐匿于查玛背后,正如格尔茨所说,仪式行为本身就在于"通过借助单独一套象征符号,引发一套情绪和动机(一种精神气质),确定一个宇宙秩序的图像(一种世界观),从而引导人们承认支持着仪式所体现的宗教观权威"。[①] 两种权力形式交错一起,共同制约、形塑着查玛发展的足迹与形态。而我们往往难以体察到这二者的存在,是因为"变化"在权力所允许的范围和向度内发生着。

在复兴后的查玛展演中,宗教的权威日益没落,地方政府的力量逐渐凸显出来,它与国家话语一起凝成了一股新的作用势力。并且相对来说,这种作用势力已从幕后赫然地走到台前,大张旗鼓地操纵、设计着查玛可能发生变化的每一个细节及趋向。自全国第一次民族民间舞蹈普查工作始,国家将"民族民间艺术"这一称谓授予查玛,查玛的性质便开始由仪式转向展演,从

---

① 参见克利福德·格尔茨著:《文化的解释》,纳日碧力戈译,上海人民出版社,1999年,第135页。

此，蒙古贞查玛恢复工作便具有鲜明的导向性。其中，暗含着对"巫魅"成分的驱除，对"艺术"属性的强调，是一个弱化宗教性、张扬民族性的目的性举措。而后来的事实也充分表明，在查玛的整个复兴过程中，如何将其打造为地方性特色的"民族文化品牌"一直是创作所力图表现的主题。于是，在一轮有目的有意识的指导性变迁过程中，权力自身得到了极大地彰显。

今天，一个传统文化日益复兴的时代里，并不是什么都能够复兴，即使那些侥幸得以复兴的也不可能是原封不动。在相当大的程度上，人们主要是把传统文化作为素材，在国家允许的框架里重新塑造出来，进行自己的文化生产。有时候国家的力量就威威赫赫地摆在那里，有时候国家以隐蔽的方式发挥作用。[①] 但不管怎样，它一直存在，不容忽视。

二、文化的交流与融合

文化的交流与融合也是导致蒙古贞查玛发生历史变迁的动因之一，这主要表现在其"本土化"及断续性的恢复过程中。

首先，蒙古贞查玛的本土化过程是一个"多重文化时空层叠整合"的过程。所谓"多重文化时空层叠整合"是指，当一个地区的文化由于长期的发展变异以及新的经验积累而出现新文化现象时，旧文化的许多主要部分不是以消亡和破产为基本特征，而是经过选择、转换与重新解释后，被重叠和整合在新文化结构之中。而对于传播过来的异地文化，也以同样的方式被消融在新的文化结构之中。这样，不同时间、不同地域发生的文化现象便凝结、层累、整合在同一种文化结构中。并且这种文化时空的层

[①] 高丙中：《民间的仪式与国家的在场》，载《北京大学学报》，2001年，第1期。

叠整合，不只有一次，而是经过多次。① 归根结底，这是一种新、旧文化形态间交锋、对峙、包容、妥协的结果。并且这一结果一旦形成，即新的文化结构一旦产生，便会在一定时期内保持一种相对的稳固性，并对其日后发展产生深远的影响。这也正是为什么历经岁月的塑造与打磨，如今的蒙古贞查玛依然是一个蒙、藏宗教文化艺术元素相互糅合的统一体，二者在其漫长的发展过程中曾经有过此消彼长，但却从未真正分离。从根本上而言，蒙古贞查玛是蒙、藏文化交流的产物。

其二，蒙古贞地区特殊的地域性及民族性，决定了汉民族的宗教文化艺术因素一直都纠结在查玛的兴衰演变过程中。在查玛初传到蒙古贞之际，该地区的生计方式正处于从游牧到农耕的转型过渡期，查玛的周身便平添了一抹农耕文化的色彩，不过由于在这一阶段，农耕文化对蒙古贞的影响尚且有限，它只是作为一种象征性因素在查玛仪式中略出现一二。美国社会学家威廉·奥格本（W. F. Ogburn）在研究文化变迁的特性时指出：在文化变迁过程中往往存在着"文化堕距"（culture lag）现象，也即文化滞后。由相互依赖的各部分组成的文化在发生变迁时，各部分变迁的速度是不一致的。一般而言，"物质文化"总是先于"非物质文化"发生变迁，并且变迁速度往往快于"非物质文化"。② 这就是说，文化中精神层面的东西如观念、习俗、信仰等在文化变迁过程中是较不易发生变化的因素。因此，尽管农耕文化元素在查玛的"本土化"过程中已开始有所渗入，并且在汉民族精神信仰杂糅性特点的影响下，查玛活动中也开始显露出世俗化倾

---

① 参见朱炳祥：《"文化叠合"与"文化还原"》，载《广西民族学院学报》，第22卷，第6期。

② 参见威廉·费尔丁·奥格本著：《社会变迁：关于文化和先天的本质》，王晓毅、陈育国译，浙江人民出版社，1989年，第106—107页。

向,但总体而言,这一时期中藏传佛教的宗教文化体系尚足够坚固,自身封闭性尚且良好,查玛的世俗化特征并不表现得十分明显,它一直受到自身宗教属性的潜在遏制。而后,随着蒙古贞地区汉化程度的持续深入,农耕文化色彩在查玛表演中变得越来越鲜明,当地蒙古族对传统文化的认同开始趋于势弱,精神信仰也发生了部分转变。这就导致了查玛在中断后的很长一段时期内都无力、无心复兴,并且在恢复初期呈现出断续性的特点。

三、蒙古族身份认同的日趋强化

一个失落了的文化传统能够复兴起来,就表明它在历史发展过程中没有被彻底地遗忘,它在当今的社会中仍有情感的土壤,并且它对于现时的生活还具有重要的价值及意义。对于蒙古贞查玛来说,一种日益增强的身份"认同感"是这一传统文化得以复兴的现代动力之一,这一情感驱使着蒙古民族去寻求、修复以致重构那些将要消亡或已经消亡了的传统。

我们说,尽管在蒙古贞地区长期的历史性汉化过程中,蒙古民族自我身份认同感曾一度趋向弱化,但事实上,它一直没有消失殆尽,强大的农耕文明体系只是改变了当地蒙古民众的生计方式,却没能从精神层面上完全整合掉那份根深蒂固的情感认同。毕竟,在厚重的历史沉淀中,蒙古贞社会的生活、思想、文学及艺术等各个领域早已深刻打上了蒙古族精神气质的太多印记,这种印记在民间表露得分外鲜明。比如在田野访谈中,当对方得知我也是蒙古族时,一种十分自然的亲切感往往会随即而生,两个人的陌生距离瞬间便拉近了许多。但由于不会讲蒙语,通常的情形是,我会在对方接下来的一句蒙语问候中面露窘色,在很多场合中,一个不会讲自己民族语言的蒙古族往往会略显尴尬。有一次在王府德惠寺作访谈,一位接待我的老人在端上水果时善意地说笑:"姑娘,你要是个会说蒙语的蒙古族,大爷我这水果可就洗的是大的。"当然这只是个随意的调侃,而我在田野期间也遇见过一位执著的老人,他在细考了我家上下几代人的民族身份后,坚持要教我讲蒙语,他说:"姑娘,你一个蒙古族,咋能不会说自己民族的话呢,不管你念到哪,都不能忘本啊,再说了,你在调查中要是会说蒙语,那可就省事多了,人家一听你说蒙语,愿意跟你说的就多,尤其是我们老人,再说了,查玛那里头好多词儿用汉语都翻不过来。姑娘,你要是有信心,我个把月就能把你教差不多,别的不说,你把日常用语学会就方便多了。"类似的"语言问题"在田野中常常会遇见,我深刻地体会到,语言作为传统的一部分,之于一个民族的身份认同有多么重要。此外在田野期间,我还大饱了蒙古民歌的耳福。正如人们通常所说的,"蒙古贞是歌的海洋",从政府官员到田间老汉,只要是蒙古族,几乎人人是"歌手",人们随时尤其在酒桌上,可以即兴地有滋有味地唱上一段,而我听得最多的就是《嘎达梅林》和《乌银其其格》,并且每次歌罢,我都可能听到有关歌曲传说故事的声情并茂的讲述,真是应了那句蒙古贞民间俗语:"三人同行,二人是道古沁(歌手),一人是胡尔沁(说书人)。"淳朴的民族情感在蒙古贞民间无处不在。

  此外,长期以来,蒙古贞政府和地方文化精英在保持蒙古族身份认同及保护蒙古族文化传统方面也作出了大量努力。如自20世纪80年代起,蒙古贞地区就形成了从幼儿教育到高中教育的民族教育体系,积极贯彻党的"为国家和当地经济建设,遏制民族语言文字丢失,继承和弘扬民族传统文化,培养蒙汉兼通的人才"的民族政策和教育方针,逐步扩大蒙语授课教育的办学规模,形成了保护民族语言的良好局面。同时,政府通过举办各种蒙语学习班(如蒙语文师资培训班、乡镇干部及职工蒙语文学习班、业余文艺骨干学习班、乡镇蒙医班、农民扫盲学习班等)及编印多种蒙语教材的形式,大力推广和拓宽蒙语的学习和使用。此外,当地政府还专门设立了蒙古语文工作机构,检查和监督蒙语文的学习、使用及翻译,组织搜集和整理蒙古族文化遗产,开展蒙古语文研究工作等。近年来,随着国家"非遗"工作的展开,县政府把民族古籍整理工作纳入了议程,成立了县政府民族古籍工作领导小组,先后搜集、编辑、整理、出版了《蒙古贞民歌》、《蒙古贞蒙古剧选编》、《蒙古贞史》、《蒙古贞姓氏与地名研究》、《蒙古贞宗教》、《兴唐五传》等38种图书,近500万字。① 可以说,政府多年来的一系列保护性政策对于蒙古族自我身份认同的保持及传统文化的保护起着至关重要的作用。

美国社会学家曼纽尔·卡斯特(Manuel Castells)说:"谁以及为了什么而建立集体认同,大致上便决定了这认同的象征性内容,以及它对接受或拒绝这个认同的人的意义。"② 对于蒙古贞查玛来说,民族身份认同一直是纠结在整个恢复工作过程中的重要因素。蒙古族文化传统的纯粹性是历届编导所致力于坚守并彰显的,而汉文化元素实际上一直都遭受到极大的抵制。比如很大一部分人都对马连清老师的查玛创作持有意见和批评,部分原因就在于她不是蒙古族,人们认为她没有创作查玛的合理化身份。近年来,在国家"非遗"工作的大环境、大背景熏陶下,蒙古贞蒙古民族的身份认同意识又得到了进一步地强化,查玛创作原则中的民族属性问题愈发毋庸置疑。

而与此同时,也正如赫兹菲尔德所指出的,"传统"往往是人们在岁月流逝的过程中保持身份认同的一种手段。蒙古贞查玛

---

① 参见暴风雨、项福生主编:《蒙古贞历史》,辽宁民族出版社,2008年,第303—310页。

② 曼纽尔·卡斯特著:《认同的力量》,夏铸九、黄丽玲译,社会科学文献出版社,2005年,第4页。

的复兴过程也恰恰成为强化民族身份认同的重要方式之一。

四、现代性场景中的"传媒"与"消费"

今天，在现代性的场景中，查玛的复兴愈发成为大众传媒与消费主义的一种共谋。透过大众传媒对于"传统"、"民族文化"的大肆宣扬，"我们更清楚地看到政治行为的象征性力量，这一力量作为权力形式正在更为广阔的范围内施加影响"。[1] 而与此同时，随着越来越多的传统文化在现代旅游业中的华丽变"身"，我们又不得不对现代"消费"这一行为本身有了更多的关注及思考。

我们说，一切宗教仪式活动发生的背后都有着深刻的历史文化根源，当相对原始的社会文化情境发生改变，当一种以几乎相同形式广泛分布的通讯媒介——大众传媒横空席卷，这些传统社会中的古老造物在声色光影的巨大洪流中跌跌撞撞，一度湮没其间。然而，痛苦地挣扎似乎并不预示着生命的终结，在大众传媒"化腐朽为神奇"的魔力作用下，许多行将枯槁的传统文化很快便"旧貌换新颜"，再次活跃于历史展演的舞台。尤其是近年来，随着现代旅游业的兴起，借助或改造传统仪式服务于旅游、产生经济效益的事件已屡见不鲜。作为体现和展示传统文化和地域价值的一种活动载体，仪式由于其本身所具有的特殊表演性和场景气氛，而经常被用于吸引游客，甚至让游客直接参与到"移置"的舞台性表演中。[2] 然而，与往昔相比，这些所谓的"传

---

[1] 麦克尔·赫兹菲尔德著：《什么是人类常识——社会和文化领域中的人类学理论实践》，刘珩、石毅、李昌银译，华夏出版社，2005年，第21页。

[2] 参见彭兆荣：《人类学仪式的理论与实践》，民族出版社，2007年，第344—345页。

统"已全然有了不同的意义,因为时代赋予它们以崭新的内涵。

吉登斯说:"我们正在积极地改变传统,使生活世界中的不同价值观和不同历史时段都压挤在单一的现在,人类越来越生活在一个单一的同质化的现实时代。"① 在大众传媒与现代旅游业的共同形塑中,人们越来越惊奇地看到,太多的文化传统在精心的包装、打造过程中变得彼此间惊人地相似,成为一种身价倍增的"消费产品"。对于这一现象,很多学者都持有大致相近的观点,即由于观光、游览属于短期行为,游览者的目的重在娱乐和享受,所谓求知也仅停留在民族文化的表面现象上,主要是对那些有形、有声、有色、有动感、有场面、有情趣的民族文化抱有浓厚的兴趣,带有浮光掠影的意味。因此,旅游开发中的民族文化商品化往往停留在文化"表象价值的商品化",是民族文化旅游资源的商品化。②

这一过程是值得深刻反思的,近年来,在大众传媒的推波助澜下,"消费主义"日益兴起,以消费为主导的生活方式成为大多数人的一种选择,这种生活方式深受传媒广告所宣扬的审美情趣、品位建构的影响,于是,诱惑消费、追逐消费、炫耀消费成为当今经济活动的主要内容。③ "消费主义"思潮主要代表人物之一波德里亚(J. Baudrillard)认为:我们正处于一个消费的社会,消费的客体已不限于日常生活用品,知识、职业、权力、艺术、环境和身体等都成了消费的对象。这样,无论是在符号逻辑里,还是象征逻辑里,物品都彻底地与某种明确的需求或功能失

---

① 参见安东尼·吉登斯著,郭忠华、何莉君译:《全球时代的民族国家》,载《中山大学学报》,2008年,第1期。

② 马晓京:《民族旅游商品化新论》,见方铁、何星亮主编:《民族文化与全球化》,民族出版社,2005年,第459页。

③ 参见苏国勋、张旅平、夏光著:《全球化:文化冲突与共生》,社会科学文献出版社,2006年,第43页。

去了联系。确切地说,这是因为它们对应的是另一种完全不同的东西,可以是社会逻辑,也可以是欲望逻辑,那些逻辑把它们变成了既无意识且变幻莫测的含义范畴。[1] 对于传统文化来说,在其成为一种产品、事物和实体的文化后,它就被抽离了经验性,成为一种被中性化的文化,并被转变成了消费客体。[2] 于是,在现代旅游的"商品交易化"作用中,所有的事物和活动都获得了一种价值的转变。具体而言,在商品贸易中,价格转变成了货物和服务,进而转化成为一种交换系统;事物和活动无不从价格市场上获得相应的存在标志。在这种情况下,任何物质和事物的内在固有品质几乎丧失殆尽,[3] 或者说冒着"丧失殆尽"的风险。蒙古贞查玛亦如此。

近些年来,在一种地方权力话语的引导下,查玛身上所负载的商业气息越来越浓厚,如何将这一传统文化打造为具有地域、民族特色的"文化旅游资源"已越来越成为其日后发展的主旋律。而对于一项旅游观光活动而言,"游客是其中的关键性主体,旅游活动的发生与否与他们关系甚大,他们基本处于'主动'(主动选择)的状态"。[4] 这就是说,在从传统文化到现代旅游文化的一种"身份角色"的本质性转换过程中,查玛昔日的主体性地位正日益丧失掉,它越来越不再是过去那个因自身意义而存在,不受观者所操控的仪式活动,而是逐渐成为了一个没有观众,就失去了其存在价值及意义的纯粹性商业表演。

---

[1] 参见让·波德里亚著:《消费社会》,刘成富、全志刚译,南京大学出版社,2000年,第66页。

[2] 参见乔纳森·弗里德曼著:《文化认同与全球性过程》,郭建如译,商务印书馆,2003年,第2页。

[3] 参见彭兆荣:《人类学仪式的理论与实践》,民族出版社,2007年,第350页。

[4] 彭兆荣:《旅游人类学》,民族出版社,2004年,第136页。

今天，在一个由传媒与市场所引领的时代里，类似的情形将愈演愈烈，尤其在最近几年，文化遗产的媒体代表推动了文化的客观化和商业化。它们把隐含的私密意义转化成了公共表演，远远超出了共享交际活动的范围。①在这一过程中，各种现代性商业元素不断地卷入和渗透，受众的需求、情感及审美标准日益成为资本所作用、控制和操纵的对象，许多宗教活动的传统蕴涵及主题都被一定程度地架空，从而日趋沦为了市场所打造的"华而不实"的文化消费符号，受众的心理也不再是过去接受仪式洗礼时的敬畏与虔信，而全然变为一种休闲娱乐的观赏心情。而作为这一现代性转变的重要推动力，大众传媒与消费主义在建构当代想象、身份与权力关系的过程中无疑具有不容忽视的力量。

第二节 文化再生产：以"传统"之名

一、"文化再生产"何以成为可能？

"流水不腐，户枢不蠹"。对于文化而言，绝对一成不变的静止状态似乎难以想象，即使是有着长远历史书写的沉甸甸的传统，也一定是在不断地自我更新中发展延续下来。当前，在传统势不可阻的复兴潮流中，变迁现象已是司空见惯，正如萨林斯所说，每一次实际的变迁都是一次文化的再生产。就行为而言，文化的每一次再生产都是一种改变，使现实世界得以协调地存在的

---

① 麦克尔·赫兹菲尔德著：《什么是人类常识——社会和文化领域中的人类学理论实践》，刘珩、石毅、李昌银译，华夏出版社，2005年，第325页。

第五章 从查玛"兴衰演变"看"社会戏剧"的生产

那些范畴在每一次变化中都增加了一些全新的经验内容。[①] 在此,我们不妨将上述所有的"传统复兴"活动都纳入到文化再生产的范畴之中,而事实也一再表明,眼下正在进行着的或业已完成的或即将开始的都是一场彻头彻尾的"文化再生产"活动。

"再生产"是马克思主义政治经济学分析的一个经典概念,它用以阐述社会生产过程中的不断反复和经常更新现象。而"把'再生产'一词从经济领域运用到文化领域,是法兰克福学派的贡献,他们使用'文化再生产'表示国家支持的文化制度在人们的观念里制造出维护现存的社会制度的意识,从而使得现存的社会结构和权力关系被保持下来,即被再生产出来"。[②] 换言之,这是一种生产"规范"并使规范得以延存下去的活动,通过类似的自觉活动,社会以期达到这样的后果:"一是使特定的观念、价值被传递下去,使文化及其所代表的规范得以继续存在;二是因为特定的价值得以传递,社会仍然按照既定的规范延续,最终社会得以按部就班地维持。"[③] "文化"就是在这样一个不断地再生产体系中被制造出来、继而被习得和传承,在这一过程中,结构和权力得以生产、复制和强化。对于一种文化传统来说,进入这一过程就意味着自身及其一系列连带社会关系有了延续下去的可能性,而问题的关键首先在于:"传统"何以进入"文化再生产"?

高丙中认为:一个新诞生的人或者物,要在地表占据一个位置。在中国,人们已经习惯在怀孩子之前得到政府部门的生育指

[①] 马歇尔·萨林斯著:《历史之岛》,蓝达居、张宏明等译,上海人民出版社,2003年,第185—186页。

[②] 高丙中:《传统节日与社会文化再生产》,载《学习时报》,2006年,第6版。

[③] 高丙中:《对节日民俗复兴的文化自觉与社会再生产》,载《江西社会科学》,2006年,第2期.

标,在修建房屋之前申请建房证,一个新的存在在落到地表之前必须首先在政府公文中存在,也就是说,他(它)必须先有"名",才能成"实"。①所谓"名正则言顺"。而对于"传统"来讲,我们似乎有必要先厘清两个问题:一是既然称之为"传统",便是早已存在之物,何以成为了"新诞生物"?二是为传统另取"名字"的动机是什么?我们说,相对"现在"而言,传统属于"过去时",而对于那些曾经失落了的传统来说,在历史中的一度"缺场"已使得其身份变得模糊化和陌生化,尤其是那些曾经在历史中被定义为"糟粕"的传统,它们在"重新落地"之前,即进入到"文化再生产"过程之前,首先便面临着身份定位的尴尬问题,于是,"更名"或者说一个合法化复兴的"名义"就显得十分必要。

就查玛而言,文化大革命期间,随着所有宗教活动都被扣上"封建迷信"的帽子,查玛也被迫中断。20世纪80年代始,在全国第一次民族民间舞蹈集成工作中,查玛被明确定义为"民族民间艺术",并以此身份开始了一段断续性的恢复历程。进入到21世纪以来,在国家"民族民间文化保护工程"的启动实施中,查玛又以"非物质文化遗产"之名再次进入到一个崭新的复兴阶段。实际上,"非物质文化遗产"的范围就是我们所熟知的"民俗"或"民间文化"的内容。与"民俗"或者"民间文化"相比,"非物质文化遗产"所指的对象并没有多少新意,但是,它所伴随的话语却是全新的。它所裹挟其中的话语在性质上有很大的不同。它抽象掉了"民"、"民间"这种归属性的成分,从而假定:不管其内容在历史上或者现实中是依托于谁的,它们在被认定为文化遗产的时候就被注定是属于全体的。这个概念还隐

---

① 高丙中:《一座博物馆—庙宇建筑的民族志——论成为政治艺术的双名制》,载《社会学研究》,2006年,第1期。

含着一个肯定的价值评判。"非物质文化遗产"本身就标明特定对象具有无可置疑的、不可替代的价值。这是一种意图将传统转变为建构民族国家内部正面的社会关系的文化资源的可能性和方式。① 这无疑是一个从"污名化"到"正名"的历史过程。

与查玛经历的境况大致相似，近年来，许多曾经被冠以"迷信"而被迫中断的宗教文化活动，的确是在国家或地方政府的"更名"中，重新登上了历史的舞台。正如高丙中所言，新名称是为了表达新意，同时也蕴含了新机遇。……伴随着这一名义的更新，遗留物转变成为日常生活，死了的文本被重新实践，尘封的记忆在现实中复活，功能萎缩、形式残缺、位置边缘的传统文化活动在社会中重新传播并活跃起来，而成为一种新的社会事实。② 当然，在这一过程里，文化再生产者们到底是抱着"淘金人洗沙"的心态还是"百花仙子采花献礼"的心态就另当别论了。但毋庸置疑的事实是，一个合法化的名字和身份是许多文化传统得以进入到"文化再生产"过程中的重要前提。对此，高丙中指出："中国人认为理所当然的是，一人不止一个专名。在一个人进入新的交往圈子之前或之后，人们按照新的圈子乐意接受的内容或者风格再赋予新的名字。这种命名习俗表现在我们的个案里，不仅是一种文化传统的延续，而且是一种有效的政治艺术。"③

---

① 高丙中：《作为非物质文化遗产研究课题的民间信仰》，载《江西社会科学》，2007年，第3期。
② 参见高丙中：《从文化遗留物到非物质文化遗产》，载《中国社会科学院院报》，2007年，第6期。
③ 高丙中：《一座博物馆—庙宇建筑的民族志——论成为政治艺术的双名制》，载《社会学研究》，2006年，第1期。

二、"传统"的文化再生产

从某种意义上来讲,任何一种文化再生产行为都是"传统"的再生产。传统与布迪厄所说的"惯习"(habitus)之间有着某些十分相似的特质,它也是一种"有结构的结构",是实践活动和表象活动生成、组织的原则,由它生成和组织的实践活动和表象活动能够客观地适应自身意图,而不用设定有意识的目的和特地掌握达到这些目的所必需的程序。同时,传统也是一种"建立在既往经验之上的实践假设,对最初的经验特别倚重"。它是历史的产物,它按照历史产生的图式,产生个人的、集体的历史实践活动,以确保以往经验的有效存在,[①] 并由此保证了实践活动的一致性和稳定性。不仅如此,传统还如吉登斯所说:虽是惯例,却"内在地充满了意义,而不仅仅是为习惯而习惯的空壳",因为"时间和空间不是随着现代性发展而来的空洞无物的维度,而是脉络相连地存在于活生生的行动本身之中"。[②] 因此,传统能够进入到文化再生产行为中并不是偶然,也并不一定意味着"重生",它十分可能遭遇重释而触发新一轮的博弈。

(一) 传统是必须面对和利用的

"传统"作为一种有效的再生产资源是必须被面对和利用的。费孝通先生说:任何变迁过程必定是一种综合体,那就是——他过去的经验、他对目前形势的了解以及他对未来结果的

[①] 参见皮埃尔·布迪厄著:《实践感》,蒋梓骅译,译林出版社,2003年,第80—83页。

[②] 安东尼·吉登斯著:《现代性的后果》,田禾译,译林出版社,2000年,第92页。

期望。① 其中,过去的经验即传统,是人们首先无法逃脱的,那是人们生活的背景。什么被作为传统,当然有历史的必然性,那也是无法超越的。在过去—现在—将来的生活链条中,人们的思考和行动,都不得不在负载历史性的同时,面对未来性而在当下性中进行。这就造成了人们既不可能真正做到永远按传统去简单地重复社会与文化的再生产,也不可能完全丢开它去天马行空地创造。② 对于蒙古贞查玛而言,在不同历史时期、不同编导的不断创作中,在其走向文化展演的整个复兴过程里,传统仪式中的若干重要文化元素是始终被保存和秉承的。作为文化再生产能够有效进行的合法性前提,传统凭借"对一种模式或信仰的承继,表征着对某种权威的效忠或对某种根源的忠诚",③ 从而成为某种具有神圣象征意义的合理化"符号",并由此谋求到重要的"权力"支撑。

在 20 世纪的历史进程中,我们看到,不少的"传统"都通过反思得到利用,并在某种意义上"通过话语而被理解",塑造或修正着不同社会体系的再生产过程。④ 作为一个社会的文化遗产,传统是人类过去所创造的种种制度、信仰、价值观念和行为方式等构成的表意象征;它使代与代之间、一个历史阶段与另一个历史阶段之间保持了某种持续性和同一性,构成了一个社会创造与再创造自己文化的密码。⑤ 完全地背离或遗弃传统就意味着

---

① 费孝通:《江村经济》,商务印书馆,2001 年,第 21 页。
② 参见陈庆德:《人类学的理论预设与建构》,社会科学文献出版社,2006 年,第 177 页。
③ 参见安托瓦纳·贡巴尼翁著:《现代性的悖论》,许钧译,周宪主编:《文化现代性精粹读本》,中国人民大学出版社,2006 年,第 229 页。
④ 陈庆德:《人类学的理论预设与建构》,社会科学文献出版社,2006 年,第 220 页。
⑤ 傅铿:《传统、克里斯玛和理性化(译序)》,见 E. 希尔斯著:《论传统》,傅铿、吕乐译,上海人民出版社,1991 年,第 3 页。

否定和割裂，否定一种惯习性的"表意象征"，割裂一种代际之间、历史之间的内在延续性，从而使得任何一种创造成为"无源之水"、"无本之木"。尤其对于一种宗教仪式活动而言，"传统"更是因其超乎寻常的神圣性而被人们尊崇。吉登斯说：惯例性活动的意义体现在一般意义上对传统的尊重乃至内心对传统的崇敬上，也体现在传统与仪式的紧密联系上，仪式对传统常常是强制性的，但它又是令人深感安慰的，因为它所注入的是一整套具有圣典性质的实践。① 而我们说，无论是作为一种合理性依据，还是一种权力象征性符号，或者作为一种意义延伸的基础，"传统"在社会文化再生产过程中的重要性都是不言而喻的。

赫兹菲尔德说，展演的目的是通过借助"过去"使现在合法化。一旦达到这一目的，那些被展演所唤起的"过去"以及众人对它的独特解读便会成为事实。② 而唤起"过去"就唤起了一种绵延的情感，独特解读就意味着"再生产"的开端。

（二）传统是经过选择和过滤的

赫兹菲尔德说："过去的意义取决于现实的需要。"③ 在进行文化再生产的过程中，并不是所有的传统元素都能够被吸纳和利用，只有那些具有十分重要意义或价值的元素才能进入新一轮的生产，经过重组后，在新的系统中延存下来。对于蒙古贞查玛而言，它发展到今天，从种类到人物角色、表演情节、舞蹈动作语汇到表演场次都是历经选择和过滤的，任何一种元素的消失或存留都是历史精心选择的结果。

---

① 安东尼·吉登斯著：《现代性的后果》，田禾译，译林出版社，2000年，第92页。

② 参见麦克尔·赫兹菲尔德著：《什么是人类常识——社会和文化领域中的人类学理论实践》，刘珩、石毅、李昌银译，华夏出版社，2005年，第65页。

③ 同①，第64页。

希尔斯说：传统是围绕被接受和相传的主题的一系列变体。这些变体间有着共同的主题作为联系，由于具有表现出什么和偏离什么的相近性，它们同出一源。① 倘若从这种意义上而言，选择行为本身就往往牵涉到一个问题，即传统文化面临着被肢解的危险，这是值得警醒的，在利用传统而进行的各种雄心勃勃的大胆尝试中，这一问题是最易被忽略的，但却足以造成创作中的硬伤。那些原本相互联结在传统文化中的一个个、一组组文化元素和素材，因再生产中的某种需要而被单独提取出来，而后，它们在与另一些甚至是毫不相干的元素或素材进行重新整合的过程中，往往变得面目全非。比如在传统仪式的再生产中，神话就常常是这样一种极易被利用的符号，它"因其感性的外表和所能引起的心理共鸣而更富'理据'，也因此而引发各种形式的、试图直接获取诸文化特征之意义的直觉主义，不管这些文化特征是被分别对待，还是被融入一个总体看法的感知统一体"。② 而这种脱离了原生情境的基于"直觉主义"的一种创作，在很大程度上无情地撕裂了传统仪式中固有的内在结构逻辑。布迪厄提醒我们说："若要完整地解释哪怕是最不重要的仪式，使其完全摆脱一系列无理由的行为和象征，就必须把仪式所牵涉的每个行为和象征重新置于对它作出最直接限定的差异系统，并逐步确立它在整个神话—仪式系统中的位置……限制其自身内容的随意性。"③ 在此，布迪厄强调一种系统的内在关联性，并认为任何的分析和阐释都应放在其内在的一套语法结构中，在一种"差异性系统"中去进行，仅凭直觉而把握的特征或意义往往会因断章取义而有

---

① E. 希尔斯著：《论传统》，傅铿、吕乐译，上海人民出版社，1991年，第19页。
② 皮埃尔·布迪厄著：《实践感》，蒋梓骅译，译林出版社，2003年，第10页。
③ 皮埃尔·布迪厄著：《实践感》，蒋梓骅译，译林出版社，2003年，第12页。

失偏颇。无疑,布迪厄对于仪式的理解,将十分有助于我们对利用传统而进行的"文化再生产"行为予以反思,同时,这一理解对于传统在当代的发展延续性也具有深刻的指导意义。

(三) 传统正遭遇着创新

在文化再生产过程中,传统的创新总是在所难免。爱德华·希尔斯说:"一连串象征符号和形象被人们继承之后都发生了变化。人们对所接受的传统进行解释,因此,这些符号和形象在其延传过程中就起了变化,它们在被人们接受之后也会改变其原貌。"[1] 萨林斯也说:"就行为而言,文化的每一次再生产都是一种改变,使现实世界得以协调地存在的那些范畴在每一次变化中都增加了一些全新的经验内容。"[2] 这在蒙古贞查玛的现代创作中体现得十分明显,无论是表演形式上的不断尝试变换,还是舞蹈动作中不断揉入的新鲜元素,每一次创作都是一次重构,一次意义的重新诠释。

某种程度上来说,任何的"文化再生产"行为都不可能只是一种纯粹意义上的原文化再现,当今天不少的人类学者迷醉于对所谓原始的、与世隔绝的"传统"的寻求与描述时,却没有明白,这些"传统"实际上都是已在全球化体系中发生了变化的文化存在,或许可以说是"新传统"。[3] 霍布斯鲍姆在对"传统"的论述中指出:"保护传统从来就不可能形成或是保存一种活的过去,而是必须成为'被发明的传统'。另一方面,真正传

---

[1] E. 希尔斯著:《论传统》,傅铿、吕乐译,上海人民出版社,1991年,第17页。

[2] 马歇尔·萨林斯著:《历史之岛》,蓝达居、张宏明等译,上海人民出版社,2003年,第186页。

[3] 陈庆德:《人类学的理论预设与建构》,社会科学文献出版社,2006年,第188页。

统的力量和适应性并不因为'传统的发明'而变得迷惑不清。在旧方式依旧起作用的地方,传统既不需要被恢复,也不需要被发明。"① 这无疑在一定意义上给"传统的发明"赋予了正当合理性,在他看来,这一行为在文化的保护过程中在所难免。今天,当我们在蔚为壮观的"文化复兴"的大潮中,放眼望去,被发明了的"新传统"比比皆是,置身于这样一种文化持续性再生产的时代场景中,想要重温一种往昔意义上的传统恐怕已成奢望。而对此,霍布斯鲍姆的上述观点则显得似乎有些过于乐观,大量的事实表明,传统的力量往往没有他所说的那般强大,尤其是在一个由大众传媒及消费主义引领的时代里,创新与发明是许多文化传统得以生存、延续下去的可能性前提。而这些传统的自身意义是否会因此变得越来越含混,本质上是否已摇身为另一种传统,并不是人们所关心的焦点。在全球一体化愈演愈烈的今天,霍布斯鲍姆理想中的"旧方式依旧起作用的地方"恐怕已越来越少了。

当然,对于这种现代性场景中的传统革新与再造行为,我们也不能一概地断然否定,不能一味地悲观预言,毕竟延续与发展才是传统的终极目的,只要存在下来,它总可以在一个适当的位置上重新寻找到自身的现代意义与价值。这正如希尔斯所言,"传统依靠自身是不能自我再生或自我完善的。只有活着的、求知的和有欲求的人类才能制定、重新制定和更改传统。而传统之所以会发展,是因为那些获得并且继承了传统的人,希望创造出更真实、更完善,或更便利的东西。"②

---

① 埃里克·霍布斯鲍姆著:《传统的发明》,顾杭等译,译林出版社,2004年,第10页。
② E.希尔斯著:《论传统》,傅铿、吕乐译,上海人民出版社,1991年,第19页。

（四）传统作为"象征资本"的争夺

我们说，在某个特定的场景中或从某种意义上而言，传统并非是一个结构紧密的同质整体，它并不具有对不同社会群体都适用的相同内涵，在涉及不同群体时它会产生极大的变化，并因此成为冲突而不是一致的媒介。[①] 在文化再生产过程中，传统会常常作为一种象征资源或象征资本被不同的利益集团间竞相争夺。这种"争夺"的情形在蒙古贞查玛的恢复工作过程中一直有所体现，它在20世纪80年代国家第一次"民舞集成"中开始酝酿，并在这项工作接近尾声之际初露端倪，在之后的断续性恢复中公然展开，在进入21世纪的"非遗"工作中愈演愈烈。尤其是近年来，随着蒙古贞各大藏传佛教寺庙的逐渐修复和完善，对于查玛的争夺已形成市政府、县政府以及寺庙之间的"三足鼎立"之势。于是，围绕着查玛复兴工作的展开就形成了一个"场域"，在这个场域中，查玛由一项传统文化资源摇身为一种"象征资本"。

"场域"（champ）是布迪厄社会学理论体系中的一个关键概念，它用以指涉在各种位置之间存在的客观关系的一个网络，或一个构型。[②] 在这个网络或构型中，权力和关系是两大重要的组成要素，或者说场域就是一些关系束，由附着于某种权力形式的各种位置间的一系列客观历史关系所构成。它具有两个关键性特征：首先，场域是诸种客观力量被调整定型的一个体系，是某种被赋予了特定引力的关系构型，这种引力被强加在所有进入该场

[①] 参见陈庆德：《人类学的理论预设与建构》，社会科学文献出版社，2006年，第193页。

[②] 皮埃尔·布迪厄、华康德著：《实践与反思——反思社会学导引》，李猛、李康译，中央编译出版社，1998年，第134页。

域的客体和行动者身上。其次，作为包含各种隐而未发的力量和正在活动的力量的空间，场域同时也是一个冲突和争夺的空间。在这里，参与者彼此竞争，以确立对在场域内能发挥有效作用的种种资本的垄断。① 而说到底，场域终究是一个"象征资本"的争夺空间。"资本"一词是经济学意义上的用语，它的本质在于可以增值。布迪厄将资本划分为经济资本、文化资本及社会资本三种形式，并指出这三种资本所采用的形式都是"符号资本"。这些符号资本只有在与场域的关系中才得以存在并且发挥作用，它们赋予了某种支配场域的权力，赋予了某种支配那些体现在物质或身体上的生产或再生产工具的权力，并赋予了某种支配那些确定场域日常运作的常规和规则，以及从中产生的利润的权力。② 于是，拥有了一项符号资本就意味着拥有了附着其上的种种象征，也就拥有了一种支配权，便具有在场域中进行角逐的资格和力量，而更为重要的是，即使在资源有限或匮乏之际，也可以有从中分到"一杯羹"的合法性与可能性。

就蒙古贞查玛而言，整个变迁过程也即复兴过程都是这样一个充斥着权力、符号及利益的复杂过程。恢复工作伊始，市、县双方精诚合作，共同完成了查玛的首次大规模挖掘、整理任务。而就在该项工作刚刚落幕之际，双方便在服装、面具等道具资源的归属问题上产生了分歧，究其原因就在于双方都意识到查玛日后"升值"的巨大潜力。于是，从这个时候起，查玛便已有了"资本化"的趋向，复兴工作也随之不断地升级为一个"较量"的场域。而后，在漫长而曲折的复兴道路上，双方在培训舞蹈演

---

① 参见华康德：《迈向社会实践理论：布迪厄社会学的结构和逻辑》，见皮埃尔·布迪厄、华康德著：《实践与反思——反思社会学导引》，李猛、李康译，中央编译出版社，1998年，第17—18页。

② 皮埃尔·布迪厄、华康德著：《实践与反思——反思社会学导引》，李猛、李康译，中央编译出版社，1998年，第139页。

员、道具的维修更新等方面都投入了大量的人力、物力,分别组团到外面演出,虽然名义上打的都是蒙古贞的旗号,但实际上已彼此毫无干系。正如布迪厄所说,场域是一个无休止的变革的地方,也是力量关系——不仅仅是意义关系——和旨在改变场域的斗争关系的地方。① 在查玛整个恢复过程中,市、县双方一直在不断创新,努力开拓市场,以期取代对方而将自己打造为该传统资源的唯一合法拥有者。因此,"谁是正宗"的问题一直都纠结在双方的恢复工作中,是双方分歧的焦点,它贯穿查玛复兴始终,并延续到"非遗"工作阶段。在"申遗"中,市、县双方就查玛的唯一合法传承人、创新的尺度、民族属性等问题展开了新一轮的争讨。同时,随着逐渐复原的寺庙的加入,此场域中的"争夺之战"或许将变得更为激烈。

我们认为,利用"传统"进行建构、再生产的行为,在今天已成为一个十分普遍的现象和事实,而这一现象和事实也在今天引起了越来越多的焦虑及反思。在"传统"的不断再生产过程里,"那些平日分散于文化和社会结构诸多领域中的因素此时聚合到了一个由各种象征符号和神话组成的复杂的语义系统中,最终各种力量联合到了一起"。② 于是,传统在行动者们费尽心机的资本争夺中日益鲜活起来,并得以延存下去。而我们究竟该如何看待传统的发明与创造?是不是因为它在某种程度上是"造"出来的,我们就由此可以装作无视或者作纯粹的批判?或许,透过这一建构行为本身以及被建构的对象,我们更应该关心的问题是:谁需要这种建构、叙事或想象?哪些力量促成了该种

---

① 皮埃尔·布迪厄、华康德著:《实践与反思——反思社会学导引》,李猛、李康译,中央编译出版社,1998年,第142页。
② 维克多·特纳著:《戏剧、场景及隐喻:人类社会的象征性行为》,刘珩、石毅译,民族出版社,2007年,第311页。

行为的愈演愈烈？建构者的行为动机是怎样的？

三、反思："非遗"=文化再生产？

（一）从"声名日下"到"珍贵遗产"

希尔斯在他的《论传统》一书中，曾经为传统的"声名日下"而担忧不已，并指出随着科学和理性的日趋胜利，已经"很少有人提出要复兴属于遥远过去的信仰和制度，过去的历史已经为后来者所淡忘"。作为社会结构的一个向度，"传统"在社会科学领域流行的非历史概念中曾一度消失或者被掩盖。[①] 然而时至今日，情形已大不相同，传统的复兴之火已越烧越旺，几乎烧遍了整个世界，所听所见之处似乎都是对于"传统"的保护声音和行动，许多个文化传统甚或是"文化遗留物"以"文化遗产"的身份在现代社会中重新登场。

实际上，对于一个有着足够丰厚历史积淀的社会而言，利用传统进行"文化再生产"的现象自古以来一直存在。然而这一现象在当下时代场景中的愈演愈烈，却似乎确是近年来"非物质文化遗产"运动中催生的一种情形。这一概念及保护行为"自2000年以来在我国社会逐渐成为关注的热点。成为媒体、学界、政府和公众尝试合作的文化事业。而当我们关心这些现象的发生学的时候，大家显然都容易看到，它们是对于原来我们习惯称为'文化遗留物'的现象的再命名，恰恰在我们感觉到这种范畴的拘束的时候，联合国教科文组织兴起的新项目把'非物质文化遗

[①] E. 希尔斯著：《论传统》，傅铿、吕乐译，上海人民出版社，1991年，第1页。

产'的概念迅速普及到了中国社会"。① 无疑,这一概念的力量是强大而极富魔力的,几年间,在它的感召下,"作为日常生活蜕化的结果的'遗留物',在过去近三十年里逐渐地从历史档案和老人记忆中回到了现实的生活中,成为日常生活实践。寺庙的遗址上盖起了寺庙,传统的节日习俗又成为人们的生活的一个部分,民间歌舞又以传统的形式出现在仪式和庆典活动之中,昨天的遗留物又成为今天的现实"。② 而在我们对传统重新温习、感受的同时,我们也深刻体会到这一"复兴"过程中的复杂性、微妙性及其不可言说。

劳里·杭柯在"全球化"的时代背景中曾提出了"民俗过程③"（folklore process）这一概念,他将这一过程分为22个阶段,并认为其经历了两次生命,前12个阶段属于第一次生命,指传统在共同体中自然的、几乎感觉不到的存在；后10个阶段组成第二次生命,意味着传统从档案馆的深处或者其他某些隐蔽之地的死而复生,曾经从民俗过程中割裂出来并被搁置起来的材料又产生了影响力,它将在通常都远离其最初环境的一个新的语境和环境中被表演。④

在"第一次生命"中,"传统"大致经历了这样一个过程:最初,由于没有任何毁灭性的内在冲突或外在压力,传统根据自身的关系自由运作,它是一个自在的文化体系的有机组成部分,

---

① 高丙中:《从文化遗留物到非物质文化遗产》,载《中国社会科学院院报》,2007年,第6期。

② 高丙中:《从文化遗留物到非物质文化遗产》,载《中国社会科学院院报》,2007年,第6期。

③ 我的理解是：在劳里·杭柯的"民俗过程"定义中,"民俗"概念其实与"传统"是同义的。

④ 参见劳里·杭柯著:《民俗过程中的文化身份和研究伦理》,户晓辉译,载《民间文化论坛》,2005年,第4期。

并自然地完成其自己的功能；而后，传统逐渐获得了从共同体内部到外部的一定认识。从内部来说，某些文化成分可能被遴选出来作为比其他成分更具代表性的显著现象。从外部而言，有人进入了传统共同体并指出了其文化——可能是一个物品、歌谣或习俗——的某些特点，并且说：这是有价值的；紧接着，传统便进入到了一个被不断定义及描述的过程。于是共同体内部的本土阐释与外来研究者的主位阐释开始相遇并碰撞，导致"研究伦理"问题的产生，并最终形成了一种"对话式"的方法论；随后，便是收集和存档阶段。传统以文本、磁带、胶卷及各种人工制品的形式被保存起来，以免其受到自然或人为的退化和毁坏。接下来，学者及研究机构开始有组织、有计划地对传统资料进行科学的分析，并从中生产出新的知识。[1] 总体而言，传统的"第一次生命"是传统的一种自我延续以及内外力共同作用下的保护阶段。而接下来，传统的"第二次生命"阶段便可理解为一个"文化再生产"的过程。在这一过程中，联合国教科文组织发起了保护传统文化的号召，从而引发了传统更大规模的复兴及再利用。

我们说，劳里·杭柯所阐述的这一"民俗过程"其实是高度理想化和完美的。在他的描绘中，"传统"是一个内部联系十分紧凑的连续统一体，它的生长及传承都不受任何外界的干扰，它的价值是被内部及外部自然而然地发现到，然后予以实施保护。而实际上，在文化传播与文化交流日益成为世界发展主旋律的今天，任何一种传统的成长过程都不仅内在地充满了张力，还必须与外来的冲击压力不断相抗衡。并且"文化自觉"意识并不是一蹴而就的，对传统的珍视思想是在渐进中形成的，有时甚

---

[1] 参见劳里·杭柯著：《民俗过程中的文化身份和研究伦理》，户晓辉译，载《民间文化论坛》，2005年，第4期。

至要经历漫长而曲折的过程。与此同时,传统发展及延续的各个阶段间往往会发生断裂,甚至要经过反复的覆灭、蜕变过程才能够过渡到下一阶段。此外,尽管劳力·杭柯也意识到传统的"第二次生命"中往往会牵涉到商业利益的问题,但他认为这可以通过对民俗的"第二次使用"进行制约来解决。并且劳里·杭柯还认为:"民俗的第二次生命现象以一种更加有意识的和受控的方式逐渐适应于当代文化之间的对话……因此,对少数人和小型的共同体来说,他们自己的传统是有些麻痹的工业形式的文化霸权的一剂解药。"[1] 而事实上,今天看来,许多传统在复兴伊始,即其复兴的主要动力就与一些商业利益因素密不可分,尤其在当下一个十分现实的市场经济环境中,如若谈及发展,传统又怎能与经济、利益摆脱关系。同时,由于一些利用传统进行再造的行为本身即是现代工业形式文化霸权的一种实践与尝试,少数人或小型共同体的传统很容易卷入其中,成为这种实践与尝试的牺牲品。

于是,当传统在得到极大彰显的同时,它也很容易因创新而"变质",当然变质并不一定意味着"变坏",但其在某种程度上的"改头换面"应是必然。并且事实也充分表明,类似的现象在传统大规模复兴的今天已是屡见不鲜。

(二)"非遗"中的生产品——以"宗教"之名的艺术

我们说:在非物质文化遗产保护工作的背后,实际上蕴含着一套文化的"再生产"体系,而这往往是地方政府、地方文化精英及文化传承人们在国家的宏大政治权力话语中,共谋、协商或博弈的一个结果。在这整个运作过程中,很多东西被炮制出

---

[1] 参见劳里·杭柯著:《民俗过程中的文化身份和研究伦理》,户晓辉译,载《民间文化论坛》,2005年,第4期。

来，并很有可能在日后的历史发展中被当成一种"真实"。

以"宗教之名"的艺术便是这样一个产物。与"宗教艺术"不同，在该种艺术样态中，艺术占据着主体地位，宗教则成为一种表现形式，二者关系发生了倒置，从而也就导致了其本质上的断然改变。传统意义上的查玛，是一种纯粹的宗教仪式，无论形式还是内容或是主旨方面都浸染着浓厚的宗教色彩。而自查玛被纳入民族民间舞蹈保护对象之列开始，它就由宗教仪式日益地演变为一种民族民间艺术。如果说在从前的查玛表演中，艺术元素的运用是为了使宗教性表达得更为鲜明、生动和饱满，那么在恢复后的查玛活动中，艺术的表达成为主题，而宗教则成为一种艺术叙事的工具。

我们说：艺术与宗教之间向来牵扯颇深。在以往关于艺术起源问题的种种理论探讨中，"宗教发生说"就曾一度获得更多学者的青睐。而大量的田野民族志材料也充分表明，在我们的社会生活中，尤其是在传统社会里，二者之间的确有着千丝万缕的联系。然而，这种关联性却在今天传统复兴的浪潮中，被日益地割裂开来，越来越多以"宗教"之名的艺术形式被生产出来，它们基本上完好地保留了传统宗教活动的模式架构，有时甚至表现得更为精致。而实际上，在"宗教"的名义下，各种艺术形式附着其上，尽情地自我展示和绽放。表面上看来，传统宗教活动在时代的发展中变得更加丰满或吊诡，但当我们把目光聚焦在那些个表演者的身上，进而扫过那些观看者，或者再巡视一圈表演的场所，我们一定会发现、会感受到不一样的气息。那穿着宗教法衣的表演者其实只是当地"以演出为职业"的某个剧团里的演员；那前来观看表演的人群里挤满了一脸新奇的游客以及一心想要探个究竟的研究者；整个演出场地也只是充斥着喜庆与愉悦的商业气息，从前的神圣与肃穆已杳无痕迹。如此的宗教活动已俨然成为一个"艺术引吭，宗教伴唱"的展演舞台。

于是，古老的宗教艺术如何在大众传媒所操纵的现代世界里，被日益地剥离其神圣性的外衣，从而在琳琅满目的现代艺术舞台中被逐渐地边缘化；古老的宗教艺术在现代性的消解与建设中，究竟失掉了什么，弥留着什么，又重构着什么；宗教与艺术之间的关系是如何从纠结走向分离的，被抽离掉宗教蕴涵的艺术，将如何在现代社会中重获一种崭新的自我身份认同，就成为我们要深刻思考的问题。尼采说："宗教消退之处，艺术就抬头。它吸收了宗教所生的大量情感和情绪，置于自己心头，使自己变得更深邃，更有灵气，从而能够传达升华和感悟……"[①] 但愿以"宗教"之名的艺术不只是将宗教作为一个表演的"面具"，而是吸取其精华，完善自身，进而追求一种崭新的艺术境界，这似乎是艺术以"宗教"之名的终极意义所在。

[①] 尼采著：《悲剧的诞生——尼采美学文选》，周国平译，三联书店，1986年，第177页。

结语：消失·弥留·重构

费孝通先生说：在实际田野作业里，要观察一个人从生到死一生的行为和思想是做不到的。所以实际研究工作是把不同个人的片断生活集合起来去重构这个完整的"一生"，从零散的情境中，把见到的具体镜头编辑成整体的人文世界。[①] 以此类比，我们说蒙古贞查玛像极了一张散落了的历史拼图，而我在乡村与城市之间来回奔波，试图极力地拾捡、找寻那些早已在历史的尘碾中零乱了的碎片。我奔跑得很辛苦，失落、孤独、伤心、怀疑，甚至绝望，我努力想用老人们的记忆以及历史文献的只言片语来重新完成这样一张拼图，试图将它的原貌再现。而在先后几次的田野调查中，我深切地体会到：我是抓住了"查玛"历史的一个尾巴，倘若再晚些时候来做这项工作，也许连这些散落民间的记忆碎片都寻不见了。有时，我想，也许历史并不是用来记忆和挽留的，而是用来遗忘和沉淀，然后冥冥之中自会有一个类似于新陈代谢的过程，来决定什么该风中消散而无需延续，什么该零落成泥而孕育新生，什么又该传承下去而生命不止……

在蒙古贞查玛——这出"社会戏剧"的生产过程中，存在着太多消失、弥留与重构的元素，这些元素交织一起促成了其性质的最终转变。费孝通先生说：每个人在一定社会角色中所有的行为和感情都不应看做是"个人行为"，而都是在表演一套规范

[①] 费孝通：《重读〈江村经济·序言〉》，载《北京大学学报》，1996年，第4期。

的行为和态度。今天,当我们在一种现代性的场景中重新凝视"查玛",我们看见和体悟到了那大多数"传统"之中——远去的"神圣"、弥留的记忆与重塑的意义。

一、远去的"神圣"

我们说,在传统的"文化再生产"过程中,消失甚至是大量的消失似乎已是不争的事实。而问题的关键在于,究竟消失了什么?"消失"本身对于再造后的传统到底意味着什么?改变了什么?在查玛从宗教仪式到文化展演的转变过程里,许多传统元素都已纷纷失散掉,其中"神圣性"是最大的消弥,这一曾经充斥了整个传统仪式的重要象征性元素,在如今的展演中已无处寻形。

尽管从表面上来看,现代查玛表演中仍充斥着大量的宗教符号,如人物角色、道具、程式及情节等都带有鲜明的宗教色彩,但我们却不能再称其为"宗教仪式"了。原因在于,首先就"宗教"而言,它是一种以被视为"神圣"的东西为中心来组织世界的语言与实践体系,"宗教"一词本身就来自拉丁语中的religio,在古罗马时代意指"尊奉神圣"或"虔敬"。[①] 也就是说,"神圣性"是宗教内涵的一种核心表达。而这样一种核心表达,对于宗教的重要表述方式之一——仪式来说同样重要。就仪式的逻辑而言,至少从表象上看,仪式就是以一种实践性的活动,建立和建构出另外一种"存在",即生活中看不见的、不可直接触摸的、非客观的"神圣性的存在"。[②] 而按照涂尔干及其

[①] W. E. 佩顿著:《阐释神圣》,许泽民译,贵州人民出版社,2006年,第6页。

[②] 参见彭兆荣:《人类学仪式的理论与实践》,民族出版社,2007年。

弟子的观点，宗教仪式就是行仪式者赖以与"神圣"发生联系的一组实践。在宗教仪式中，神圣性这个要素可以从两个方面来理解：首先，神圣性是被赋予某个事物的超自然价值，它指涉的是一组事物，这些事物在任何时刻、任何场所都受到人们不容亵渎的尊敬。其次，神圣性是人们觉得遭遇到的一种力量，这种力量给人的体验是他者的、现实的、神性的、神秘的。从参与者的体验来看，那是一种非凡的力量，就像神一样……神圣性既是建构世界的一种方法，也是事物被感觉到的作用于其信仰者的方式；既是事物被赋予的一种价值，又是那些事物给人带来的令人敬畏的体验。[①] 而在作为现代展演的查玛中，这另外一种"存在"，一种令人尊敬、敬畏的"超验力量"，一种具有"超自然价值"的神圣性，已渐行渐远了，它在权力的、艺术的、经济的等各种现代性元素的不断涌入中，被无可抑制地吞噬、消解和放逐，最终成为一件底色被冲刷得很淡后，再粉墨登场的艺术展演品。

二、记忆之"镜"：穿梭与透视

传统既是持续性的，又是断裂的。虽然如此，它们仍然以某种形式保存了下来。[②] 记忆，正是这样一种存储传统的很好的方式，它对于传统的延续与重构具有十分重要的意义和作用。正如希尔斯所言，一种技能传统或信仰传统总有复兴的机会，只要还有关于它们的文字记载，或者一小批拥护者对它们仍保持着淡淡

[①] W. E. 佩顿著：《阐释神圣》，许泽民译，贵州人民出版社，2006年，第99页。

[②] E. 希尔斯著：《论传统》，傅铿、吕乐译，上海人民出版社，1991年，第429页。

的记忆。① 对于蒙古贞查玛来说，在接连几次的历史重创中，弥留下来的只是结构化的"程式"本身，而许多生动的故事和细节都在那一过程里被碾碎、肢解掉了。因此，当这一传统文化与现代复兴的契机相遇时，它留给人们的东西已经太少。

保罗·康纳顿说，"所有开头都包含回忆因素。当一个社会群体齐心协力地另起炉灶时，尤其如此。"② 从20世纪50年代起，蒙古贞查玛的复兴经历了一个漫长而艰辛的过程，在这一过程中，从国家到地方政府到地方文化精英再到民间的各个阶层，所有的力量都集结一起，共同致力于查玛的复兴工作。这其间有传统的消弭与继承，亦有传统的重构与发明，但毋庸置疑的是，"传统"是历史复兴的重要起点与基点。而事实充分表明，查玛的传统尤其是那些碎片化了的"传统"在很大程度上正是由不同的表演者、不同的观看者、不同的舞蹈编导、不同的地方文化精英以及不同政府官员们厚重而纷杂的"历史记忆"共同织补和重塑的。

对于"传统"而言，民间记忆与文本书写同样重要，并且民间记忆的口头叙事形式往往要比文本书写呈现得更为鲜活和丰满。就蒙古贞查玛的文本书写来说，其记载一般都很程式化、僵硬化，而民间记忆中的查玛则更加情景化、故事化，尤其存在着许多细节方面的生动描述。举例来讲，在田野访谈中，我们会收获到更多关于查玛的历史传说，如"杀妖斩魔"类型中的两个起源故事，是纯粹的民间流行的文本，而从未在文本书写的记载中出现过。再比如当年查玛法会举办的盛况，在一些文本化的史

---

① E. 希尔斯著，傅铿、吕乐译：《论传统》，上海人民出版社，1991年，第382页。

② 保罗·康纳顿著，纳日碧力戈译：《社会如何记忆》，上海人民出版社，2000年，第1页。

料中，我们会看到"方圆几千里"、"xx人数"的字样儿，而在民间，一句活泼风趣的顺口溜"去巧基庙赶会，没赶上跳鬼，望了一阵脊背，喝了几口凉水"，便把当年历史上的红火景象生动地描绘出来，既通俗又具有画面感。而在查玛的表演情节方面，民间叙事用丰富的细节弥补了文本写作中的诸多空白与缺憾。如鬼的形象、斩鬼的具体情景、老头老太太二人的串场表演、米拉查玛类型的具体情节及其中穿插的"十黑孽"探讨、查玛场的规矩与秩序、其他民族对于查玛的认识（如"老鞑子送鬼百楞面"）等，这些生动而形象的情节叙述对于理解"历史的查玛"及重构"现代的查玛"都具有史料性、建设性的重要意义。此外，透过这些民间记忆的碎片，我们还得以窥见民间对于查玛的各种认知，如在对人物角色的理解与记忆上并不具有均质性，那些在平日里人们供奉较多、有所祈求的神灵如菩萨角色，以及一些本土的角色如鹿神、牛神等，会更多、更清晰地出现在老百姓的讲述中。而对于藏传佛教中的一些专属神祇，老百姓（即使是信教者）的认识和记忆就较为模糊些，甚至有时还会产生偏差，比如人们会把吉祥天母、阿修罗、贡布、阎罗等几个护法神角色与"四大天王"[①]相混淆，再比如有的角色在面具形象上较为森怖瘆人，老百姓便会将其误解成"妖魔鬼怪"，认为它们就是查玛仪式所要捉拿和铲除的"鬼"。此外，民间记忆的讲述还让我们了解了附加在传统查玛仪式身上越来越多的各种功利性目的，它们在查玛发展过程中如"滚雪球"般生发出来，负载着民众的希望和情感，也是我们理解及分析查玛"本土化"过程的有

[①] "四大天王"也是佛教的护法神，又称护世四天王；分别为东方持国天王、南方增长天王、西方广目天王及北方多闻天王。他们从未在蒙古贞地区的查玛仪式中出现过，由于老百姓对佛学知识不甚了解，而"四大天王"的名称又在民间耳熟能详，因此人们便把查玛中的一些护法神与"四大天王"相混淆了。

效途径之一。

也许很多时候,透过那些民间记忆,我们并不是为了去捕捉所谓"历史的真实",而是希冀探求其中所蕴含着的诸多认知与想象,并且无论这些认知与想象有多么的荒诞和离奇,只要是从那个文化土壤中生长出来的,就会传达给我们一些信息,就是我们理解历史、体悟传统的一种有效方式。

而实际上,民间记忆之于历史的重大意义远远超乎我们的想象。或许你可以认为,历史重构可以不依赖那些记忆,因为"即便历史学家不能根据连贯的传说,从见证人那里得到一个事件或者习俗的陈述,他们依然能重新发现完全被遗忘的东西。历史学家可以这样做,部分是通过考释其文献资料中包含的陈述……部分是通过利用我们所说的非文本资料。"[1] 然而,即便如此,我们仍不能忽视或看轻记忆的作用,尤其对于类似"查玛"这样缺少充分历史史料的文化现象。正如康纳顿所言,历史重构的实践是可以在主要方面从社会群体的记忆中获得指导性动力的。[2] 这也是为什么不同时期的查玛恢复工作者及查玛编导都要无数次地走进田野,走近那些老人,走进那些尘封的记忆。因为某种程度上来说,社会的记忆可以部分地还原历史,"在传统凭借记忆而展现的过程中,记忆成为传统的载体。记忆在由人们构成的聚合体中存续,每一个记忆的发生,都需要得到被时空所界定的群体的支持"。[3]

当然,尽管民间记忆对于传统的延续与再造有着重要的意义和价值,但由于记忆本身所具有的一些特质,我们在倾听及阐析

---

[1][2] 保罗·康纳顿著:《社会如何记忆》,纳日碧力戈译,上海人民出版社,2000年,第10页。

[3] 陈庆德:《人类学的理论预设与建构》,社会科学文献出版社,2006年,第189页。

时仍需秉持一个审慎的态度。莫里斯·哈布瓦赫在对记忆的论说中，曾作了一个有趣的类比，即将记忆与睡梦平行并置进而比较，认为二者的不同之处在于，睡梦中绵延不绝的一系列意象，就像一堆未经细琢的材料垒放在一起，层层叠叠，只是出于偶然，才达到一种均衡状态，而一组记忆就像是一座大厦的墙壁，这座大厦被整体框架支撑着，并受到相邻大厦的支持和巩固。① 的确，相对于睡梦而言，记忆更为理性和系统，不过在田野访谈中，我们还是深刻感受到了记忆所具有的些许睡梦性特质。

首先，记忆也具有跳跃、断裂以及无序的特质，这一点并不像哈布瓦赫所说的唯"睡梦"所独有。在时空辗转中，由于客观社会环境的变迁及主体自身经历的影响，历史的记忆很容易产生出许多个空白，甚至会某种程度因为失去了寄存的现实土壤而被"架空"。正如哈布瓦赫所言，集体记忆具有双重的性质——既是一种物质客体、物质显示，又是一种象征符号，或某种具有精神含义的东西、某种附着于并被强加在这种物质现实之上的为群体共享的东西。设若这个"物质客体"仍然存在……然而，由于它周围的每样东西都处在流变的过程之中，所以它所处的地方也不再保持原样。这个客体与周围物质世界的各个方面都不再保有同样的联系。② 甚至是不再有联系。就如我在田野调查中发现，有的人家至今仍保留有查玛的某一面具或服装，但当问及其名字和意义时，已是茫然，而查玛活动本身更如曾经真实出现过的梦境一样，变得陌生而遥不可及了。其次，传统的"繁复多样性"决定了记忆本身也不可能进行自觉而清晰的分类。比如在我

---

① 莫利斯·哈布瓦赫：《论集体记忆》，毕然等译，上海人民出版社，2002年，第75页。

② 莫利斯·哈布瓦赫：《论集体记忆》，毕然等译，上海人民出版社，2002年，第335页。

的访谈中,报道人们往往要沉思良久,或边讲述边理清思路头绪,才能把"查玛"的相关信息从他那庞杂、臃冗的记忆中提取出来,而这其间的模糊性、筛选性以及构造性是我们无法知晓和左右的。此外,记忆与睡梦一样也是被"唤醒",或者说被触发的。"大多数情况下,我之所以回忆,正是因为别人刺激了我;他们的记忆帮助了我的记忆,我的记忆借助了他们的记忆"。① 也许,如果没有我的"在场",或者没有相关节日、场景的触动,那些承载着"查玛"记忆的老人很少会去主动缅怀、叙说那段历史,毕竟相对一个人漫长的一生经历来说,值得记住和回忆的"自传记忆②"已经太多了。

然而,任凭记忆如何凌乱及繁复,它还是有一套自己内在的逻辑秩序。它受制于社会这座大厦的整体框架,很少能够摆脱和逃离,如哈布瓦赫所说,记忆与"相邻大厦"相互联结、依存。它和一整套概念相关共生:人物、地点、时期……即我们作为或曾作为成员的那些社会的全部物质和规范的生活。③ 这也是为什么我在田野访谈中,有时并没有问及或想到某方面的问题,报道人却"连带"地讲述给我,比如有关某个寺庙的历史传说,某个神祇的灵验故事,或者"文革"时期的那段刻骨哀痛。

自"非遗"工作开展以来,民间的各种口头叙事形式被更多地发掘出来,并且"身价"陡增,成为非物质文化遗产的重

---

① 莫利斯·哈布瓦赫,毕然等译:《论集体记忆》,上海人民出版社,2002年,第69页。

② 哈布瓦赫将记忆领域区分为"历史记忆"与"自传记忆"两种。其中,历史记忆是指"通过书写记录和其他类型的记录(比如照片)才能触及社会行动者,但是却能通过纪念活动、法定节日诸如此类的东西而存续下来";自传记忆是指"我们在过去亲身经历的事件的回忆"。

③ 保罗·康纳顿著,纳日碧力戈译:《社会如何记忆》,上海人民出版社,2000年,第36页。

要类别之一，也成为传统进行文化再生产的合法化建构工具。以口头叙事形式呈现的"民间记忆"是传统重要的存储方式，它承载着历史的诸多过往，有时更是传统裂痕很好的黏合剂。当我们在这一历史的"镜像"中穿梭透视时，体悟良多，深思良久。列维—斯特劳斯说：时间不停地消逝。遗忘把记忆一波波地带走，并不只是将之腐蚀，也不只是将之变成空无。遗忘把残剩的片断记忆创造出种种繁复的结构，使我能达到较稳定的平衡，使我能看到较清晰的模式。一种秩序取代另一种秩序。在两个秩序的悬崖之间，保存了我的注视与被注视的对象之间的距离。[①]

赫兹菲尔德说：历史可以通过舞姿展现出来，可以被触摸和感知，也可以被嗅出来或说出来。每一个行为举止、每一种感官体验与近来甚或遥远的过去都有着千丝万缕的关系，它们都是历史潜在的载体。[②] 在厚重而繁杂的历史记忆中行走，我们嗅到、捕捉、触摸及感受到了那些"过去时光"的古朴气息与粗糙印记，这是人类学人的分内工作，也是人类学人在研究过程中偏得的一种宝贵快乐。

三、"意义"的重塑

马克斯·韦伯说："事件不单只是存在、发生，它们还具有意义并因这意义而发生。"[③] 在把一种文化传统打造为现代展演的过程中，重构的不仅仅是形式本身，还有意义的重塑，或者说

[①] 列维—斯特劳斯著，王志明译：《忧郁的热带》，生活·读书·新知三联书店，2000年，第39页。

[②] 参见麦克尔·赫兹菲尔德著：《什么是人类常识——社会和文化领域中的人类学理论实践》，刘珩、石毅、李昌银译，华夏出版社，2005年，第15页。

[③] 转引自克利福德·格尔茨著：《文化的解释》，纳日碧力戈译，上海人民出版社，1999年，第154页。

传统再造行为的最终目的并不在于形式，而是"在一定程度上，在已构建的种种表现模式中工作，以便重新拥有这些模式中所包含的文化材料，并从不同的角度重新表现它们"。① 从而进行一种现代性场景中的意义再生产。

对于与蒙古贞查玛相类似的文化传统而言，在过去的仪式模式中，起主导作用的是一套宗教信仰实践体系，这样一个象征体系是以"系统阐述关于一般存在秩序的观念为建立方式，并通过给这些观念披上实在性的外衣，从而使得这些情绪和动机仿佛具有独特的真实性，以此确立人类一个强有力的、普遍的、恒久的情绪与动机"。② 因此，它所代表或表达的是一种宗教的生活方式及其世界观，这样一种"生活方式"正如格尔茨所说"超出日常生活的现实，进入到一个广阔的、对日常生活加以修正和完善的现实之中"。③ 这样一种"世界观"也是不同于常识观、科学观和艺术观的。而在现代文化展演活动中，尽管最基本的传统仪式模式得以保留，但占据操控地位的已是民族—国家建构下的一套权力话语体系，正如赫兹菲尔德所指出的，"展演属于一种镜像般组织起来的活动，以反映经过特殊构思的社会秩序幻觉。展演象征朝现代社会转向——国家的崛起、官僚组织，以及向整体主义转型"。④ 这样一个象征体系所力求述及或强化的是一种

---

① 戴维·理查兹著：《差异的面纱——文学、人类学及艺术中的文化表现》，如一、王烺烺等译，辽宁教育出版社，2003年，第7页。

② 参见克利福德·格尔茨著：《文化的解释》，纳日碧力戈译，上海人民出版社，1999年，第105页。

③ 参见克利福德·格尔茨著：《文化的解释》，纳日碧力戈译，上海人民出版社，1999年，第128页。

④ 参见 Handelman, Don, *Models and Mirrors*: *Towards an Anthropology of Public events*. Cambridge: Cambridge University Press. 1990. 转引自麦克尔·赫兹菲尔德著：《什么是人类常识——社会和文化领域中的人类学理论实践》，刘珩、石毅、李昌银译，华夏出版社，2005年，第294页。

日常的、理性的及毋庸置疑的政治性权威。

实际上，无论是仪式还是展演，在某种程度上，我们都可以将其看作一个关于体系、制度的"社会戏剧"的生产过程，只不过在二者的转换过渡中，生产者主体发生了变化。在传统仪式中，生产体系和制度的，是一套宗教权威的逻辑秩序；而在现代展演中，生产者已是政府、精英操纵下的一套国家权力系统。于是，生产主体的改变也就自然导致了意义上的本质性变化。因此，一种传统意义上的宗教仪式就在这一过程中被生产为现代性意义中的一种艺术展演。

戴维·理查兹说："在运用神话、血缘关系系统、文化遗物（或任何其他东西）进行再现的过程中，文化再现不断地"重新塑造"自己的材料和意义，以至于不断扩增的修饰往往淹没了原始的内容，或颠覆了其主话语。"[1] 当仪式所产生、发展及存活的相对原始的"情境"消失，仪式仍然存在，这时发生了什么？或者说在把仪式打造为现代展演的"社会戏剧"的生产过程中，发生本质性变化的究竟是什么？是一种"视觉性表达"获得、占据了权力的主体地位。在以往的仪式中，正如瓦尔特·本雅明所说，当艺术生产用于仪式上的崇拜肖像时，可以认为，这些肖像的"在场"比被观看本身还重要。[2] 也即是说，在宗教艺术或仪式艺术中，艺术的价值体现在笼罩其头上的一种宗教的神圣性光晕。而在现代展演中，由于丧失了神圣性，艺术也就失去了先前"在场"时的重要意义，也就沦为了一种纯粹的视觉性表达。而当仪式中的"宗教意味"被不断地剥离和驱逐后，仪式也就

---

[1] 戴维·理查兹著：《差异的面纱——文学、人类学及艺术中的文化表现》，如一、王烺烺等译，辽宁教育出版社，2003年，第347页。
[2] 瓦尔特·本雅明：《技术复制时代的艺术品》，陈永国译，见陈永国主编：《视觉文化研究读本》，北京大学出版社，2009年，第1页。

最终变成了国家主流话语体系中的一分子——文化展演。表面上看来，利用宗教仪式的传统再生产行为是在颠覆一种意义系统，从而消解一种"神圣"；而实际上，根据历史想象、记忆做出来的，以文化展演形式打造的"社会戏剧"自身，又何尝不是一种意义的再塑中重构出来的另一种"神圣"？！

　　当下，一个"传统复兴"的时代，无数个曾经被打碎了、边缘化的文化传统正试图借助于"复兴的力量"重新登上历史舞台。透过蒙古贞"查玛"这面微小的镜子，我们或许可以窥探到，在一个更加宏大而纷繁的历史情境中，什么正在坍塌，什么正在重建，什么正被忘却，什么正被彰显……

参考文献

一、论著（含期刊和学位论文）

[1] S. N. 艾森斯塔特著，旷新年、王爱松译：《反思现代性》，北京：生活·读书·新知三联书店，2006年。

[2] 威廉·费尔丁·奥格本著，王晓毅、陈育国译：《社会变迁：关于文化和先天的本质》，杭州：浙江人民出版社，1989年。

[3] 阿兰·巴纳德著，王建民等译：《人类学历史与理论》，北京：华夏出版社，2006年。

[4] 白翠英：《科尔沁的傩型戏剧〈米拉查玛〉》，载《黑龙江民族丛刊》，1992年，第2期。

[5] 宝贵贞：《藏传佛教在近代蒙古社会衰落之原因分析》，载《中央民族大学学报》，2008年，第1期。

[6] 理查德·鲍曼著，杨利慧、安德明译：《理查德·鲍曼及其表演理论——美国民俗学者系列访谈之一》，载《民俗研究》，2003年，第1期。

[7] 理查德·鲍曼著，杨利慧译：《美国民俗学和人类学领域中的"表演"观》，载《民族文学研究》，2005年，第3期。

[8] 菲奥纳·鲍伊著，金泽、何其敏译：《宗教人类学导论》，北京：中国人民大学出版社，2004年。

[9] 乌尔里希·贝克著，常和芳译：《什么是全球化？全球

主义的曲解——应对全球化》，上海：华东师范大学出版社，2008年。

［10］斯蒂文·贝斯特、道格拉斯·凯尔纳著，张志斌译：《后现代理论》，北京：中央编译局，1999年。

［11］波·少布：《黑龙江省"查玛"文化浅析》，载《黑龙江民族丛刊》，1989年，第4期。

［12］让·波德里亚著，刘成富、全志刚译：《消费社会》，南京大学出版社，2000年。

［13］马歇尔·伯曼著，徐大建、张辑译：《一切坚固的东西都烟消云散了——现代性体验》，北京：商务印书馆，2003年。

［14］皮埃尔·布迪厄、华康德著，李猛、李康译：《实践与反思——反思社会学导引》，北京：中央编译出版社，1998年。

［15］皮埃尔·布迪厄著，蒋梓骅译：《实践感》，南京：译林出版社，2003年。

［16］F. 布罗代尔著，顾良、张慧君译：《资本主义论丛》，北京：中央编译出版社，1997年。

［17］费尔南德·布罗代尔著，王明毅译：《文明研究涉及所有社会科学》，载《史学理论研究》，2004年，第1期。

［18］曹娅丽：《青海湖"祭海"、"跳神"礼仪》，载《青海社会科学》，2002年，第2期。

［19］陈庆德：《人类学的理论预设与建构》，北京：社会科学文献出版社，2006年。

［20］德勒格：《内蒙古喇嘛教史》，呼和浩特：内蒙古人民出版社，1998年。

［21］丁福保：《佛学大辞典》，台北华严莲社，1956年。

［22］方铁、何星亮主编：《民族文化与全球化》，北京：民族出版社，2005年。

［23］费孝通：《反思·对话·文化自觉》，载《北京大学学

报》，1997年，第3期。

[24] 费孝通：《江村经济》，北京：商务印书馆，2001年。

[25] 冯莉：《甘拉卜楞寺正月法舞调查》，载《北京舞蹈学院学报》，2003年，第4期。

[26] 冯双白：《青海藏传佛教寺院羌姆舞蹈和民间祭礼舞蹈研究》，中国艺术研究院博士学位论文，2003年。

[27] 乔纳森·弗里德曼著，郭建如译：《文化认同与全球性过程》，北京：商务印书馆，2003年。

[28] 岗措：《藏区的寺院傩仪式"羌姆"》，载《祭礼·傩俗与民间戏剧——98亚洲民间戏剧民俗艺术观摩与学术研讨会论文集》，1998年。

[29] 高丙中：《传统节日与社会文化再生产》，载《学习时报》，2006年，第6版。

[30] 高丙中：《从文化遗留物到非物质文化遗产》，载《中国社会科学院院报》，2007年，第6期。

[31] 高丙中：《对节日民俗复兴的文化自觉与社会再生产》，载《江西社会科学》，2006年，第2期。

[32] 高丙中：《民间的仪式与国家的在场》，载《北京大学学报》，2001年，第1期。

[33] 高丙中：《一座博物馆—庙宇建筑的民族志——论成为政治艺术的双名制》，载《社会学研究》，2006年，第1期。

[34] 高丙中：《作为非物质文化遗产研究课题的民间信仰》，载《江西社会科学》，2007年，第3期。

[35] 高历霆：《藏传佛教寺院舞蹈羌姆探源》，载《西藏艺术研究》，1988年，第3期。

[36] 欧文·戈夫曼著，徐江敏、李姚军译：《日常生活中的自我表演》，台北：桂冠圆书股份有限公司，1992年。

[37] 克里福德·格尔茨著，赵丙祥译：《尼加拉：十九世纪

巴厘剧场国家》，上海：上海人民出版社，1999年。

[38] 克利福德·格尔茨著，纳日碧力戈等译：《文化的解释》，上海：上海人民出版社，1999年。

[39] 大卫·雷·格里芬著，王成兵译.《后现代精神》，中央编译出版社，1998年。

[40] 格桑益布：《藏传佛教"羌姆"面具艺术探秘》，贵州民族研究，2004年，第2期。

[41] 葛荣东：《庄子论"辩"中的主体间性问题》，文史哲，1997年，第2期。

[42] 古兰丹姆：《青海塔尔寺"羌姆"舞蹈特色分析》，载《北京舞蹈学院学报》，2007年，第1期。

[43] 郭净：《藏传佛教羌姆与中阴救度》，载《西藏民俗》，1997年，第4期。

[44] J.哈贝马斯著，张庆熊译：《在全球化压力下的欧洲民族国家》，载《复旦学报》，2001年，第3期。

[45] 哈贝马斯、乌尔里希·贝克等著，王学东、柴方国等译：《全球化与政治》，中央编译出版社，2000年。

[46] 尤尔根·哈贝马斯著，曹卫东译：《后民族结构》，上海人民出版社，2002年。

[47] 莫利斯·哈布瓦赫著，毕然等译：《论集体记忆》，上海人民出版社，2002年。

[48] 哈里森简·艾伦·著，刘迪译：《古代艺术与仪式》，北京：生活·读书·新知 三联书店，2008年。

[49] 唐·汉德尔曼著，仕琦译：《仪式／壮观场面》，国际社会科学杂志（中文版），1998年，第3期。

[50] 劳里·杭柯著，户晓辉译：《民俗过程中的文化身份和研究伦理》，民间文化论坛，2005年，第4期。

[51] 何明、洪颖：《回到生活：关于艺术人类学学科发展问

题的反思》，载《文学评论》，2006年，第1期。

[52] 和晓蓉：《中国仪式艺术研究综述》，载《思想战线》，2007年，第6期。

[53] 麦克尔·赫兹菲尔德著，刘珩、石毅、李昌银译：《什么是人类常识——社会和文化领域中的人类学理论实践》，北京：华夏出版社，2005年。

[54] 黑格尔著，朱光潜译：《美学》（第1卷），北京：商务印书馆，1979年。

[55] 埃里克·霍布斯鲍姆著，顾杭等译：《传统的发明》，译林出版社，2004年。

[56] 安东尼·吉登斯著，郭忠华、何莉君译：《全球时代的民族国家》，载《中山大学学报》，2008年，第1期。

[57] 安东尼·吉登斯著，田禾译：《现代性的后果》，南京：译林出版社，2000年。

[58] 汲喆：《如何超越经典世俗化理论？——评宗教社会学的三种后世俗化论述》，载《社会学研究》，2008年，第4期。

[59] 纪兰慰：《藏传佛教舞蹈〈羌姆〉与〈查玛〉比较研究》，载《民族艺术研究》，1998年，第4期。

[60] 卡尔迪纳、普里勃著，孙恺祥译：《他们研究了人》，北京：生活·读书·新知 三联书店，1991年。

[61] 曼纽尔·卡斯特著，夏铸九、黄丽玲译，《认同的力量》，北京：社会科学文献出版社，2005年。

[62] 康保成：《羌姆角色扮演的象征意义及其与藏戏的关系》，载《民族艺术》，2003年，第4期。

[63] 保罗·康纳顿著，纳日碧力戈译：《社会如何记忆》，上海：上海人民出版社，2000年。

[64] 奈杰尔·拉波特、乔安娜·奥弗林著，鲍文研、张亚辉译：《社会文化人类学的关键概念》，华夏出版社，2005年。

[65] 罗伯特·莱顿著，靳大成等译：《艺术人类学》，北京：文化艺术出版社，1992年。

[66] 李福顺：《羌姆面具艺术》，载《西藏艺术研究》，1993年，第1期。

[67] 李家平：《萨迦"羌姆"考略》，载《西藏艺术研究》，1988年，第2期。

[68] 李家平：《桑耶寺"羌姆"渊源考》，载《西藏艺术研究》，1989年，第4期。

[69] 李军：《漠南蒙古"查玛"研究》，载《内蒙古社会科学》，1993年，第2期。

[70] 李向平：《"神圣化"或"世俗化"的双重悖论》，载《中国民族报》，2008年，第6版。

[71] 李亦园：《宗教与神话》，桂林：广西师范大学出版社，2004年。

[72] 戴维·理查兹著，如一、王焌焌等译：《差异的面纱——文学、人类学及艺术中的文化表现》，沈阳：辽宁教育出版社，2003年。

[73] 刘小枫选编：《舍勒选集》，上海：三联书店，1999年。

[74] 刘晓春：《民族—国家与民间记忆》，文艺争鸣，2001年，第1期。

[75] 刘尧晔：《呼和浩特大召"查玛"多文化因素初探》，载《内蒙古大学艺术学院学报》，2007年，第3期。

[76] 柳银珠：《中、韩佛教仪式舞蹈比较研究》，中央民族大学硕士学位论文，2004年。

[77] 罗兰·罗伯森著，梁光严译：《全球化：社会理论和全球文化》，上海：上海人民出版社，2000年。

[78] 乔治·E·马尔库斯、米开尔·M·J·费彻尔著，王

铭铭、蓝达居译：《作为文化批评的人类学》，北京：生活、读书、新知三联书店，1998年。

［79］马凌诺斯基著，费孝通译：《文化论》，北京：华夏出版社，2001年。

［80］布林·莫利斯著，周国黎译：《宗教人类学》，北京：今日中国出版社，1992年。

［81］尼采著，周国平译：《悲剧的诞生——尼采美学文选》，北京：生活·读书·新知三联书店，1986年。

［82］倪彩霞：《道教仪式与戏剧表演形态研究》，广州：广东高等教育出版社，2005年。

［83］W. E. 佩顿著，许泽民译：《阐释神圣》，贵阳：贵州人民出版社，2006年。

［84］彭措顿丹：《桑鸢寺"经藏跳神舞"简介》，载《西藏艺术研究》，1987年，第3期。

［85］彭兆荣：《旅游人类学》，北京：民族出版社，2004年。

［86］彭兆荣：《人类学历史的知识谱系》，载《民族研究》，2003年，第2期。

［87］彭兆荣：《人类学仪式的理论与实践》，北京：民族出版社，2007年。

［88］彭兆荣：《人类学仪式研究评述》，载《民族研究》，2002年，第2期。

［89］彭兆荣：《仪式谱系：文学人类学的一个视野——酒神及其祭祀仪式的发生学原理》，四川大学博士学位论文，2002年。

［90］仁·甘珠尔：《内蒙宗教舞蹈点滴介绍》，载《舞蹈》，1962年，第2期。

［91］任继愈主编：《宗教词典》，上海：上海辞书出版社，

1981年。

［92］马歇尔·萨林斯著，蓝达居、张宏明等译：《历史之岛》，上海：上海人民出版社，2003年。

［93］马歇尔·萨林斯著，王铭铭、胡宗泽译：《甜蜜的悲哀》，北京：生活·读书·新知三联书店，2000年。

［94］色仁道尔吉：《论佛教乐舞"查玛"艺术——藏传佛教乐舞"查玛"艺术在内蒙古地区的传播》，内蒙古师范大学硕士学位论文，2006年。

［95］色仁道尔吉：《试论"查玛"乐舞之起源与传播》，载《内蒙古艺术》，2007年，第2期。

［96］赫尔穆特·施密特著，柴方国译：《全球化与道德重建》，北京：社会科学文献出版社，2001年。

［97］史宗主编，金泽、宋立道、徐大建等译：《20世纪西方宗教人类学文选》，上海：三联书店出版社，1995年。

［98］斯琴：《蒙古英雄史诗〈江格尔〉与萨满教》，中央民族大学博士学位论文，2007年。

［99］列维—斯特劳斯著，王志明译：《忧郁的热带》，北京：生活·读书·新知三联书店，2000年。

［100］苏国勋、张旅平、夏光：《全球化：文化冲突与共生》，北京：社会科学文献出版社，2006年。

［101］斯蒂·汤普森著，郑海等译：《世界民间故事分类学》，上海：上海文艺出版社，1991年。

［102］唐吉思、杨·斯琴：《谈蒙古族佛教绘画及法舞、法乐艺术的审美》，载《西北民族大学学报》，2005年，第3期。

［103］特古斯、呼和：《试论蒙古族在"查玛"中体现的审美意识》，载《内蒙古艺术》，2007年，第2期。

［104］维克多·特纳著，刘珩、石毅译：《戏剧、场景及隐喻：人类社会的象征性行为》，北京：民族出版社，2007年。

[105] 田联韬：《藏传佛教乐舞"羌姆"音乐考察》，载《中国音乐学》，2000年，第4期。

[106] 汪晖、陈燕谷主编：《文化与公共性》，北京：生活·读书·新知三联书店，2005年。

[107] 王建民：《维克多·特纳与象征符号和仪式过程研究》，载《中南民族大学学报》，2007年，第2期。

[108] 王娟：《藏戏和羌姆中的面具》，载《西藏民族学院学报》，2003年，第3期。

[109] 王铭铭：《村落视野中的文化与权力：闽台三村五论》，三联书店，1997年。

[110] 王铭铭：《文化变迁与现代性思考》，载《民俗研究》，1998年，第1期。

[111] 王铭铭：《文化格局与人的表述》，天津：天津人民出版社，1997年。

[112] 王乃功：《浅议跳"查玛"的审美意识》，满族研究，2000年，第2期。

[113] 王文明：《草原庙会——跳鬼》，草原税务，1995年，第5期。

[114] 乌国政、李宝祥：《〈查玛〉探析》，载《民族艺术》，1992年，第3期。

[115] 克莱德·M·伍兹著，何瑞福译：《文化变迁》，石家庄：河北人民出版社，1989年。

[116] E.希尔斯著，傅铿、吕乐译：《论传统》，上海：上海人民出版社，1991年。

[117] 夏建中：《文化人类学理论学派——文化研究的历史》，北京：中国人民大学出版社，1996年。

[118] 杨曦帆：《"羌姆"仪式中的音乐及意义阐释——"藏彝走廊"之乐舞考察》，载《中国音乐》，2006年，第4期。

[119] 于平：《舞蹈形态学》，北京：北京舞蹈学院，1998年。

[120] 张茜：《谈"查玛"舞蹈引发的心理期待》，载《内蒙古大学艺术学院学报》，2008年，第2期。

[121] 张彤：《查玛之舞与乐》，载《文物世界》，2002年，第3期。

[122] 张新民：《社会科学的本土化与本土化的社会科学——全球化语境下的本土文化研究》，载《贵州大学学报》，2004年，第5期。

[123] 张志刚主编：《20世纪宗教观研究》，北京：北京大学出版社，2007年。

[124] 赵清阳：《吴屯上庄寺院格鲁派羌姆〈切将卓〉概述》，载《青海民族研究》，1991年，第4期。

[125] 中国民族民间舞蹈集成编辑部编：《中国民族民间舞蹈集成（辽宁卷）》，北京：中国ISBN中心出版，1998年。

[126] 周宪主编：《文化现代性精粹读本》，北京：中国人民大学出版社，2006年。

[127] 朱炳祥：《"文化叠合"与"文化还原"》，载《广西民族学院学报》，第22卷，第6期。

[128] 朱狄：《艺术的起源》，武汉：武汉大学出版社，2007年。

[129] 资华筠、王宁、资民筠、高春林：《舞蹈生态学导论》，北京：文化艺术出版社，1991年。

二、历史文献

[1] 拉施特主编，余大钧、周建奇译：《史集》，北京：商务印书馆，1983年。

［2］宋濂等撰：《元史》，北京：中华书局，1976年。

［3］张穆撰：《蒙古游牧记》，台北：南天书局，"民国"七十年。

［4］张廷玉等撰：《明史》，北京：中华书局，1974年。

［5］赵尔翼等撰：《清史稿》，北京：中华书局，1976年。

三、地方文献

［1］暴风雨、项福生主编：《蒙古贞历史》，沈阳：辽宁民族出版社，2008年。

［2］暴风雨主编：《蒙古贞史》，呼和浩特：内蒙古人民出版社，1998年。

［3］阜新市人民政府地方志办公室编：《阜新市志·第一卷》，北京：中国统计出版社，1993年。

［4］阜新蒙古族自治县地方志编纂委员会编：《阜新蒙古族自治县志》，沈阳：辽宁民族出版社，1998年。

［5］李兵主编：《阜新历史文化》，北京：科学普及出版社，2003年。

［6］李品清、佟宝山：《阜新蒙古史研究》，沈阳：辽宁民族出版社，1998年。

［7］辽宁省地方志编纂委员会办公室主编：《辽宁省志·少数民族志》，沈阳：辽宁民族出版社，2000年。

［8］《辽宁省志·宗教志》，沈阳：辽宁民族出版社，2002年。

［9］王哲主编：《蒙古贞文史》，中国人民政治协商会议 辽宁省阜新蒙古族自治县委员会 文史资料研究委员会，1988年。

［10］项福生主编：《阜新蒙古族自治县民族志》，沈阳：辽宁民族出版社，1991年。

［11］中共阜新市委宣传部编：《阜新历史上的今天》，辽宁人民出版社，2007年。

［12］中国人民政治协商会议 辽宁省阜新蒙古族自治县委员会 文史资料研究委员会编：《文史资料》，一九八五年八月第一期（内部发行）。

四、英文参考文献

[1] Alexander, Bobby C. Ritual and current studies of ritual: overview. In Stephen D. Glazier (ed.), *Anthropology of Religion: a Handbook*. Westport, CT: Greenwood Press, 1997.

[2] Bird, F. B. Ritual as Communicative Action. Lightstore, J. N. & Bird, F. B. *Ritual and Ethnic Identity: a comparative Study of the social Meaning of Liturgical Ritual in Synagogues*. Wilfrid Laurier University Press, 1995.

[3] Boyarin, Judith. *Storm from Paradise: The Politics of Jewish Memory*. Minneapolis, Minnesota University Press, 1992.

[4] David Napier, Masks, *Transformation, and Paradox*. Berkeley, 1986.

[5] E. Adamson Hoebel, *Anthropology: The Study of Man*. New York: McGraw – Hill, 1972.

[6] Handelman, Don, *Models and Mirrors: Towards an Anthropology of public Events*. With a new preface by the author. Oxford: Berghahn Books, 1998.

[7] Handelman, Don, *Models and Mirrors: Towards an Anthropology of public Events*. Cambridge: Cambridge University Press, 1990.

[8] Keith A. Roberts, *Religion in Sociological Perspective*. Bel-

mont, Calif. : Wadsworth Pub. , 1990.

[9] Leach, E. R. , *The Political Systems of Highland Burma : A Study of Kachin Social Structure.* London: G. Bell & Sons, 1954.

[10] Linton, Ralph, *The Study of Man : an Introduction.* New York: D. Appleton – Century Co. , 1936.

[11] MacAloon, John J, Introduction: Cultural Performance, Culture Theory. J. J. MacAloon (ed.) , *Rite, Drama, Festival, Spectacle : Rehearsals toward a Theory of Cultural Performance.* Philadelphia: Institute for the Study of Human Issues, 1984.

[12] Peter L. Berger. Secularism in Retreat. http: //findarticles. com/p/articles/mi_ m2751/is_ n46/ai_ 19130142/? tag = content; col1

[13] Robert Redfield, *Peasant Society and Culture : An Anthropological Approach to Civilization.* Chicago: University of Chicago Press, 1956.

[14] Schechner, Richard. *Performance Theory.* New York and London: Routledge, 1994.

[15] Shafer, Boyd C, *Nationalism and Internationalism : Belonging in Human Experience.* Malabar, FL. : Robert E. Krieger Publishing Company, 1982.

[16] Singer, Milton, When a Great Tradition Modernizes. New York: Praeger, 1972.

[17] Tambiah, S. J. *A Performative Approach to Ritual.* London: The British Academy and Oxford University Press, 1979.

[18] Turner, Victor. *From Ritual to Theater and Back : the Human Seriousness of Play.* New York: PAL Publications, 1982.

附 录

一、历史图片（伪满时期）

迎接活佛

查玛仪仗队

观看查玛表演

查玛表演掠影

附　录　259

查玛演员合影　　　　　广化寺查玛

佑安寺查玛

注：以上照片提供者要求隐匿其姓名。

二、消失的遗址——今日的查玛舞场（仅选取部分寺庙）

待建他用的场址（海州庙）　　　　黑帝庙小学

三、20 世纪 80 年代第一次大规模复兴中查玛道具的制作（仅选取部分）

设计者白玉在雕刻面具泥塑

制作查玛法器

工作人员给面具刷涂料

设计查玛服装

四、查玛道具

却尔吉乐

拉哈姆

附　录　261

豪麦（左、右）、贡布（中间） 　　　　阿修罗

牛神、鹿神 　　　　　　　　　　　　蝴蝶神

查玛面具 　　　　　　　　　　　　　查玛法器

262　消弥与重构中的"查玛"

查玛服装　　　　　　　　查玛道具主要制作人员

五、查玛表演

注：第三组至第五组照片提供者由蒙古贞原文化馆馆长姜占英提供

六、五十周年县庆上的查玛表演

鹿神 　　　　　　　　牛神

蝴蝶神 　　　　　　　贡布

264　消弥与重构中的"查玛"

阿修罗　　　　　　　　　鹰神